utb 3373

Eine Arbeitsgemeinschaft der Verlage

Böhlau Verlag · Wien · Köln · Weimar
Verlag Barbara Budrich · Opladen · Toronto
facultas · Wien
Wilhelm Fink · Paderborn
A. Francke Verlag · Tübingen
Haupt Verlag · Bern
Verlag Julius Klinkhardt · Bad Heilbrunn
Mohr Siebeck · Tübingen
Ernst Reinhardt Verlag · München
Ferdinand Schöningh · Paderborn
Eugen Ulmer Verlag · Stuttgart
UVK Verlag · München
Vandenhoeck & Ruprecht · Göttingen
Waxmann · Münster · New York
wbv Publikation · Bielefeld

basics

Annemarie Fritz

Walter Hussy

David Tobinski

Pädagogische Psychologie

3. Auflage

Mit 73 Abbildungen, 9 Tabellen und 91 Kontrollfragen

Ernst Reinhardt Verlag München

Prof. Dr. *Annemarie Fritz* und Dr. *David Tobinski* lehren an der Universität Duisburg-Essen, Prof. Dr. *Walter Hussy* lehrte an der Universität zu Köln.

Von Annemarie Fritz außerdem im Reinhardt Verlag lieferbar:
Fritz/Ricken: „Rechenschwäche" (UTB-Profile 978-3-8252-3017-3)

Bibliografische Information der Deutschen Nationalbibliothek

Die Deutsche Nationalbibliothek verzeichnet diese Publikation in der Deutschen Nationalbibliografie; detaillierte bibliografische Daten sind im Internet über <http://dnb.d-nb.de> abrufbar.

UTB-Band-Nr.: 3373
ISBN 978-3-8252-5019-5
3. Auflage

© 2018 by Ernst Reinhardt, GmbH & Co KG, Verlag, München

Dieses Werk einschließlich seiner Teile ist urheberrechtlich geschützt. Jede Verwertung außerhalb der engen Grenzen des Urheberrechtsgesetzes ist ohne schriftliche Zustimmung der Ernst Reinhardt GmbH & Co KG, München, unzulässig und strafbar. Das gilt insbesondere für Vervielfältigungen, Übersetzungen in andere Sprachen, Mikroverfilmungen und die Einspeicherung und Verarbeitung in elektronischen Systemen.

Printed in EU
UTB-Basic Grundlayout und Einbandgestaltung: Atelier Reichert Stuttgart
Covermotiv: © aboutpixel.de/Dominik Sellmann
Satz: FELSBERG Satz & Layout, Göttingen

Ernst Reinhardt Verlag, Kemnatenstr. 46, D-80639 München
Net: www.reinhardt-verlag.de E-Mail: info@reinhardt-verlag.de

Inhalt

Vorwort zur ersten Auflage........................... 9

1 Einführung: Begriffe, Geschichte und Methoden.............. 11
von Walter Hussy
1.1 Gegenstand und Geschichte............................. 12
    1.1.1 Psychologie....................................... 12
    1.1.2 Pädagogik und Erziehungswissenschaften........... 14
    1.1.3 Pädagogische Psychologie......................... 15
    1.1.4 Gegenstand des Lehrbuchs......................... 16
1.2 Ziele wissenschaftlicher Forschung..................... 17
    1.2.1 Beschreiben...................................... 18
    1.2.2 Erklären... 22
    1.2.3 Vorhersagen...................................... 23
    1.2.4 Verändern.. 25
1.3 Methoden wissenschaftlicher Forschung.................. 27
    1.3.1 Zusammenhangsstudien............................. 27
    1.3.2 Experimentelle Untersuchungen.................... 31
1.4 Hypothesen... 36
    1.4.1 Empirische Prüfung............................... 36
    1.4.2 Anwendungs- oder Geltungsbereich................. 37

2 Kognitive Determinanten des Lernerfolgs im Unterricht....... 39
2.1 Wahrnehmung.. 42
von Walter Hussy
    2.1.1 Grundlegende Überlegungen und Begriffe........... 43
    2.1.2 Von der Kontur- bis zur Figurwahrnehmung......... 45
    2.1.3 Gestaltwahrnehmung............................... 50
    2.1.4 Gestaltgesetze................................... 52
    2.1.5 Von der Ikon- bis zur Perzeptbildung.............. 56
    2.1.6 Sensorisches Register............................ 60
2.2 Aufmerksamkeit... 63
von Walter Hussy
    2.2.1 Reiz- oder Reaktionsauswahl...................... 64

	2.2.2	Unwillkürliche Aufmerksamkeit	68
	2.2.3	Aufmerksamkeit als Steuerungs- und Kontrollprozess	72
	2.2.4	Aufmerksamkeit, Konzentration und Aufmerksamkeitsdefizite	74
	2.2.5	Automatisierte und kontrollierte Prozesse	75
2.3		Strukturen und Prozesse im Arbeitsgedächtnis	80
		von Walter Hussy, Annemarie Fritz und David Tobinski	
	2.3.1	Mehrspeicher-Modell von Atkinson & Shiffrin	81
	2.3.2	Modellerweiterung nach Baddeley	83
	2.3.3	Kapazitäts-Ressourcen-Theorie	87
	2.3.4	Enkodieren und Dekodieren	90
	2.3.5	Automatisieren	93
2.4		Strukturen und Prozesse im Langzeitgedächtnis	97
		von Walter Hussy	
	2.4.1	Merkmale des Langzeitgedächtnisses	98
	2.4.2	Dekodieren	101
	2.4.3	Wissensrepräsentation	107
	2.4.4	Prozesse des Wissenserwerbs	115
	2.4.5	Lernstrategien	122
2.5		Problemlösen, Planen und Metakognition	129
		von Walter Hussy und Annemarie Fritz	
	2.5.1	Problemlösen	130
	2.5.2	Planen	140
	2.5.3	Metakognition	145

3 Intelligenz, Motivation und Emotion als Determinanten des Lernerfolgs im Unterricht 155

3.1		Intelligenz	155
		von Annemarie Fritz und David Tobinski	
	3.1.1	Gegenstand und Geschichte der Intelligenzforschung	155
	3.1.2	Intelligenzmodelle – oder was versteht man unter dem Generalfaktor der Intelligenz?	158
	3.1.3	Intelligenz und das Konzept der Informationsverarbeitung	161
	3.1.4	Was ist ein Intelligenzquotient?	165
	3.1.5	Intelligenz und Schulleistung	166
3.2		Motivation	173
		von Annemarie Fritz und David Tobinski	
	3.2.1	Zusammenhang von Motivation und Schulerfolg	173
	3.2.2	Definitionsmerkmale von Leistungsmotivation	176

	3.2.3	Der Kreislauf von Erfolgszuversicht und Misserfolgsängstlichkeit	181
	3.2.4	Eigene Wirksamkeit erfahren	192
3.3	Emotion		200
	von David Tobinski und Annemarie Fritz		
	3.3.1	Komponenten der Emotion	201
	3.3.2	Emotion und Lernen	210
	3.3.3	Anwendungsaspekte	218

4 Lerntheorien und pädagogisches Handeln 222
von David Tobinski und Annemarie Fritz
4.1 Definition Lernen 222
4.2 Lernen aus der Perspektive der Behaviorismus 224
4.3 Lernen aus der Perspektive des Konstruktivismus 230
4.4 Lernen in Bildungskontexten 234
4.5 Lernen im Kanon der Paradigmen 243

Literatur 247

Sachregister 253

Im Einband dieses Buches ist ein Code abgedruckt, mit dem Sie unter www.e-study-psychologie.de einen persönlichen Zugang zum E-Learning-Kurs *Pädagogische Psychologie* erhalten.

Dieser Kurs enthält Lehrpfade mit zusätzlichen Links und Infos. Damit können Sie sich den Stoff des Buches in kürzester Zeit erarbeiten. Darüber hinaus enthält der Kurs interaktive Anwendungen, den Text des Buches auch als E-Book, weitere Vertiefungstexte, Prüfungstrainer und einen Abschlusstest mit Zertifikat.

Ihr persönlicher Zugang ist ab Anmeldung ein Jahr lang gültig. Der Verlag garantiert die Verfügbarkeit des E-Learning-Kurses bis 2023.

So melden Sie sich an:

- ▶ Gehen Sie zu www.e-study-psychologie.de
- ▶ Wählen Sie dort „Kurszugang über Einschreibeschlüssel".
- ▶ Klicken Sie auf „Pädagogische Psychologie über Einschreibeschlüssel".
- ▶ Sie werden aufgefordert sich anzumelden.
- ▶ Melden Sie sich an oder – wenn Sie auf der Plattform neu sind – legen Sie ein Konto mit Benutzername und E-Mail-Adresse an.
- ▶ Danach werden Sie direkt zum Kurs „Pädagogische Psychologie über Einschreibeschlüssel" zurückgeleitet und können Ihren Einschreibeschlüssel eingeben.

Viel Erfolg!

Die Testfragen können zusätzlich mobil über die App von Brainyoo genutzt werden. Die Brainyoo-App ist kostenlos im iTunes Store und im Google Play Store erhältlich. Die digitalen Karteikarten für die Pädagogische Psychologie sind kostenpflichtig. Die Nutzung dieser Karteikarten in der Brainyoo-App bietet zahlreiche Zusatzfunktionen, darunter die Wahl verschiedener Lernmodi und die Möglichkeit, eigene Karteikarten zu erstellen.

Die digitalen Karteikarten zur Pädagogischen Psychologie können Sie hier erwerben:

Vorwort zur ersten Auflage

Dieses Buch gibt einen ersten Einblick in die Grundlagen der Pädagogischen Psychologie. Der Gegenstandsbereich dieser Disziplin der Psychologie ist weit gespannt.

Das vorliegende Lehrbuch kann natürlich nur einen Ausschnitt des Gesamtgebietes der Pädagogischen Psychologie behandeln. Für die Auswahl war die Überlegung leitend, zunächst das komplexe Konstrukt Lernen in den Fokus der Betrachtung zu rücken. Lernprozesse sollen dabei unter dem Paradigma der Informationsverarbeitung betrachtet werden. Ein **R**ahmenmodell zur **I**nformations- und **W**issensverarbeitung (**RIW**) soll dabei helfen, Prozesse der Wahrnehmung, Aufmerksamkeit, Verarbeitung sowie Speicherung von Informationen und der Neukonstruktion von Wissen einzuordnen. Dieses Modell dient der integrativen Betrachtung empirischer Befunde und gesicherter Modelle zu den einzelnen Komponenten. Eine solche Gesamtschau führt dazu, dass das Rahmenmodell selbst nicht den Anspruch der empirischen Absicherung erheben kann. Weiter sollen Merkmale von Lernenden und Determinanten von Schulleistung in den Blick genommen werden, wobei insbesondere die Metakognition, Intelligenz, Motivation und Emotion berücksichtigt werden. Abschließend wird mit einem bildungspraktischen Blick Lernen aus verschiedenen theoretischen Sichtweisen betrachtet und die heutige Relevanz für Unterricht und Erziehung erörtert.

Die Reihe UTB basic bietet den Vorteil, das Verständnis des Textes durch eine Vielzahl didaktischer Elemente zu unterstützen. Das Voranstellen von Lernzielen zu Beginn jedes Kapitels und die Angabe von Stichworten textbegleitend sollen die Struktur des Textes verdeutlichen und die Lesbarkeit verbessern. Zusammenfassungen am Ende jedes Kapitels und abschließende Prüfungsfragen sollen helfen, das Buch zur Vorbereitung auf Prüfungen zu nutzen.

An der Erarbeitung der einzelnen Kapitel waren die Autoren in unterschiedlichem Ausmaß beteiligt. Kapitel 1–2 sind überwiegend von Walter Hussy geschrieben, Kapitel 3 und 4 gemeinsam von Annemarie Fritz und David Tobinski. Natürlich wurde das Buchkonzept und der Gesamttext von allen beteiligten Autoren diskutiert und erarbeitet. Die jeweilige Federführung ist zu Beginn eines jeden Kapitels genannt. Das Buchprojekt wurde vom Reinhardt-Verlag initiiert und von Frau Dipl.-

Psych. Ulrike Landersdorfer mit großer Geduld betreut. Dafür möchten wir herzlich danken. Danken möchten wir auch Michael Peitz, der die Abbildungen in diesem Buch mit großer Kompetenz grafisch aufbereitet hat.

Duisburg und Köln, Annemarie Fritz
Januar 2010 Walter Hussy, David Tobinski

Einführung | 1

von Walter Hussy

Lernziele

- Beschreibung der Wissenschaften, die an Erziehung, Unterricht und Bildung beteiligt sind, nach ihrem Gegenstand
- Erarbeiten der Ziele wissenschaftlicher Forschung Beschreiben, Erklären, Vorhersagen, Verändern
- Kennenlernen von Korrelationsstudie und Experiment
- Erfassen der Reichweite bzw. des Geltungsbereichs von wissenschaftlichen Hypothesen

1.1 Gegenstand und Geschichte
    1.1.1 Psychologie
    1.1.2 Pädagogik und Erziehungswissenschaften
    1.1.3 Pädagogische Psychologie
    1.1.4 Gegenstand des Lehrbuchs
1.2 Ziele wissenschaftlicher Forschung
    1.2.1 Beschreiben
    1.2.2 Erklären
    1.2.3 Vorhersagen
    1.2.4 Verändern
1.3 Methoden wissenschaftlicher Forschung
    1.3.1 Zusammenhangsstudien
    1.3.2 Experimentelle Untersuchungen
1.4 Hypothesen
    1.4.1 Empirische Prüfung
    1.4.2 Anwendungs- oder Geltungsbereich

1.1 | Gegenstand und Geschichte

Die *Pädagogische Psychologie* ist als wissenschaftliche Disziplin eng mit der *Psychologie* und der *Pädagogik* verbunden. Psychologie und Pädagogik sind die Mutterwissenschaften, deren *Schnittmenge* den Forschungsbereich der Pädagogischen Psychologie definiert.

Der erste Schritt in diesem einführenden Kapitel besteht nun darin, den jeweiligen Gegenstand dieser Wissenschaften zu definieren und Gemeinsamkeiten und Unterschiede zu erkennen sowie ihre Geschichte zu skizzieren. Danach legt eine Systematik des Lernprozesses, seiner Rahmenbedingungen und seiner Resultate (→ Abb. 1.0) die in diesem Band ausgewählten Themenschwerpunkte fest. Bevor jedoch auf diese *Psychologie im pädagogischen Kontext* inhaltlich eingegangen wird (Teile II und III), ist es nötig, mehr über die wissenschaftliche Methodik und Methodologie zu erfahren.

1.1.1 | Psychologie

Die *Wissenschaft Psychologie* besteht seit der Gründung des *ersten Instituts für experimentelle Psychologie* an der Universität Leipzig im Jahre 1879 durch Wilhelm Wundt (1832–1920).

Erleben, Verhalten und Handeln

Die wissenschaftliche Psychologie beschäftigt sich heute – und hierin stimmen die meisten wissenschaftlich tätigen Psychologen überein – damit, warum Menschen in bestimmten Situationen etwas Bestimmtes tun bzw. sich in bestimmter Weise verhalten. Das bedeutet unmittelbar, dass menschliches *Verhalten* im Mittelpunkt der Betrachtung steht.

Aber menschliches Verhalten hat mehrere Facetten: Es kann beobachtbar sein oder es kann sich innerlich abspielen und es kann spontan oder geplant sein. Damit kommen zu dem Verhalten als Gegenstand der Psychologie noch das *Erleben* und *Handeln* hinzu:

- ▶ **Verhalten** ist *direkt beobachtbar*. Menschen verhalten sich immer. Man kann sich nicht *nicht verhalten*.
- ▶ **Erleben** ist *nicht immer beobachtbar*. Es kann sich in Verhalten äußern, muss es aber nicht. Dagegen können Menschen ihr Erleben durch Selbstbeobachtung erfassen.
- ▶ **Handeln** ist *bewusstes zielorientiertes Verhalten*. Es ist in seinen Ausführungen direkt beobachtbar, nicht aber in seinen planenden (kognitiven) Anteilen.

Definition

Der **Gegenstand der wissenschaftlichen Psychologie** ist menschliches *Erleben, Verhalten und Handeln*.

Beispiel

1. Sieht man einen guten Freund nach langer Abwesenheit wieder, so freut man sich, man erlebt Freude. Freude ist ein Gefühl, eine *Emotion*. Der Aspekt des Erlebens umfasst im Kern die Gefühlswelt des Menschen. Freude – ebenso wie die anderen Gefühle – kann man in unterschiedlichsten Situationen erleben. Beobachten kann man diese inneren (internen) Abläufe erst, wenn sie sich durch Verhalten äußern, also etwa durch eine Umarmung, Lächeln, begrüßende Worte.
2. Ein Individuum, welches bewusst ein Problem löst bzw. zu lösen versucht, *handelt*. Gibt ein Student nach mehreren Misserfolgen in Prüfungen sein Studium auf, so handelt er. Der zielorientierte, planende Anteil der Handlung ist nicht direkt beobachtbar und besteht in *kognitiven Prozessen* des Planens und Problemlösens. Das Ausführen des Plans dagegen ist häufig durch entsprechende Verhaltensweisen beobachtbar, im Beispiel etwa dadurch, dass ein anderes Studienfach gewählt wird.
3. Personen, die spazieren gehen, *verhalten* sich. Menschen, die schlafen, verhalten sich. Man kann sich eigentlich nicht *nicht verhalten*. Verhalten ist also die Gesamtheit aller von außen beobachtbaren Aktivitäten eines Individuums. Bei einem lauten Geräusch den Kopf einzuziehen ist Verhalten (*instinktives Verhalten*), denn zum planenden Überlegen bleibt zu wenig Zeit.

Emotionen und Kognitionen steuern unser Handeln. Eine Mutter, die ihrem Kind ein Geschenk macht, lächelt (Verhalten), weil sie ihm eine Freude bereiten möchte (Planen) und darüber selber glücklich ist (Erleben).

Erleben und Handeln

Das bedeutet, dass diese drei Bestimmungsstücke des Gegenstandsbereichs der Psychologie an jeder Handlung beteiligt und ineinander verwoben sind. Dazu tritt das Konzept der *Motivation*, das die Frage nach dem *Warum* näher beleuchtet.

Warum macht die Mutter ihrer Tochter ein Geschenk? Weil sie ihr eine Freude machen wollte! Und wie kann sie ihr eine Freude machen? Indem sie ihr etwas Interessantes und Unterhaltsames schenkt.

Menschliches Verhalten wird somit durch Emotion, Motivation und Kognition gesteuert und reguliert.

empirische Wissenschaft

Die Psychologie ist eine *empirische Wissenschaft*. Das bedeutet, dass im Prozess des Sammelns von Erkenntnissen auf Erfahrungen, die man in der Realität macht, zurückgegriffen wird. Vermutungen über den Gegenstandsbereich (Hypothesen → Kap. 1.3) werden durch den Vergleich mit der Realität geprüft.

Definition

Eine **empirische Wissenschaft** ist daran interessiert, Hypothesen und Theorien zu den Fragen zu entwerfen, mit denen man sich gerade beschäftigt. Diese **Hypothesen** und **Theorien** werden nun ihrerseits mit der Realität konfrontiert. Man vergleicht also – wie in anderen empirischen Wissenschaften auch – die Hypothesen mit den Sachverhalten, die in der Realität diesbezüglich vorfindbar sind (Hussy et al. 2009).

1.1.2 Pädagogik und Erziehungswissenschaften

Pädagogik

Nachdem wir den Gegenstand der Psychologie kennengelernt haben, wollen wir uns nun mit dem der *Pädagogik* beschäftigen.

Im Jahr 1779 wurde der erste deutsche Lehrstuhl für Pädagogik eingerichtet und durch Ernst Christian Trapp (1745–1818) an der Universität Halle eingenommen. Die Pädagogik war davor ein Teilgebiet der Theologie und galt von nun an als eigenständiges Universitätsfach.

Erste Ansätze einer eigenständigen Wissenschaft kamen im 17. Jahrhundert von J. A. Comenius (1592–1670) in Form didaktisch-methodischer Fragestellungen. Danach verlagerte sich mit J.-J. Rousseau (1712–1778) der Fokus stärker auf Erziehungsfragen. Unter deren Eindruck entstand in der 2. Hälfte des 18. Jahrhunderts im Philanthropismus eine wirksame pädagogische Reformbewegung, die für eine vernünftig-natürliche Erziehung der Kinder eintrat.

Die klassisch-idealistische Epoche entwickelte eine differenzierte Lehre von der „allseitig gebildeten Persönlichkeit", wobei der Mensch u.a. in der Begegnung mit der klassischen griechischen Kultur Individualität entwickeln sollte (u.a. bei J. H. Pestalozzi, 1746–1827). Die Ansätze Pestalozzis wurden für die Kleinkind- und Volksschulerziehung von J. F. Herbart (1776–1841) weitergeführt, der das zu dieser Zeit wirksamste System einer wissenschaftlich-methodisch begründeten Pädagogik schuf (*Herbartianismus*).

Dessen Konzeption, Ethik und Psychologie zu Grundwissenschaften der Pädagogik zu machen, hat zu Beginn des 20. Jahrhunderts dazu geführt, dass sich die wissenschaftliche Pädagogik in eine *normativ verfahrende* (von einem Normen- oder Wertesystem ausgehende) *Pädagogik* und eine psychologisch begründete, experimentell oder deskriptiv verfahrende *empirische Pädagogik* spaltete.

In den letzten Jahrzehnten wurde dem Begriff der Pädagogik gemäß dieser Teilung der der *Erziehungswissenschaften* an die Seite gestellt. Die *Pädagogik* ist aus historisch-methodischer Sicht stärker geisteswissenschaftlich geprägt (Dialektik, Hermeneutik, Phänomenologie), während sich die *Erziehungswissenschaften* naturwissenschaftlicher (empirischer) Forschungsmethoden bedienen (Zusammenhangs-, Kausal- bzw. Veränderungsstudien). Beide wissenschaftliche Ausrichtungen setzen sich mit der *Theorie* und *Praxis* von Erziehung und Unterricht auseinander.

Erziehungswissenschaften

Definition

Erziehungswissenschaften / Pädagogik sind wissenschaftliche Disziplinen, die sich mit der Theorie und Praxis pädagogisch relevanter Prozesse (Erziehung, Bildung und Unterricht) beschäftigen. Sie sind „gleichzeitig theoretisch fundierte Reflexions- oder Erfahrungswissenschaft als auch Handlungswissenschaft, die an der Verbesserung pädagogischer Vorgänge von Erziehung, Bildung, Lernen und Sozialisation mitarbeiten und Handlungswissen für die Praxis zur Verfügung stellen" (Stein 2013, 12).

Pädagogische Psychologie

1.1.3

Die *Pädagogische Psychologie* sieht ihren Gegenstandsbereich ebenfalls im menschlichen Erleben, Verhalten und Handeln, aber speziell *im pädagogischen Kontext*, also im Zusammenhang mit den Prozessen des Erziehens, des Unterrichtens und des Bildens.

pädagogischer Kontext

Definition

Der **Gegenstand der Pädagogischen Psychologie** ist das menschliche Erleben, Verhalten und Handeln *im Kontext der Prozesse des Erziehens, Unterrichtens und Bildens*.

Der pädagogische Kontext engt somit den Gegenstandsbereich ein; Pädagogische Psychologie beschäftigt sich aus dieser Sicht mit der *Schnittmenge* der Gegenstandsbereiche von Psychologie und Pädagogik.

Schnittmenge

> **Exkurs**
>
> In den Grundlagendisziplinen werden wissenschaftliche Theorien nach höchsten methodischen Standards entwickelt und geprüft. So entwickelte Pawlow die Theorie des klassischen Konditionierens und Skinner die Theorie des operanten Konditionierens, beides Beiträge zur Grundlagenforschung im Bereich des Lernens. Der Anwendungsaspekt spielt eine untergeordnete Rolle: Grundlagenforscher interessieren sich für Sachverhalte, ohne die Anwendbarkeit des produzierten Wissens in den Vordergrund zu stellen.
>
> Exakt dieser Anwendungsaspekt steht in den angewandten Disziplinen, wie der Pädagogischen Psychologie oder der Klinischen Psychologie, im Mittelpunkt. In ihren Aufgabenbereich fällt die Entwicklung *technologischer Theorien*, die konkrete *Handlungsanweisungen zur praktischen Umsetzung* wissenschaftlicher Theorien geben.
>
> Der *programmierte Unterricht* stellt eine solche Handlungsanweisung dar. Er basiert auf der genannten Lerntheorie des operanten Konditionierens von Skinner. Eine technologische Theorie sollte:
>
> ▶ wissenschaftliche Erkenntnisse in *effiziente, routinisierbare* Handlungsanweisungen umsetzen und
> ▶ Wege zu ihrer *praktischen Nutzbarmachung* aufzeigen.

1.1.4 Gegenstand des Lehrbuches

Lernen und Lernerfolg

Der vorliegende Band widmet sich nicht dem gesamten hier skizzierten, sehr breiten Spektrum des Gegenstands der Pädagogischen Psychologie. Vielmehr sind es die vielfältigen psychologischen Einflussgrößen, die den Lernprozess im pädagogischen Kontext – in erster Linie in der Schule – determinieren, welche hier im Mittelpunkt stehen. Außerdem liegt es auf der Hand, dass nicht das gesamte Erlebens-, Verhaltens- und Handlungsspektrum von gleichem Interesse ist, sondern insbesondere Fragen danach, welche Bedingungen erfolgreiches Lernen unterstützen, gestellt werden.

Einflussgrößen des Lernprozesses

Abbildung 1.0 veranschaulicht die strukturelle Schwerpunktsetzung in den Darlegungen der folgenden Kapitel. Offensichtlich befindet sich der *Lernprozess* im Fokus des Interesses. Der *Kontext* verdeutlicht, dass dieser Lernprozess in unterschiedliche pädagogische Situationen eingebettet sein kann, z. B. im Elternhaus, in der Schule oder in Institutionen der Erwachsenenbildung, wobei hier der Unterricht in der Schule – wie schon erwähnt – den Betrachtungsschwerpunkt bildet.

Die *Determinanten* beeinflussen den Lernprozess und sind in unterschiedlichen Ausprägungsgraden bei den Schülern vorhanden. Dazu zählen die kognitiven und emotional-motivationalen Funktionen.

Die *Erfolgsmerkmale* fokussieren das Ergebnis des Lernprozesses: Es wird nach dem Lernerfolg gefragt, wobei unterschiedliche Aspekte des *Wissenserwerbs* thematisiert werden.

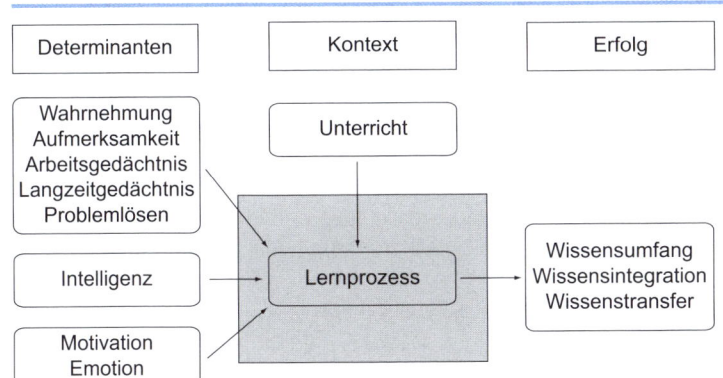

Abb. 1.0

Systematik der Einflussgrößen des Lernprozesses. Unterschieden werden dabei die Determinanten und der Kontext des Lernprozesses. Das Ergebnis wird durch den Wissenserwerb mit unterscheidbaren Erfolgsaspekten repräsentiert (Umfang, Vernetztheit, Transferierbarkeit usw.)

Ziele wissenschaftlicher Forschung | 1.2

Bevor auf diese einzelnen Einflussfaktoren näher eingegangen wird, wenden wir uns den Zielen und Methoden der Forschung in der Pädagogischen Psychologie zu. Bisher haben wir den Gegenstandsbereich von Psychologie, Pädagogik und Pädagogischer Psychologie beschrieben, also jene Thematiken, zu denen die Wissenschaften Erkenntnisse gewinnen möchten.

Wie aber können diese Erkenntnisse gesammelt werden? Welche unterschiedlichen Zielsetzungen lassen sich unterscheiden? Welche Methoden kommen dabei zum Einsatz? Einige grundsätzliche Überlegungen dazu sollen helfen, die in den Kapiteln 2 bis 4 folgenden inhaltlichen Ausführungen besser zu verstehen und einzuordnen.

Der Fokus der Betrachtungen lag bisher auf dem menschlichen Erleben, Verhalten und Handeln als Gegenstand der Wissenschaft Psychologie. Dabei werden die *Ziele* verfolgt, die Bedingungen und Folgen des Erlebens, Handelns und Verhaltens zu *beschreiben*, zu *erklären*, *vorherzusagen* und zu *verändern*.

Ziele

1.2.1 Beschreiben

Beschreiben

Der erste Schritt in jedem empirischen Forschungsprozess ist das *Beschreiben*, die Deskription.

Beispiel

Interessiert sich ein Wissenschaftler für die Frage, ob die Dauer der *ununterbrochenen Beschäftigung* mit einem Lerninhalt den Lernprozess und damit den Lernerfolg determiniert, dann muss er zunächst beschreiben, was er unter einer ununterbrochenen Beschäftigung versteht, welchen Zeitraum sie umfasst, welche Lerninhalte er verwendet und wie er den Lernerfolg erfassen möchte.

Merkmale der ununterbrochenen Beschäftigung sind bspw. die Abwesenheit von ablenkenden Gegenständen und Einflüssen, das Verweilen am Arbeitsplatz und die ernsthafte Auseinandersetzung mit den Lerninhalten.

Die *Dauer* kann über die Zeit angegeben werden, also bspw. 45, 90 oder 150 Minuten.

Den *Erfolg* erfasst man bspw. mit zehn Fragen am Ende der Beschäftigung. Es werden somit die Merkmale der beteiligten Begriffe und Sachverhalte (hier: ununterbrochene Beschäftigung und Lernerfolg) festgelegt.

Benennen und Ermitteln

Neben dem *Benennen* von Merkmalen nimmt das Beschreiben auch die Bedeutung des *Ermittelns* ein. So kann man etwa durch das *Beobachten* von Schülern herausfinden, wie lange sie still sitzen können, wie lange sie die Konzentration aufrechterhalten können usw. Hier würde man die Methode des Beobachtens einsetzen, um zu Beschreibungen zu kommen, d.h., um die Merkmale der beteiligten Begriffe zu ermitteln.

Definieren

Schließlich beschreibt man in der Wissenschaft auch mit *Definitionen*. Die im letzten Beispiel angesprochenen zehn Fragen sind eine Definition für den Lernerfolg. Wir definieren elf Stufen des Lernerfolgs – nämlich 0 bis 10 korrekte Antworten. Das heißt: Mit einer Punktzahl zwischen 0 und 10 beschreibt man die Leistung der Schüler.

Definition

Beim **Beschreiben** werden Angaben über die Erscheinungsformen und Merkmale von mindestens einem Sachverhalt gemacht. Dies geschieht durch:

- Benennen,
- Ordnen und Klassifizieren,
- Definieren,
- Häufigkeit bzw. Ausprägungsgrad.

Man beschreibt aber häufig auch mehr als einen Sachverhalt, so wie im Beispiel neben dem Sachverhalt der ununterbrochenen Beschäftigung auch noch der des Lernerfolgs interessiert. In diesem Fall beschreibt man beide Sachverhalte für sich, kann aber auch noch den *Zusammenhang* zwischen beiden zum Gegenstand der Fragestellung machen. Formal wird die Zusammenhangsbeziehung zwischen Sachverhalten mit einem Strich (ohne Pfeilenden) dargestellt (→ Abb. 1.1).

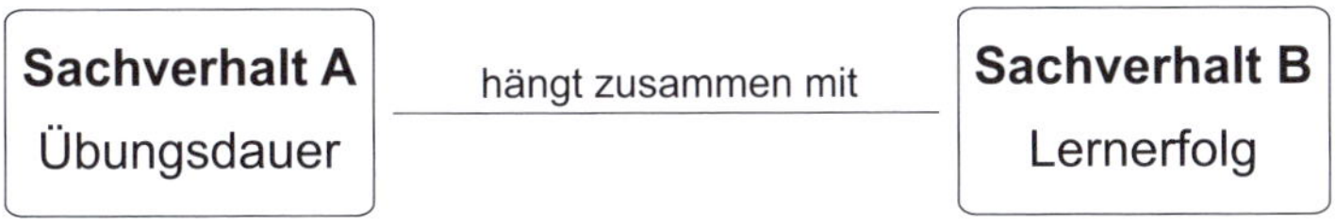

Relationen

| **Sachverhalt A** Übungsdauer | hängt zusammen mit | **Sachverhalt B** Lernerfolg |

Abb. 1.1
Die formale Darstellung der Zusammenhangsbeziehung zwischen den Sachverhalten A und B

Man kann sagen, dass die Dauer der ununterbrochenen Übung mit dem Lernerfolg zusammenhängt (lange Übungsdauer fällt häufig zusammen mit gutem Lernerfolg), nicht aber dass die Dauer der Übung ursächlich für den Lernerfolg ist (vgl. Kap. 1.2.2).

Merksatz

Die fehlenden Pfeilspitzen deuten darauf hin, dass eine empirisch beobachtete Zusammenhangsbeziehung nicht kausal interpretiert werden darf.

Exkurs

Exkurs: Wissenschaftliches Beobachten
Nachdem das Beobachten als Datenerhebungsmethode (Methode zur Ermittlung von Merkmalen) gerade auch im Unterrichtskontext von großer Bedeutung ist, soll noch etwas genauer darauf eingegangen werden.

Beobachtung beruht zu wesentlichen Teilen auf dem *menschlichen Wahrnehmungsprozess*. Von diesem weiß man, dass es sich hierbei nicht um einen Kopiervorgang der Umweltreize in das Gehirn handelt, sondern dass der Wahrnehmungseindruck individuell konstruiert wird, dass also Vorwissen, Erwartungen, Bedürfnisse usw. das Wahrnehmungsprodukt wesentlich beeinflussen.

Wahrnehmung als Konstruktion

Nachdem sich Menschen in diesen Aspekten unterscheiden, kann man davon ausgehen, dass sie den gleichen Vorgang unterschiedlich wahrnehmen. Man kennt diesen Sachverhalt nur zu gut z. B. aus Zeugenbefragungen vor Gericht. Damit liegt ein Problem vor, denn Beobachtungsergebnisse können dann nur als subjektiv und nicht – wie in der Wissenschaft gefordert – als objektiv bezeichnet werden (→ Kap. 2.1 zur Wahrnehmung).

zufallsbedingt

Es besteht aber noch ein weiteres Problem: Beobachtungen können *zufallsbedingt*, also für den allgemeinen Fall untypisch sein! Das bedeutet, dass das Ergebnis des beobachteten Sachverhalts nicht zuverlässig ist.

Um diesen Schwierigkeiten zu begegnen, fordert die Wissenschaft eine *systematische* und *regelgeleitete Vorgehensweise*. Mit dem nachstehenden Beispiel soll das Procedere veranschaulicht werden.

Ein Forscher interessiert sich für die Art der verbalen Kommunikation zwischen Lehrer und Schüler im Unterricht und entschließt sich, eine Beobachtungsstudie durchzuführen.

Um dem unterschiedlichen Konstruktionsprozess der Wahrnehmung bei verschiedenen Beobachtern vorzubeugen, entwirft er ein Beobachtungsschema (Kategoriensystem), welches die zu registrierenden Inhalte klar definiert. Tabelle 1.1 zeigt ein entsprechendes Schema zur Erfassung der Lehrer-Schüler-Interaktion (Amidon & Hunter 1967).

Man erkennt, dass fünf große Verhaltenskategorien unterschieden werden:

▶ vom Lehrer ausgehendes Verbalverhalten,
▶ Lehrererwiderung,
▶ ...
▶ anderes.

regelgeleitet

Innerhalb dieser Beobachtungskategorien gibt es Unterkategorien, wie „äußert Informationen oder Meinungen" bzw. „stellt Fragen" usw. Die Wahrscheinlichkeit, dass unterschiedliche Beobachter mit diesem Instrument zu vergleichbaren Ergebnissen kommen, ist wesentlich größer, weil der Beobachtungsvorgang jetzt *regelgeleitet* und konkretisiert ist.

systematisch

Um die mögliche Zufallsbedingtheit der Beobachtung zu kontrollieren, entschließt sich der Forscher:

Beispiel für ein Beobachtungskategoriensystem: Das *Verbal Interaction Category System* zur Beobachtung der Lehrer-Schüler-Interaktion von Amidon & Hunter (1967; deutsch aus: Grell 1980). | Tab. 1.1

vom Lehrer ausgehendes Verbalverhalten	1	äußert Informationen oder Meinungen
	2	gibt Anweisungen
	3	stellt enge Fragen
	4	stellt weite Fragen
Lehrer-Erwiderung	5	akzeptiert a) Gedanken, b) Verhalten, c) Gefühle
	6	lehnt a) Gedanken, b) Verhalten, c) Gefühle ab
Schüler-Erwiderung	7a	voraussagbare Antwort an Lehrer
	7b	nicht voraussagbare Antwort an Lehrer
	8	Antwort an Mitschüler
vom Schüler ausgehendes Verbalverhalten	9	beginnt Gespräch mit Lehrer
	10	beginnt Gespräch mit Mitschüler
anderes	11	Stille
	12	Durcheinander

- ▶ mehrfach,
- ▶ immer für 20 Minuten und
- ▶ in verschiedenen Unterrichtsfächern zu beobachten.

Dieses Vorgehen nennt man *systematisch*, weil damit der Zufall auf systematische Weise kontrolliert (erweitert) wird: Das Beobachtungsergebnis gilt nicht nur für ein Ereignis, nicht nur für ein Unterrichtsfach und nicht nur für eine willkürlich gewählte Zeit.

Definition

Systematisch und **regelgeleitet** ist eine *Beobachtung*, wenn sie einem zuvor festgelegten Beobachtungsplan folgt, der festlegt:

- ▶ was beobachtet werden soll (Kategorien für das interessierende Ereignis oder Merkmal),
- ▶ welche Aspekte weniger oder nicht relevant sind,
- ▶ welchen Interpretationsspielraum der Beobachter bei der Beobachtung hat,

- wann, wie lange und wo die Beobachtung erfolgt (Zeitpunkte, Zeiträume, Situationen),
- auf welche Weise das Beobachtete registriert und protokolliert wird.

Auf der Basis einer solchermaßen systematischen und regelgeleiteten Studie lässt sich die Kommunikation im Unterricht beschreiben. Ein Teilergebnis könnte lauten, dass etwa 70 % der Kommunikation vom Lehrer ausgeht, er davon in 50 % der Fälle Informationen und Meinungen von sich gibt usw. Die Beobachtung ermittelt somit die Merkmale des interessierenden Sachverhalts.

1.2.2 Erklären

Kausalrelation

Wenngleich das Beschreiben als *Basis* jeder empirisch-wissenschaftlichen Tätigkeit gilt, begnügt man sich damit häufig nicht, sondern versucht zu *erklären*.

Beim Erklären müssen mindestens zwei Sachverhalte betrachtet werden. Außerdem müssen diese beiden Sachverhalte zunächst genau beschrieben werden. Ohne genaue Beschreibungen sind keine wissenschaftlichen Erklärungen möglich. *Erklären setzt Beschreiben voraus!*

Für das gewählte Beispiel zur andauernden Übung liegen die Beschreibungen bereits vor. Zu einem Erklärungsversuch wird das Beispiel, wenn zwischen die beiden Sachverhalte eine *Kausalrelation* (Abhängigkeitsbeziehung) eingefügt wird: Die Dauer der ununterbrochenen Übung ist ursächlich für (bzw. bedingt) den Lernerfolg. Man kann es auch so formulieren:

Merksatz

Erklären heißt, einen Sachverhalt auf jene Bedingungen zurückzuführen, die ihn hervorgerufen oder ausgelöst haben.

wenn – dann, je – desto

Die sprachliche Formulierung einer Ursache-Wirkungsbeziehung erkennt man in der Wissenschaft an der „Wenn-dann-" bzw. „Je-desto-Relation". Je andauernder ein Schüler übt, desto besser ist seine Leistung. Oder: Wenn ein Schüler andauernd übt, dann zeigt er auch gute Leistungen. Die formale Darstellung einer Erklärung ist aus Abbildung 1.2 zu entnehmen.

Statt „Sachverhalt" verwendet man im pädagogischen Kontext häufig den Begriff *Variable*, weil es sich hier meistens um *veränderliche Größen* auf Seiten der Lehrer, Schüler und der Situation handelt.

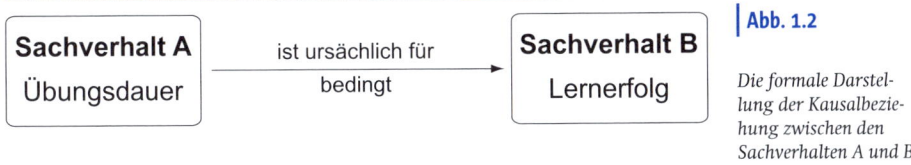

Abb. 1.2

Die formale Darstellung der Kausalbeziehung zwischen den Sachverhalten A und B

> **Definition**
>
> Beim **Erklären** werden Angaben über Bedingungsverhältnisse von Sachverhalten (Variablen) bzw. Angaben über Abhängigkeiten zwischen Sachverhalten (Variablen) gemacht. Erklärungen setzen die Beschreibung von mindestens zwei Sachverhalten voraus.

Vorhersagen | 1.2.3

Beschreiben und insbesondere Erklären sind bereits hochgesteckte Ziele, weil ihr Zustandekommen bzw. ihre Überprüfung einen aufwändigen Methodeneinsatz erfordert. Dennoch geben sich Wissenschaftler in vielen Bereichen der Psychologie nicht damit zufrieden, sondern setzen sich zum Ziel, menschliches Erleben, Verhalten und Handeln – auch im pädagogischen Kontext – vorherzusagen. Das klassische Beispiel findet man in dem Bestreben, den Erfolg im Abitur aus den Noten in der Grundschule vorherzusagen. Dieses Ziel ist uns insofern vertraut, als wir bereits erfahren haben, dass Wissenschaftler erklären möchten, also in dem genannten Beispiel: Wenn Schüler am Ende der Grundschule überdurchschnittliche Noten haben, dann sind sie auch in der Realschule bzw. im Gymnasium erfolgreich. Sie versuchen den Erfolg in den weiterführenden Schulen aus den Leistungen in der Grundschule zu erklären.

Vorhersagen bzw. *Prognosen* sind nichts anderes als in die Zukunft gerichtete Erklärungen: Der Erfolg in weiterführenden Schulen ist aus den Leistungen in der Grundschule vorhersagbar. In einem anderen Zusammenhang wird versucht, den Erfolg im Studium aus den Leistungen im Abitur vorherzusagen.

Vorhersagen

> **Definition**
>
> **Vorhersagen (Prognosen)** sind in die Zukunft gerichtete Erklärungen. Derselbe Bedingungszusammenhang, den man annimmt, um einen Sachverhalt zu erklären, dient dazu, das Eintreten eines zukünftigen Sachverhalts zu prognostizieren (Nolting & Paulus 1990, 184ff).

multiple Bedingtheit — Man findet selten den Versuch, die Variation einer Variablen aus der Variation *nur einer* anderen Variablen zu erklären. In der Psychologie sind solche Versuche selten erfolgreich, da meist eine Vielzahl an Variablen zur Erklärung herangezogen werden. Besonders häufig findet man dieses Vorgehen beim Prognostizieren. Abbildung 1.3 zeigt die Abhängigkeit des Erfolgs in weiterführenden Schulen von weiteren Prädiktoren wie Leistungsbereitschaft und Auffassungsgabe, neben den oben erwähnten Grundschulleistungen.

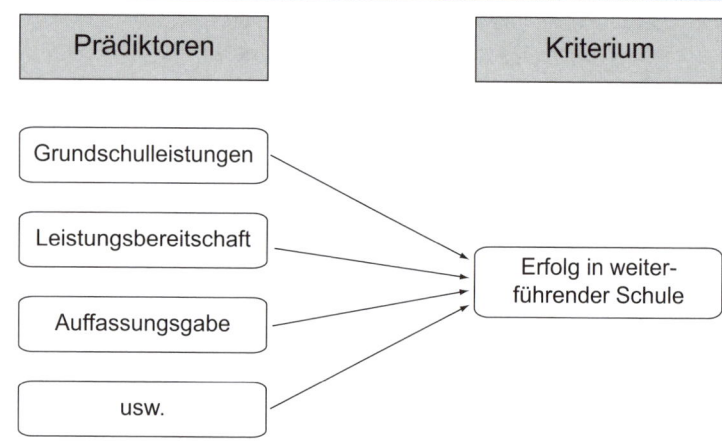

Abb. 1.3 Die multiple Bedingtheit des Kriteriums durch mehrere Prädiktoren

gesicherter Erklärungswert — Wesentlich an einem solchen Prognosemodell ist der Sachverhalt, dass man die erfolgreiche Erklärung der Kriteriumsvariablen aus den einzelnen Prädiktorvariablen bereits nachgewiesen hat. Man wird also die Leistungsbereitschaft und die Auffassungsgabe (sowie weitere Prädiktoren) nur dann in das Prognosemodell aufnehmen, wenn bereits *gesicherte Evidenz für ihren Erklärungswert* existiert.

> **Merksatz**
>
> **Nur bereits wissenschaftlich belegte Erklärungen werden in Prognosemodelle aufgenommen.**

Optimierung des Prognosemodells — Das weitere Vorgehen besteht in der Verbesserung des Prognosemodells durch die *Gewichtung der Prädiktoren*, die sich aus einer konkreten Prognosestudie errechnen lassen. Überprüft man das Prognosemodell an 1000 Schülern, so zeigt sich (ohne dass wir hier näher auf die statistischen Verfahren eingehen wollen) der unterschiedlich hohe Prognosewert der einzelnen Prädiktoren. Diese unterschiedlichen Werte werden als Gewichte in das nächste Modell aufgenommen, erneut empirisch überprüft (an einer anderen Stichprobe!) usw.

Eine hundertprozentige Prognosegenauigkeit ist im Bereich der Psychologie aufgrund der Variabilität menschlichen Erlebens, Verhaltens und Handelns nicht zu erreichen. Ziel ist vielmehr die stabile Prognose auf einem möglichst hohen Genauigkeitsniveau.

Im Unterricht versuchen sich viele Lehrer täglich mit Prognosen für ihre Schüler. Sie geben einem Schüler eine positive Rückmeldung, um ihn für weitere Anstrengungen zu motivieren; sie geben einem Schüler eine schlechte Note, um ihn „wach zu rütteln"; sie versetzen einen Schüler trotz schlechter Leistungen in die nächste Klasse, da sie den Leistungseinbruch durch eine persönliche Krise erklären, die nur vorübergehend ist.

individuelle vs. statistische Prognose

Dabei beziehen sie in der Regel ihre langjährigen Erfahrungen in ihr *Prognosemodell* ein. Je besser diese Erfahrungen mit entsprechenden wissenschaftlichen Erklärungen übereinstimmen, desto größer ist auch ihre Prognosegenauigkeit, wenngleich es sich hier um *individuelle Prognosen* handelt, die noch schwerer zu treffen sind, als die bisher besprochenen *statistischen Prognosen*.

Verändern | 1.2.4

Dieses Basisziel wissenschaftlicher Tätigkeit ist zentral für die anwendungsbezogenen Disziplinen der Psychologie wie Pädagogische und Klinische Psychologie. Wir hatten bei der näheren Kennzeichnung des pädagogischen Kontexts hervorgehoben, dass das gezielte und nachhaltige Verändern dabei einen hohen Stellenwert besitzt: Das Erziehungs- und Unterrichtsziel ist es, erwünschte Verhaltensweisen aufzubauen bzw. zu stärken und unerwünschte Verhaltensweisen zu schwächen bzw. zu löschen (→ Kap. 1.1.3).

Definition

Verändern heißt, in die Möglichkeiten, zu erleben, sich zu verhalten und zu handeln, einzugreifen. Im Kontext der pädagogischen Psychologie basiert Veränderung auf einem gerichteten Lernprozess: Erwünschte Erlebens-, Verhaltens- und Handlungsweisen sind aufzubauen, unerwünschte abzubauen. Die Methoden dazu stellen Erziehung und Unterricht dar.

Allgemein sollen hier folgende Formen der Veränderung unterschieden werden:

Formen der Veränderung

Bei der *Prävention* geht es um das Vorbeugen bzw. die Verhütung. Hierbei kann es sich z. B. um eine Krankheitsvorbeugung (medizinisch),

Prävention

eine Vorbeugung gegen Straftaten (kriminologisch) oder gegen Entwicklungsbeeinträchtigungen (pädagogisch-psychologisch) handeln.

Es werden drei Formen unterschieden: die *primäre Prävention* stellt eine tatsächliche Verhütung vor dem Einsetzen von Konsequenzen oder der Entwicklung von Beeinträchtigungen dar. Dazu dienen vorbeugende Maßnahmen, wie z. b. sprachliche, mathematische oder motorische Förderprogramme im Vorschulalter oder medizinische Impfungen.

Die *sekundäre Prävention* vermindert schon bestehende Folgen, Konsequenzen oder Entwicklungstendenzen und die *tertiäre Prävention* rehabilitiert.

Förderung

Der Begriff der *Förderung* umfasst im Rahmen der sekundären Prävention alle erzieherischen, beratenden oder therapeutischen Maßnahmen, die aufgrund bestehender Lern- und Leistungsbesonderheiten notwendig werden. Damit sie sich nicht zu einer Behinderung ausweiten können, müssen Fördermaßnahmen eingeleitet werden, die eine dem Alter entsprechende Entwicklung, Erziehung und Bildung unterstützen. Solche unterstützenden Maßnahmen können im Rahmen einer schulischen (z. B. Förderunterricht) oder einer außerschulischen Förderung (z. B. Logopädie, Lerntherapie) durchgeführt werden.

Zu beachten ist, dass sich der Begriff *Förderung* sowohl auf unterdurchschnittliche als auch auf überdurchschnittliche altersbezogene Fähigkeiten beziehen kann. So können hochbegabte Schüler ebenfalls eine Förderung benötigen, um sie vor einer möglichen Unterforderung zu schützen, die Ursache für eine inadäquate schulische Leistungsentwicklung sein kann.

Rehabilitation

Schließlich umfasst die *Rehabilitation* sämtliche notwendige Maßnahmen, die erforderlich sind, um Menschen mit einer Behinderung (körperlich, geistig, seelisch) oder Menschen, die von einer Behinderung bedroht sind, zu helfen und zu unterstützen. Diese Personen können die Behinderung oder deren Folgen nicht aus eigener Kraft überwinden. Ziel ist es, sie dabei zu unterstützen, ihre Fähigkeiten und Kräfte zu entwickeln und sie in die Gesellschaft zu integrieren.

Es ist gut zu erkennen, dass der pädagogische Kontext schwerpunktmäßig der Förderung bzw. Optimierung zuzuordnen ist, wobei sowohl Kinder mit spezifischen Lernschwierigkeiten als auch Kinder mit hervorragenden Begabungen im Unterricht gefördert werden können.

Methoden wissenschaftlicher Forschung | 1.3

Bei der Besprechung der Basisziele wissenschaftlicher Forschung gab es bereits erste Berührungen zu empirischen Forschungsmethoden. Beim Beschreiben kommt nahezu unabdingbar der *Zusammenhangsbegriff* ins Gespräch und beim Erklären ist das *Experiment* zentraler Diskussionsbestandteil. In den beiden folgenden Abschnitten sollen diese Methoden knapp vorgestellt werden, da in den folgenden Kapiteln Forschungsergebnisse berichtet werden, die immer wieder Bezug auf diese Methoden nehmen.

Zusammenhangsstudien | 1.3.1

Beim Beschreiben von mehr als einem Sachverhalt bzw. mehr als einer Variablen sind gewöhnlich auch deren Beziehungen zueinander von Interesse (→ Kap. 1.2.1). Dabei handelt es sich in jedem Fall um eine Zusammenhangsbeziehung, da Beschreibungen nur angeben, ob sich zwei Variablen zufällig oder systematisch miteinander verändern (variieren).

zufällige vs. systematische Variation

Beispiel

Zur Verdeutlichung analysieren wir die fiktive Leistung von Schülern in Physik und Mathematik. Wir betrachten 20 Schüler. Jeder Schüler hat einen Wert in Physik (Y) und einen Wert in Mathematik (X). Die Werte variieren im Sinne von Schulnoten jeweils zwischen 1 und 6. Hat ein Schüler bspw. das Wertepaar 2/3, so kennzeichnet diese Bezeichnung die Note 2 in Physik und die Note 3 in Mathematik. In Abbildung 1.4 findet man die Wertepaare der 20 beobachteten Schüler.

Man erkennt, dass jeder Schüler ein anderes Wertepaar besitzt, denn es sind 20 Datenpunkte vorhanden. Das deutet darauf hin, dass die beiden Variablen unabhängig voneinander – also eher unsystematisch oder zufällig – variieren. Es ist kein Zusammenhang erkennbar. Darauf deutet auch die Anpassungsgerade hin, die so durch die Datenpunkte gelegt wird, dass die geringste Abweichung entsteht. Leicht erkennt man die großen Abweichungen der Wertepaare von der Geraden (senkrechte Projektion), ein weiterer Hinweis auf den fehlenden Zusammenhang.

zufällige Variation

Man kann diesen Zusammenhang auch noch rechnerisch präzisieren, indem man den *Korrelationskoeffizienten r* berechnet. Der genaue Berechnungsweg interessiert uns hier nicht. Er ist in jedem Statistiklehrbuch nachzuschlagen. In unserem Beispiel aus Abbildung 1.4 beträgt der Korrelationskoeffizient $r = 0{,}015$. Dieser Wert liegt sehr nahe

Korrelationskoeffizient r

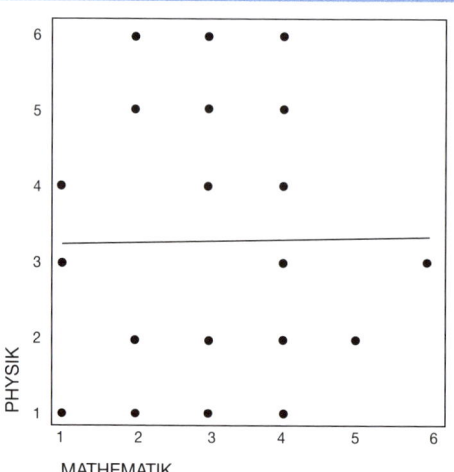

Abb. 1.4

Die Verteilung der Wertepaare ist weitgehend zufällig oder unsystematisch (r = 0,015)

bei r = 0,00, der eine rein zufällige Variation der beiden Noten in Physik und Mathematik anzeigen würde.

r schwankt zwischen 1,00 und −1,00

Der Korrelationskoeffizient schwankt zwischen r = 1,00 und r = −1,00. Bei r = 0 liegt, wie in Abbildung 1.4 demonstriert, kein Zusammenhang vor. Die Maximalwerte von r = 1 und r = −1 dagegen markieren perfekte Korrelationen (→ Abb. 1.5 und 1.6).

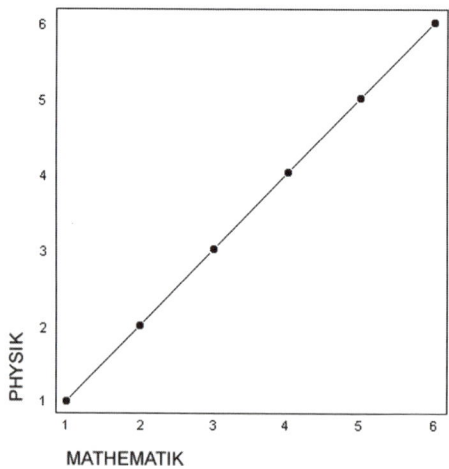

Abb. 1.5

Grafische Veranschaulichung einer perfekten positiven Korrelation zwischen den Noten in den Fächern Physik und Mathematik (r = 1,00)

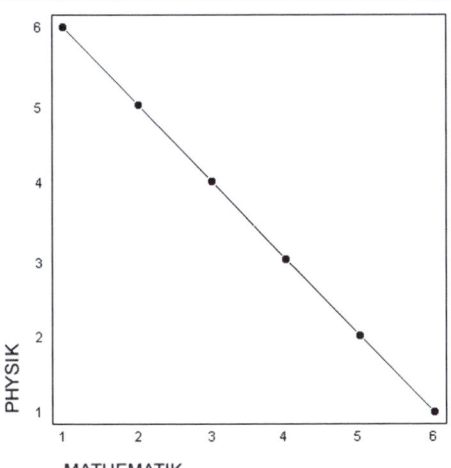

Abb. 1.6

Grafische Veranschaulichung einer perfekten negativen Korrelation zwischen den Noten in den Fächern Physik und Mathematik (r = –1,00)

Bei einer perfekten *positiven Korrelation* (r = 1,00; → Abb. 1.5) ist der Zusammenhang hundertprozentig. Weiß man für eine Person die Note für eines der beiden Fächer, so kann man die jeweils andere Note sicher ermitteln. Eine 1 in Mathematik bedeutet, auch eine 1 in Physik bzw. eine 5 in Physik geht mit einer 5 in Mathematik einher.

Aus der Abbildung ist zu entnehmen, dass alle Punkte genau auf der Geraden liegen, die Abweichung also minimal, d. h. gleich Null ist. Außerdem gibt es in diesem Fall nur 6 Wertepaare (1/1, 2/2 ... 6/6), so dass bei 20 Personen diese Datenpunkte mehrfach belegt werden.

Ein perfekter Zusammenhang liegt auch bei der *negativen Korrelation* von r = –1,00 vor, allerdings kehrt sich hier die Richtung des Zusammenhangs um (→ Abb. 1.6). Eine 2 in Mathematik geht mit einer 5 in Physik einher und eine 3 in Physik mit einer 4 in Mathematik. Auch die perfekte Lage der Datenpunkte auf der Geraden und die Reduktion auf 6 Wertepaare gelten für diesen negativen Zusammenhang.

Die beiden Maximalausprägungen einer Korrelation sind Extremfälle, die in realen Studien so gut wie nie vorkommen. Deshalb wollen wir uns noch ein Beispiel für einen starken – aber nicht perfekten – positiven Zusammenhang ansehen (→ Abb. 1.7).

r = –1,00

Abb. 1.7

Grafische Darstellung eines starken positiven Zusammenhangs (r = 0,63) zwischen den Noten in den Fächern Physik und Mathematik

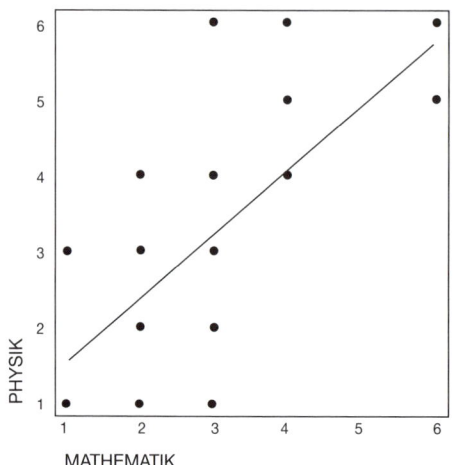

Aus der Richtung der Anpassungsgeraden erkennt man bereits den positiven Zusammenhang. Die in der Mehrzahl der Fälle geringe Abweichung der Datenpunkte von der Geraden sprechen darüber hinaus für einen starken Zusammenhang (r = 0,63). Aus der Kenntnis einer Note ist dabei im Einzelfall nicht mehr mit Sicherheit auf die zweite Note zu schließen, aber in der Regel, das heißt über viele Personen hinweg, bedeutet eine gute Note in einem Fach auch eine gute Note im zweiten Fach.

Mittlere und schwache Ausprägungen des Korrelationskoeffizienten liegen etwa bei r = 0,45 bzw. r = 0,20.

Untersuchungsplan

Der Untersuchungsplan einer Zusammenhangsstudie ist denkbar einfach: Man beschreibt die interessierenden Variablen und bestimmt ihren Zusammenhang. Es versteht sich von selbst, dass dabei auch mehr als zwei Variablen beteiligt sein können. Tabelle 1.2 zeigt den allgemeinen Untersuchungsplan.

Tab. 1.2 Der allgemeine Untersuchungsplan für eine Zusammenhangsstudie

	Variable 1	Variable 2	Variable 3	.....	Variable i
Variable 1	---	$r_{1,2}$*	$r_{1,3}$	.....	$r_{1,i}$
Variable 2	$(r_{2,1})$	-----	$r_{2,3}$	.....	$r_{2,i}$
Variable 3			-----	.....	
.....				-----	.....
Variable i					-----

*$r_{1,2} = r_{2,1}$; deshalb ist meist die untere Matrixhälfte auch leer!

In diesem *allgemeinen* Plan ist der Fall der Analyse von zwei Variablen ebenso enthalten wie der von zehn Variablen. Die Korrelationsmatrix hat zwei hervorzuhebende Eigenschaften:

▶ In der *Diagonalen* sind Striche eingefügt, weil hier *Korrelationen der Variablen mit sich selbst* stehen, die zwangsläufig maximal positiv sind ($r_{1,1}$ = 1,00).
▶ Die durch die Diagonale entstandenen beiden Matrixhälften sind *spiegelbildlich* zu verstehen, d. h., $r_{1,2}$ = $r_{2,1}$, weshalb in der Regel auch nur eine Hälfte berechnet wird.

Beispiel

Eine Korrelationsmatrix gibt nicht nur einen Überblick über die untersuchten Variablen, sondern dient gleichzeitig der Ergebnisdarstellung. Tabelle 1.3 veranschaulicht diesen Aspekt mit den fiktiven Korrelationen von Schulnoten in den Fächern Physik, Mathematik, Deutsch und Geographie.

Die Korrelationen zwischen den Noten von vier Unterrichtsfächern | Tab. 1.3

	Physik	Mathematik	Deutsch	Geografie
Physik	-----	0,46	0,37	0,25
Mathematik		-------	0,58	0,32
Deutsch			-------	0,19
Geografie				-------

Die fiktiven Ergebnisse zeigen stark ($r_{Mathematik,Deutsch}$ = 0,58) bis schwach ($r_{Deutsch,Geografie}$ = 0,19) ausgeprägte Variablenzusammenhänge.

Experimentelle Untersuchungen | 1.3.2

Zusammenhangsstudien werden durchgeführt, wenn Forscher sich mit der Beschreibung des sie interessierenden Gegenstands begnügen.

Häufig beschäftigen sich Wissenschaftler darüber hinaus mit der Frage, *warum* in Beschreibungen dargelegte Zusammenhänge auftreten; sie interessieren sich für die Unterscheidung von verursachenden und beeinflussten Variablen, also für die Kausalrelation. Sie versuchen, eine Variable aus einer anderen (bzw. mehreren anderen) zu *erklären* (→ Kap. 1.2.2). In experimentellen Untersuchungen werden *Kausalhypothesen* geprüft, indem:

1. die beteiligten Variablen in UVn (unabhängige Variablen) und AVn (abhängige Variablen) unterschieden,
2. von den UVn unterschiedliche Ausprägungsgrade realisiert und die AV erfasst,
3. die Störvariablen kontrolliert und
4. die beobachteten Mittelwertsunterschiede zufallskritisch überprüft werden.

Unterscheidung von UV und AV

1. Zur Beantwortung solcher Fragen benötigt man *experimentelle Untersuchungen*, in denen zwischen sogenannten unabhängigen und abhängigen Variablen unterschieden wird. Die *unabhängigen Variablen* (UVn) sind die verursachenden Sachverhalte, die Einfluss auf die *abhängigen Variablen* (AVn) ausüben. Abbildung 1.8 veranschaulicht diese Überlegungen am Beispiel der ununterbrochenen Übung (vgl. auch Abb. 1.2). Aus Abbildung 1.8 lässt sich die zugrunde liegende Kausalhypothese rekonstruieren: Wenn die Übungsdauer steigt, dann vergrößert sich auch der Lernerfolg.

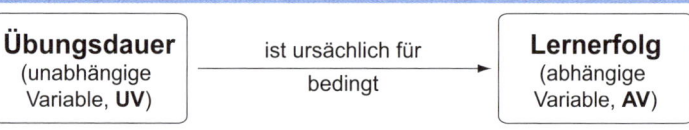

Abb. 1.8

Übungsdauer (ununterbrochene Übung) als Determinante des Lernerfolgs

Variation der UV

2. Im experimentellen Vorgehen wird somit die UV variiert und die Auswirkung der Maßnahme auf die AV erfasst. Das bedeutet, dass man mindestens zwei Übungsbedingungen schafft und deren Auswirkungen auf den Lernerfolg misst.

Operationalisieren

Es ist unmittelbar evident, dass die UV und die AV zunächst exakt beschrieben werden müssen, um experimentieren zu können. Wir kennen diesen Vorgang aus dem Beschreibungskontext (→ Kap. 1.2.1). Zu den Möglichkeiten zählen das Benennen, Klassifizieren und Definieren. Im experimentellen Kontext spricht man vom *Operationalisieren*.

Definition

Wenn eine Hypothese mit abstrakten Variablen geprüft, also mit der Realität konfrontiert werden soll, müssen diese Variablen der Beobachtung und Erfassung zugänglich gemacht werden. Dies geschieht dadurch, dass ihnen empirische Sachverhalte zugeordnet werden. Somit wird entscheidbar, ob und in welcher Ausprägung die abstrakten (theoretischen) Begriffe in der (empirischen) Realität vorliegen. Diesen Vorgang nennt man **Operationalisierung**.

> **Beispiel**
>
> Für das Beispiel des ununterbrochenen Übens legen wir fest, dass eine Übungsbedingung 45 Minuten ununterbrochenen Lernens vorsieht, die zweite Bedingung 60 Minuten. Der Lernerfolg wird mittels eines Fragebogens nach Abschluss der Übung erhoben (10 Fragen, 0 bis 10 Punkte, → Kap. 1.2.1). Auch der Begriff der *ununterbrochenen Übung* bedarf der exakten Festlegung: die Abwesenheit von ablenkenden Gegenständen und Sachverhalten, das Verweilen am Arbeitsplatz und die ernsthafte Auseinandersetzung mit den Lerninhalten.

3. Zum experimentellen Vorgehen zählen neben der Variation (Manipulation) der UV und der Operationalisierung von UV und AV auch noch die Kontrolle von Störvariablen, damit eine eindeutige Ursache-Wirkungsaussage getroffen werden darf und Alternativinterpretationen ausgeschlossen werden können. Dazu zählt bspw. ein vergleichbares Verhalten des Versuchsleiters (Vl) gegenüber den Versuchspersonen (Vpn), vergleichbare situative Bedingungen (Raum, Helligkeit, Temperatur usw.) und vergleichbare Versuchspersonen in den verschiedenen Untersuchungsbedingungen. Als wesentliche Methode zur Kontrolle von Störvariablen sei das *Randomisieren* erwähnt.

Kontrolle der Störvariablen

> **Definition**
>
> Beim **Randomisieren** werden die Vpn per Zufall den experimentellen Bedingungen zugeteilt.

Dieses bewirkt im Idealfall (bei hinreichenden großen Stichproben) die *statistische Äquivalenz* (Vergleichbarkeit) der Versuchsgruppen hinsichtlich aller denkbaren Störvariablen: Die Mittelwerte und Verteilungen aller möglichen Einflussgrößen sind in den realisierten experimentellen Bedingungen bzw. Bedingungskombinationen vergleichbar. Eine notwendige Voraussetzung zur kausalen Interpretation des Ergebnisses einer Hypothesenprüfung ist das Randomisieren. Wenn diese Möglichkeit nicht gegeben ist, ist nur eine vorläufige Kausalinterpretation möglich, die erst durch weitere bestätigende Untersuchungsbefunde erhärtet werden kann.

statistische Äquivalenz

Die *symbolische Darstellung* des *Versuchsplans* zum ununterbrochenen Üben ist Abbildung 1.9 zu entnehmen.

Abb. 1.9

Darstellung des Versuchsplans zum Übungsexperiment

ununterbrochene Übung (UV A)	
45 Minuten (A_1)	60 Minuten (A_2)
AV	AV

Versuchsplan

Aus diesem Versuchsplan (*Untersuchungsdesign*) geht hervor, dass die abhängige Variable Lernerfolg (AV) unter zwei experimentellen Bedingungen (UV A_1: 45 Minuten vs. UV A_2: 60 Minuten Übungszeit) erhoben wird. Diese Darstellungsform wird häufig auch für die Präsentation der erhobenen Daten verwendet (→ Abb. 1.10).

Abb. 1.10

Eine Kombination von Untersuchungsplan und erhobenen Daten

ununterbrochene Übung (UV A)	
45 Minuten (A_1)	60 Minuten (A_2)
AV	AV
Vp 1: 6 Punkte	Vp 11: 5 Punkte
Vp 2: 5 Punkte	Vp 12: 10 Punkte
Vp 3: 8 Punkte	Vp 13: 9 Punkte
………	………
Vp 10: 7 Punkte	Vp 20: 8 Punkte
Mittelwert: 6,2 Punkte	Mittelwert: 8,4 Punkte

Mittelwertsunterschied

4. Jeweils 10 Vpn tragen in den beiden Bedingungen zu den erhobenen Daten bei. Daraus resultieren zwei Mittelwerte, die Aufschluss darüber geben, ob die Variation der UV tatsächlich die erwartete Veränderung in der AV herbeigeführt hat. Die Mittelwerte von 6,2 und 8,4 Punkten bestätigen die Annahme zunächst. Allerdings bedarf es noch einer *zufallskritischen Prüfung* mittels statistischer Tests, ob der *Mittelwertsunterschied* noch mit dem Zufall erklärt werden kann oder nicht. So könnte es sein, dass die Gruppe mit 45 Minuten Übungszeit müder war als die Gruppe mit 60 Minuten Übungszeit und aus diesem Grund eine schlechtere Leistung zeigte. Ein solches Testinstrument ist der t-Test, der entscheiden hilft, ob der beobachtete Mittelwertsunterschied als überzufällig (signifikant) zu interpretieren ist.

komplexere Designs

Ähnlich wie bei der Zusammenhangsstudie gibt es auch hier *komplexere Pläne*, die mehr als eine UV beinhalten. Eine Erweiterung der Fragestellung könnte darin bestehen, dass man sich fragt, ob das berichtete Ergebnis auch für jüngere Kinder (8 Jahre) Bestand hat, wenn die untersuchte Altersgruppe z. B. 12 Jahre alt war (→ Abb. 1.11).

| | | ununterbrochene Übung (UV A) ||
		45 Minuten (A_1)	60 Minuten (A_2)
Alter (UV B)	8 Jahre (B_1)	AV	AV
	10 Jahre (B_2)	AV	AV

Abb. 1.11

Darstellung eines zweifaktoriellen Versuchsplans mit den UVn ununterbrochene Übung (A) und Alter (B)

Man kann der Abbildung 1.11 entnehmen, dass die Hinzunahme der UV B mit den Altersstufen 8 und 12 Jahren bewirkt, dass nun vier experimentelle Untersuchungsbedingungen bestehen, die helfen zu entscheiden, ob der beobachtete Übungseffekt nicht nur für die 12-jährigen, sondern auch für die 8-jährigen Schüler gilt.

Auch für die *grafische Ergebnisdarstellung* wird das Design verwendet. Wie aus Abbildung 1.12 ersichtlich, spannen die UVn die Dimensionen für die zweidimensionale Darstellung der vier Untersuchungsbedingungen auf. Die dritte Dimension enthält die AV.

grafische Ergebnisdarstellung

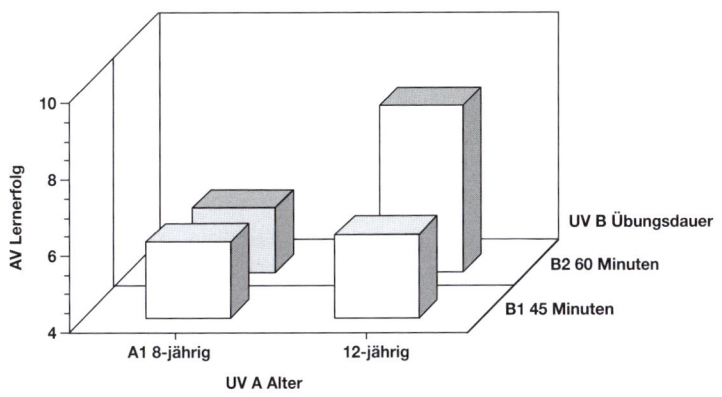

Abb. 1.12

Grafische Darstellung der fiktiven Ergebnisse einer Untersuchung mit vier experimentellen Bedingungen

Einzig die Bedingung 12-jährige Schüler in Kombination mit 60 Minuten Übungsdauer (A_2B_2) führt (in diesem fiktiven Datensatz) zu einem größeren Lernerfolg. Anders interpretiert: 8-Jährige profitieren nicht von der Verlängerung der Dauer der ununterbrochenen Übung, 12-Jährige dagegen schon.

1.4 | Hypothesen

Zur Vervollständigung der einführenden begrifflichen und methodischen Überlegungen beschäftigen wir uns abschließend noch kurz mit dem in der empirischen Forschung so wichtigen Konzept der Hypothese. Den Begriff selber haben wir bereits kennengelernt. Es handelt sich bei einer Hypothese um eine *vermutete (vorläufige) Antwort auf eine Forschungsfrage*.

Beispiel

Wenn eine Person frustriert ist, dann reagiert sie zumeist aggressiv. An der Wenn-dann-Formulierung erkennen wir, dass es sich bei dem Beispiel um eine Kausalhypothese handelt. Es wird darin die Vermutung geäußert, dass Frustration ursächlich für Aggression ist.

1.4.1 | Empirische Prüfung

Versuchsplanung und -durchführung

Den Weg der Prüfung der Hypothese haben wir bereits überblicksartig kennengelernt (→ Kap. 1.3.2). Zunächst wird ein *Versuchsplan* entwickelt. In Bezug auf das Frustrationsbeispiel könnten wir zwei Gruppen von Schülern aus vierten Klassen Rechenaufgaben vorlegen. Eine Gruppe erhält lösbare, die andere Gruppe unlösbare Aufgaben. Nachdem alle diese Aufgaben 20 Minuten lang bearbeitet haben, findet im anschließenden Sportunterricht ein Gruppenspiel (Volleyball) statt.

Die Vermutung besteht darin, dass die Kinder mit den unlösbaren Aufgaben (Gruppe 1) durch ihren Misserfolg frustriert sind und dadurch beim sich anschließenden Spiel mehr aggressive Äußerungen und Handlungen zeigen. Bei einer regelgeleiteten und systematischen Beobachtung (→ Kap. 1.2.1) werden Hinweise für aggressives Verhalten registriert.

Auswertung, Hypothesenentscheidung

Im nächsten Schritt folgt die *Auswertung*, in welcher überprüft wird, ob sich die beiden Gruppen hinsichtlich der gewählten Aggressionsindizes (AV, z. B. Anzahl der beobachteten beleidigenden Äußerungen, Anzahl der beobachteten Fouls oder unfairen Spielhandlungen) unterscheiden. Mit einem t-Test kann ermittelt werden, ob sich die Mittelwerte der beiden Gruppen (μ_1 und μ_2) hinsichtlich dieser Indizes überzufällig (signifikant) unterscheiden oder nicht.

direkte vs. indirekte Prüfung

Geprüft und entschieden wird die *Testhypothese*: TH: $\mu_1 > \mu_2$. Die *empirische (operationalisierte) Hypothese* „Wenn zwei Gruppen von 10-jährigen Schülern lösbare bzw. unlösbare Aufgaben bearbeiten, dann zeigen die Schüler mit den unlösbaren Aufgaben (Gruppe 1) beim sich anschließenden Mannschaftssport mehr Fouls und unfaire Spielhandlungen als die Kinder mit den lösbaren Aufgaben (Gruppe 2)" dagegen wird nur indirekt geprüft.

Dies gilt in noch stärkerem Maße für die *theoretische Ausgangshypothese*: „Wenn eine Person frustriert ist, dann reagiert sie zumeist aggressiv."

Anwendungs- oder Geltungsbereich | 1.4.2

Allerdings wollen wir über genau diese nur indirekt geprüften empirischen und/oder theoretischen Hypothesen entscheiden. Der Ausweg besteht darin, ihren *Anwendungs- oder Geltungsbereich* auf die entwickelte Prüfsituation zu beschränken.

Einschränkung des Anwendungs- oder Geltungsbereichs

Nehmen wir einmal an, die Hypothese („Wenn eine Person frustriert ist, dann reagiert sie zumeist aggressiv") hat sich in der Untersuchung auf der Ebene der Testhypothesen bewährt. Dann können wir feststellen, dass sie in dem Kontext gilt, in dem sie geprüft wurde: mit 10-jährigen Schülern, nach Frustration durch die Bearbeitung von unlösbaren Aufgaben, nach einem Mannschaftsspiel, mit der Operationalisierung *Fouls oder unfaire Spielhandlungen* für Aggression usw.

Natürlich ist diese Situation zunächst unbefriedigend, denn Wissenschaftler möchten gerne allgemeinere Aussagen treffen, sie möchten stärker generalisieren. Die dazu benötigte Methode ist die *systematische Replikation*. Hierbei wird eine Untersuchung möglichst exakt wiederholt, aber in einem Aspekt verändert. Das kann z. B. die Schüler betreffen. An der Wiederholungsuntersuchung nehmen bspw. 15-jährige Schüler teil. Hat das Ergebnis Bestand, so kann man den Geltungsbereich auf diese Altersgruppe (und vielleicht auch auf die dazwischen liegenden) ausdehnen. Wenn das Ergebnis die Hypothese nicht bestätigt, dann bleibt die Einschränkung bestehen.

systematische Replikation

Das bedeutet, dass der Anwendungs- oder Geltungsbereich mit einer Vielzahl an Replikationen genau bestimmt werden muss.

Zusammenfassung

Der Gegenstandsbereich der Pädagogischen Psychologie ergibt sich aus der Schnittmenge der Gegenstandsbereiche der Mutterwissenschaften Psychologie und Pädagogik. Er ist folglich bestimmbar als das menschliche Erleben, Verhalten und Handeln im pädagogischen Kontext. Die Gesichtspunkte des Lehrens und Lernens bringen es mit sich, dass sowohl Grundlagen- als auch Anwendungsforschung betrieben wird.

Wesentliche Ziele der Forschung der Pädagogischen Psychologie bestehen im Beschreiben, Erklären, Vorhersagen und Verändern des Gegenstandsbereichs. Diese Ziele bauen aufeinander auf.

Beim Beschreiben liegt der Schwerpunkt auf der exakten Benennung, Klassifikation und Operationalisierung von Begriffen und dem Zusammenhang zwischen ihnen. Das Erklären sucht nach Kausalbeziehungen zwischen den Begriffen und Sachverhalten. Das Vorhersagen versteht man als in die Zukunft gerichtete Erklärung und baut auf bewährten Erklärungen auf. Das Verändern hat die Aspekte der Korrektur, des Förderns und der Prävention. Im Kontext der Pädagogischen Psychologie steht das Fördern durch Erziehung und Unterricht im Vordergrund.

Eng verbunden mit den genannten wissenschaftlichen Zielen sind die dominierenden Forschungsmethoden. Beschreibend sind die Korrelationsstudien, die Zusammenhänge zwischen Variablen mittels Korrelationsstatistik quantifizieren. Der Korrelationskoeffizient liefert bzw. prüft aber keine Kausalbeziehungen. Dieses Privileg ist dem Experiment vorbehalten. Durch Variation der unabhängigen Variablen, exakte Erfassung der abhängigen Variablen und sorgfältige Kontrolle der Störvariablen ist es möglich, die Ergebnisse einer experimentellen Hypothesenprüfung kausal zu interpretieren.

Ein wissenschaftliches Ziel besteht in der Verallgemeinerung der Forschungsergebnisse. Allerdings muss man dabei die Einschränkungen berücksichtigen, die sich aus der Künstlichkeit der Untersuchungssituation im Labor ergeben. Der Geltungs- und Anwendungsbereich von Hypothesen muss über systematische Replikationen geprüft werden.

Übungsaufgaben

1. Worin unterscheiden sich der Gegenstand der Psychologie und der der Pädagogischen Psychologie?
2. Welche Ziele verfolgt die Pädagogische Psychologie?
3. Nennen Sie Beispiele für den pädagogischen Kontext!
4. In welchem Verhältnis stehen „Beschreiben" und „Beobachten" zueinander?
5. Geben Sie ein Beispiel für eine Prognose aus dem schulischen Kontext!
6. Wie misst man einen „Zusammenhang"?
7. Was versteht man unter „UV" und „AV"?
8. Was ist eine Kausalhypothese?
9. Geben Sie ein Beispiel für einen Versuchsplan mit zwei UVn!
10. Was bewirkt die Kontrolle von Störvariablen?

Kognitive Determinanten des Lernerfolgs im Unterricht | 2

Inhalt

2.1 Wahrnehmung

2.2 Aufmerksamkeit

2.3 Strukturen und Prozesse im Arbeitsgedächtnis

2.4 Strukturen und Prozesse im Langzeitgedächtnis

2.5 Problemlösen, Planen und Metakognition

Nach dem ersten Kapitel, welches begriffliche, geschichtliche und methodische Fragen behandelte, treten wir nun in die Betrachtung jener Inhalte der Pädagogischen Psychologie ein, die in diesem 2. Kapitel abgehandelt werden. Die Kapitel 2.1 bis 2.5 greifen kognitive Strukturen und Prozesse als Einflussgrößen der Lernvorgänge im Unterrichtsgeschehen auf. Dazu zählen die Wahrnehmung, die Aufmerksamkeit, das Arbeitsgedächtnis, das Langzeitgedächtnis, sowie das Problemlösen und die Metakognition. Zuerst wollen wir die Begriffe Kognition bzw. kognitiv kurz einführen.

kognitive Strukturen und Prozesse

Definition

„Im weiteren Sinne stellen **Kognitionen** Erkenntnisse dar, also die Endprodukte von Prozessen, die auf Erkenntnisgewinn ausgerichtet sind. Im allgemeinen versteht man unter Kognitionen aber nicht allein die Endprodukte, sondern auch jene (kognitiven) Prozesse, die zu Erkenntnissen (Erfahrungen) führen. Dabei ist es unerheblich, ob diese Prozesse und Produkte sehr elementarer Art sind (z.B. das Erkennen eines Objekts im Sinne des Wahrnehmens) oder sich durch hohe Komplexität auszeichnen (z.B. das Lösen eines schwierigen Problems)." (Hussy 1998, 41)

Kognitive Strukturen (z. B. Langzeitgedächtnis) und Prozesse (z. B. Analysieren) sind folglich auf das Sammeln von Erfahrung ausgerichtete bzw. in (subjektiver) Erfahrung resultierende Abläufe. Die Gesamtheit dieser kognitiven Strukturen und Prozesse sowie deren Resultate (Erkenntnisse, Erfahrungen und Wissen) werden unter dem Begriff *Kognition* zusammengefasst.

Nun sollen erste überblicksartige Hinweise zu den interessierenden Inhalten gegeben werden. Ein Rückgriff auf das Schaubild zu den Einflussgrößen des Lernerfolgs im Unterricht (→ Abb. 1.0) illustriert den Inhaltsausschnitt.

Wahrnehmung
Die Erörterungen beginnen mit der *Wahrnehmung* als dem grundlegenden Prozess, der zu einer internen Abbildung (Repräsentation) der physikalischen Umwelt führt. Das besondere Augenmerk wird darauf ausgerichtet sein, dass dieser Vorgang keine 1:1-Kopie der Umwelt erzeugt (→ Kap. 2.1).

Aufmerksamkeit
In unmittelbarem Zusammenhang mit der Wahrnehmung ist die *Aufmerksamkeit* zu sehen. Nur ein Bruchteil der aus der Umwelt eintreffenden Informationen werden zum Zweck des Behaltens, Erinnerns und Problemlösens weiterverarbeitet. Die Aufmerksamkeit übernimmt diesen Selektionsprozess (→ Kap. 2.2).

Langzeitgedächtnis
Im *Langzeitgedächtnis* werden die bewusst gewordenen Informationen langfristig eingeprägt. Die Vielzahl der dort gespeicherten Informationen sind unbewusst und werden erst durch den Transfer in das Arbeitsgedächtnis bewusst. Das Langzeitgedächtnis ist auch der Ort der Wissensrepräsentation (→ Kap. 2.4).

Arbeitsgedächtnis
Damit ist das *Arbeitsgedächtnis* angesprochen, welches sowohl das mittel- und langfristige Einprägen (Behalten) von Informationen und Wissen als auch das Erinnern von Informationen aktiv steuert. Die dazu verfügbaren Verarbeitungskapazitäten werden insbesondere auch beim Problemlösen benötigt (→ Kap. 2.3).

Problemlösen
Beim *Problemlösen* werden die durch Wahrnehmungs- und Erinnerungsprozesse im Arbeitsgedächtnis befindlichen Informationen und Wissensbestände nun zielgerichtet verarbeitet, d. h. so verknüpft, dass ein zunächst verstellter Zielzustand erreicht werden kann (→ Kap. 2.5).

Steuerung und Kontrolle
Schließlich zählen auch *Bewertungs- und metakognitive Abläufe* zu den kognitiven Prozessen. Sie steuern und kontrollieren die bisher beschriebenen Informations- und Wissensverarbeitungsprozesse, mit Ausnahme der grundlegenden Wahrnehmungsabläufe, die weitgehend automatisch und somit unbeeinflusst von strategischen Erwägungen ablaufen (→ Kap. 2.2 bis 2.5).

RIW
Um diese Vielzahl an kognitiven Prozessen möglichst gut verstehen und integrieren zu können, verwenden wir in den folgenden Kapiteln

aus didaktischen Gründen durchgängig ein **R**ahmenmodell zur **I**nformations- und **W**issensverarbeitung (RIW).

In diesem Rahmen wird der Organismus als ein offenes System verstanden, welches aus der Umwelt Informationen aufnimmt (wahrnimmt), dann mit Hilfe interner Strukturen und Prozesse verarbeitet (speichert, erinnert, verknüpft, steuert und kontrolliert) und schließlich im Antwortverhalten gegebenenfalls an die Umwelt zurückgibt (Mimik, Gestik, Sprache).

RIW ist aus einem allgemeinen Informationsverarbeitungsmodell (MEKIV, Hussy 1998) und einem speziellen Arbeitsgedächtnismodell (Baddeley 2000) zusammengesetzt. Diese beiden Ansätze haben durchaus ihren eigenen wissenschaftlichen Gehalt, sollen als Gesamtmodell aber in erster Linie die *Integration und Organisation* der Vielzahl an Teilbefunden und theoretischen Ansätzen ermöglichen. Für einen ersten Eindruck genügt ein Blick auf Abb. 2.0.

Integrations- und Organisationshilfe

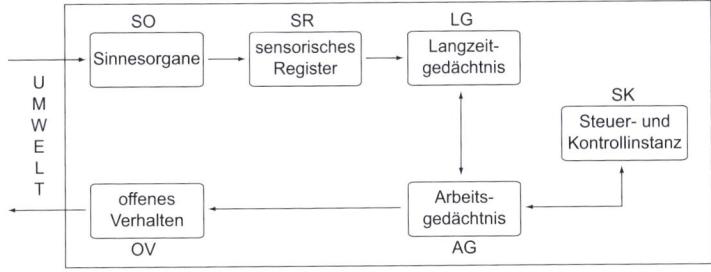

Abb. 2.0

Grafische Darstellung des RIW

Die Schnittstellen zur Umwelt stellen für das Individuum nach diesem Modell im Kontext der Wahrnehmung die *Sinnesorgane* dar. Aber auch ein sehr kurzfristiger Speicher, das *sensorische Register*, ist zentral am Wahrnehmungsvorgang beteiligt. In dieser sehr kurzen Zeit erfolgt die weitgehend automatisierte Verarbeitung des sensorischen Inputs und die Weiterleitung in das *Langzeitgedächtnis*.

Sinnesorgane

Der erste entscheidende Weiterverarbeitungsvorgang im Langzeitgedächtnis resultiert in der Bildung sinnvoller Wahrnehmungseindrücke (sinnvolle Bilder, Klänge, Gerüche usw.), Begriffe und Gedanken. Diese sogenannten *Perzepte* bleiben zum allergrößten Teil unbewusst; nur ein Bruchteil wird unter Beteiligung der *Aufmerksamkeit* ins *Arbeitsgedächtnis* weitergeleitet und damit bewusst.

Langzeitgedächtnis, Aufmerksamkeit

Hier werden die ausgewählten und weitergeleiteten Perzepte bewusst, und es erfolgt die weitere Verarbeitung von Informationen und Wissen in Form von Abspeichern, Erinnern und Verknüpfen, je nach Zielsetzung.

Arbeitsgedächtnis

Problemlösen Die angesprochene intentionale Verknüpfung von Informationen im Arbeitsgedächtnis nennen wir auch *Denken bzw. Problemlösen*. Dieser komplexe Verarbeitungsprozess bezieht das Langzeitgedächtnis, das Arbeitsgedächtnis sowie die Steuerungs- und Kontrollinstanz ein.

Steuerungs- und Kontrollinstanz Die bewussten Prozesse (Einprägen, Erinnern, Problemlösen usw.) benötigen eine Größe, die ihre Steuerung und Kontrolle übernimmt. Im RIW steht für diese Funktion die *Steuerungs- und Kontrollinstanz*.

offenes Verhalten Menschliche Individuen nehmen nicht nur Informationen auf und verarbeiten sie weiter, sondern sie zeigen häufig auch Reaktionen darauf, also sie zeigen *offenes Verhalten*. Damit schließt sich der Kreis: Aus der Umwelt aufgenommene Informationen werden in verarbeiteter Form über motorische Ausgabesysteme wieder in die Umwelt zurückgegeben.

In den folgenden → Kapiteln 2.1 bis 2.5 werden diese Inhalte kompakt dargestellt und punktuell auf den Unterrichtskontext und das Lernerfolgskriterium bezogen. Begleitend dazu entwickeln wir schrittweise das RIW, um den Überblick und Zusammenhang zu wahren.

2.1 | Wahrnehmung
von Walter Hussy

Lernziele

- Die am Wahrnehmungsvorgang beteiligten Strukturen und Prozesse kennenlernen
- Das Wahrnehmen als einen Konstruktionsprozess verstehen
- Die Prinzipien, die das Gesichtsfeld organisieren, beschreiben können
- Den Vorgang der Mustererkennung kennenlernen
- Den Aufbau und die Funktion des sensorischen Registers erarbeiten
- Verstehen lernen, wie aus physikalischen Reizen Ikone und Perzepte werden

2.1.1 Grundlegende Überlegungen und Begriffe

2.1.2 Von der Kontur- bis zur Figurwahrnehmung

2.1.3 Gestaltwahrnehmung

2.1.4 Gestaltgesetze

2.1.5 Von der Ikon- bis zur Perzeptbildung

2.1.6 Sensorisches Register

Über unsere Sinne erhalten wir Zugang zur äußeren Welt, nehmen diese wahr, bilden Vorstellungen und machen Erfahrungen. Die Wahrnehmung ist der erste und grundlegendste Prozess der Erkenntnisgewinnung, durch den wir Wissen über die äußere Welt erwerben. Aber liefert uns die Wahrnehmung ein objektives Bild der Wirklichkeit?

Nehmen wir drei Schüsseln mit Wasser, eine mit heißem, eine mit kaltem und eine mit lauwarmem Wasser. Tauchen wir nun die linke Hand in das kalte, die rechte in das heiße und dann gleichzeitig beide Hände in das lauwarme Wasser, werden beide Hände die Wassertemperatur je unterschiedlich *wahrnehmen*.

Die Beispiele machen deutlich, dass wir die äußere Welt nicht unmittelbar sehen und fühlen, wie sie ist, sondern im Prozess der Wahrnehmung konstruieren. Dabei setzt sich der Wahrnehmungsprozess aus einer Vielzahl von Einzelprozessen zusammen, die miteinander in Einklang gebracht werden müssen.

Grundlegende Überlegungen und Begriffe | 2.1.1

Die Wahrnehmung bzw. der Fluss der Informationen durch das menschliche Informationsverarbeitungssystem beginnt in den Sinnesorganen (SO) (→ Abb. 2.0: RIW), den Rezeptoren. Diese nehmen die physikalischen Umweltreize auf und wandeln sie zunächst in organismusadäquate neuronale Erregung um.

Anfangs hat man sich diesen Vorgang wie ein Abfotografieren der Umwelt vorgestellt: Im Gedächtnis entsteht eine 1:1-Abbildung der physikalischen Umwelt. Heute weiß man, dass der Wahrnehmungsprozess individuell durchaus unterschiedlich abläuft. Zwei Menschen, die den gleichen Sachverhalt beobachten, sehen nicht das Gleiche. Aber auch dasselbe Individuum kann den gleichen Sachverhalt zu unterschiedlichen Zeitpunkten verschieden wahrnehmen.

> **Beispiel**

Zwei Schüler werden nach dem Unterricht gefragt, ob der neue Lehrer eine Brille hat oder nicht: Sie beantworten die Frage unterschiedlich, obwohl sie beide den Lehrer eine Schulstunde lang „gesehen" haben.

Auf seinem täglichen Schulweg nimmt ein Schüler nach der ersten Turnstunde erstmals eine Turnhalle wahr, obwohl er an dem Gebäude unzählige Male zuvor vorbeigelaufen war.

Beide Beispiele zeigen, dass der Wahrnehmungsvorgang bei vergleichbarer physikalischer Reizgrundlage inter- und intraindividuell variabel abläuft und zu unterschiedlichen subjektiven Wahrnehmungen führen kann. Das Wahrnehmungsergebnis resultiert nicht aus einem fotografischen Prozess, sondern wird individuell konstruiert.

Der Konstruktionsprozess umfasst die unbewussten Mustererkennungsvorgänge bis zur *Ikonbildung* sowie die motivations-, interessen- und erfahrungsabhängigen Vergleichsprozesse bei der *Perzeptbildung* und der *Perzeptauswahl*. Wir werden diese Begriffe im Folgenden genauer betrachten.

> **Definition**

Unter **Wahrnehmung** versteht man die Konstruktion der internen Repräsentation der physikalischen Umwelt unter Einbeziehung der Sinnesorgane und deren kortikaler Verarbeitungszentren, in Abhängigkeit von Motivation, Kontext und Erfahrung.

visuelles System — Im weiteren Verlauf der Erörterungen konzentrieren wir uns auf den *Gesichtssinn* (visuelles System), weil der größte Teil der Informationen über diesen Kanal verarbeitet wird. Wir betrachten zunächst den Informationsfluss beim Auftreffen der Reize auf die Netzhaut (Retina) und verfolgen ihn weiter bis zur Perzeptbildung im Langzeitgedächtnis. Der in Abbildung 2.1 dargestellte Ausschnitt aus dem RIW veranschaulicht den Fluss der Informationen durch die beteiligten Strukturen.

Dabei betrachten wir jene Prinzipien etwas genauer, die aus dem Gesamtreizangebot im Gesichtsfeld den Vorder- und Hintergrund bzw. Figuren und Gestalten formen und organisieren. Wir beginnen bei der *Figur-Hintergrund-Unterscheidung* und damit bei der *Kontrastverstärkung*, der *Konturwahrnehmung* sowie der *Figur- und Gestaltbildung*.

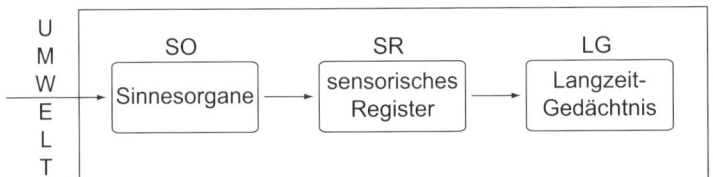

Abb. 2.1

Jener Ausschnitt aus dem RIW, der den Wahrnehmungsvorgang abbildet

Von der Kontur- bis zur Figurwahrnehmung

2.1.2

Die *Figur-Hintergrund-Unterscheidung* ist eine grundlegende Leistung des visuellen Wahrnehmungssystems. Sie besteht darin, dass aus dem Wahrnehmungsfeld Figuren herausgelöst werden, die nicht nur Fixationspunkte darstellen, sondern auch zur Strukturierung in einen Vorder- und Hintergrund beitragen.

Figur-Hintergrund-Unterscheidung

Abb. 2.2

Strandkörbe als Figuren im Vordergrund und Strand, Meer und Himmel als Hintergrund

Abbildung 2.2 zeigt, dass das visuelle System aus dem Wahrnehmungsfeld die Strandkörbe als Figuren herauslöst und damit den Vordergrund bildet, während damit gleichzeitig Teile des Strands, das Meer und der Himmel in den Hintergrund rücken.

Bevor wir uns näher mit den Eigenschaften von Vorder- und Hintergrundelementen beschäftigen, sollen zunächst einige Grundlagen für die Figurwahrnehmung gelegt werden. Dabei handelt es sich um die Kontrastbildung und die Konturwahrnehmung.

Kontrastverstärkung

Aufbau der Retina

Wenn die *Rezeptoren* auf der Retina (Stäbchen für Dämmerungslicht, Zapfen für farbiges Tageslicht) durch Lichtimpulse gereizt werden, steigt ihre elektrische Aktivität, die an die nachfolgende Schicht der *bipolaren Zellen* und von dort wiederum an die *Ganglienzellen* in der dritten Schicht weitergeleitet wird. Die Nervenfasern der Ganglienzellen schließlich laufen in einem bestimmten Punkt der Retina (blinder Fleck) zusammen, wo sie als Sehnerv gebündelt das Auge verlassen. Der Sehnerv leitet die elektrische Aktivität aus dem Auge zur weiteren Verarbeitung ins visuelle Zentrum des Gehirns (→ Abb. 2.3).

Abb. 2.3

Der Aufbau der Retina

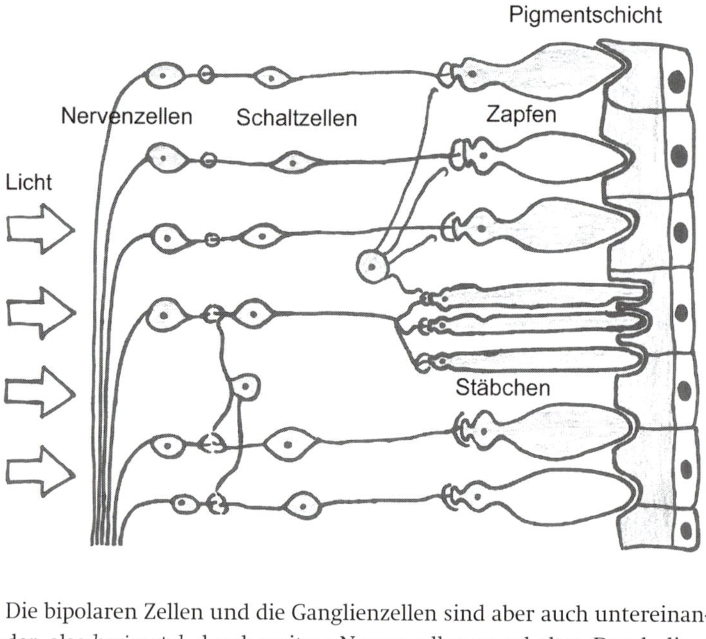

horizontale Verschaltung

Die bipolaren Zellen und die Ganglienzellen sind aber auch untereinander, also *horizontal*, durch weitere Nervenzellen verschaltet. Durch diese Verbindungen kann eine einzelne aktivierte Zelle nicht nur die nachfolgenden Zellen erregen, sondern auch benachbarte Zellen in ihrer elektrischen Aktivität hemmen.

laterale Hemmung

Die Übertragung der elektrischen Impulse unterliegt somit einem komplexen Mechanismus der *lateralen Hemmung (Umfeldhemmung)* und

Bahnung, d.h. der Unterdrückung oder Weiterleitung der neuronalen Erregung. Das resultierende Erregungsmuster, das über die Sehbahn weitergeleitet wird, entsteht also aus der Reizung der Rezeptoren und dem Zusammenspiel von wechselseitiger Erregung und Hemmung in den nach- und nebengeschalteten Zellschichten.

Besonders interessant sind diese Hemmungs- und Bahnungsvorgänge bei Helligkeitsunterschieden im Gesichtsfeld. Diese Unterschiede werden an den Grenzen durch die beschriebenen Prozesse verstärkt. Es bilden sich *Grenzlinien* aus. Das Ergebnis der lateralen Inhibition (Hemmung) ist somit eine Kontrastverstärkung und damit die Herausbildung von *Konturen*, die als Grundlage der Orientierung dienen können.

Grenzlinien

Am Beispiel der Machschen Bänder (Mach 1865) können die Überlegungen veranschaulicht werden (→ Abb. 2.4)

Abb. 2.4

Machsche Bänder: Kontrastverstärkung an den Grenzen der Helligkeitsunterschiede, hervorgerufen durch laterale Inhibition

Man kann leicht erkennen, dass die Flächen an ihren Rändern heller bzw. dunkler erscheinen, die Grenzlinien werden deutlicher. Tatsächlich ist die Helligkeitsverteilung innerhalb der Regionen aber völlig gleichmäßig, wie man z. B. durch Abdecken der benachbarten Flächen feststellen kann.

Konturwahrnehmung

Durch die Verstärkung des Kontrasts zwischen unterschiedlich hellen oder farbigen Bereichen entstehen Grenzlinien, die wir als Konturen wahrnehmen. Der Kontrasteffekt begünstigt das Wahrnehmen von Konturen. Solche Konturen sind die Grundlage für die Form-, Figur- bzw. Gestaltwahrnehmung.

Beispiel

Betrachten wir Abbildung 2.2 noch einmal, so kann man u. a. an der linken Dachstrebe des Strandkorbs 408 erkennen, dass hier durch ein besonders helles Weiß der Unterschied zum hellen Sand deutlicher und damit die Konturbildung erleichtert wird.

rezeptive Felder

Neben der lateralen Inhibition (s. o.) spielen beim Erkennen von Mustern im Wahrnehmungsfeld noch weitere physiologische Mechanismen (neuronale Verschaltungen) eine wesentliche Rolle, so vor allem die *rezeptiven Felder*. Dabei handelt es sich um Neuronenverbände: Es sind in der Retina zusammengeschaltete Ganglienzellen. Zentrum und Peripherie dieser Felder reagieren gegensätzlich auf Lichtreize.

Man unterscheidet zwei Arten: Bei einem *On-Zentrum-Feld* führt eine Lichtreizung im Zentrum des Feldes zu einer Aktivierung der Ganglienzelle, während eine Stimulation im peripheren Bereich eine Hemmung bewirkt. Umgekehrt verhält es sich bei einem *Off-Zentrum-Feld*. In der Retina sind diese Felder kreisrund und überlappen sich stark.

Beispiel

Wird beispielsweise das Umfeld (die Peripherie) des On-Zentrum-Neurons beleuchtet, so bewirkt das eine Hemmung des Lichtreizes. Ein rezeptives Feld spricht optimal auf einen Reiz an, der nur das Zentrum erregt. Der Sinn solcher Verschaltungen liegt in der höheren Kontrastfähigkeit des Auges. Dadurch können beispielsweise Objektränder besser wahrgenommen werden.

Die resultierende Aktivität einer Ganglienzelle hängt also davon ab, wo und in welchem Umfang Licht auf ihr rezeptives Feld fällt. Bei einer gleichmäßigen Reizung des gesamten rezeptiven Feldes heben sich die nachfolgende Aktivierung und Hemmung der Zelle sozusagen auf, die Aktivität bleibt damit unverändert.

Dieses *System der lateralen Inhibition* (mit und ohne rezeptiven Feldern) in der Retina ist der erste Schritt in Richtung Kontrastierung, also Verstärkung von Hell-Dunkelgrenzen. Diffuses Licht wird von der Retina ignoriert, scharf abgegrenzte Lichtpunkte führen zur Erregung.

In der *Sehrinde* (visueller Cortex) werden all diese Lichtpunkte zu Linien und Kurven usw. zusammengesetzt. Auch hier finden sich rezeptive Felder. Sie erfüllen allerdings komplexere Diskriminationsleistungen. Die Entdeckung dieser Leistungen durch David H. Hubel und Torsten N. Wiesel ist im Jahr 1981 mit dem Nobelpreis für Medizin ausgezeichnet worden.

visueller Cortex

Rezeptive Felder reagieren beispielsweise nur auf bestimmte Längen, Breiten oder Raumlagen von Linien, auf eine bestimmte Bewegungsrichtung oder auf einen bestimmten Winkel (Hubel/Wiesel 1962). Das neuronale Aktivitätsmuster des visuellen Cortex hängt also davon ab, welche der hoch spezialisierten *Detektorzellen* durch die Reizinformation gerade aktiviert werden.

Weitere Informationen zu den hier vereinfacht dargestellten Vorgängen finden sich z. B. bei Kebeck (1994).

Figurwahrnehmung

Nachdem wir nun in groben Zügen gelernt haben, wie Muster aus dem Reizangebot des Wahrnehmungs- bzw. Gesichtsfelds entstehen (Vorgang der Mustererkennung; Informationsfluss von den Sinnesorganen in die zugehörigen Bereiche des Cortex), wollen wir uns wieder der Figur-Hintergrund-Unterscheidung zuwenden.

Wir hatten gesehen, dass Konturen, als Grenzen zwischen Flächen unterschiedlicher Helligkeit, Grundelemente visueller Wahrnehmungsleistungen sind. Dies gilt auch für die Formwahrnehmung. Geschlossene Konturen, die eine Fläche im Gesichtsfeld vollkommen umschließen, werden als *Formen* wahrgenommen (→ Abb. 2.2). Formwahrnehmung bedeutet also zunächst Konturwahrnehmung. Sie besteht im Erkennen eines zusammengehörigen Bereichs im visuellen Feld, der durch die dort gegebenen Helligkeitssprünge bestimmt wird.

Die Formwahrnehmung geht aber über das visuelle Erfassen von Reizgegebenheiten hinaus. Das visuelle System besitzt die Fähigkeit, bestimmte Elemente als Figuren aufzufassen bzw. zu organisieren und das übrige visuelle Feld als Hintergrund zu interpretieren (→ Abb. 2.2). Diese Figur-Grund-Unterscheidung gehört zu den grundlegenden Leistungen des Wahrnehmungssystems und ist Voraussetzung für eine sichere und schnelle Orientierung. Die wesentlichsten Merkmale einer Figur (im Gegensatz zum Hintergrund) sind:

Figur-Hintergrund

▶ begrenzt und geformt,
▶ hervortretend und auffallend,
▶ fest und gegenständlich.

räumlicher Tiefeneindruck

Wichtig scheint darüber hinaus auch die Beobachtung zu sein, dass bei der Figur-Grund-Unterscheidung fast immer ein *räumlicher Tiefeneindruck* beteiligt ist, der dem Betrachter die jeweilige Figur näher als den Hintergrund erscheinen lässt. Bestimmte räumliche Hinweisreize, z. B. die scheinbare Überlagerung einzelner Flächen, stiften diesen räumlichen Eindruck.

In Abbildung 2.2 überlagern (verdecken) die Strandkörbe Teile des Hintergrunds und legen so eine räumliche Interpretation nahe. Diese Funktion ist für das menschliche Sehen sehr wichtig, da die Augen keine wirkliche Information über die Raumtiefe erhalten, sondern diese erst errechnen müssen. Entfernung lässt sich selber nicht wahrnehmen (Hoffman 2003).

Kippfiguren

Die Figur-Grund-Unterscheidung ist in aller Regel sehr stabil: Die Figur bleibt Figur und der Hintergrund bleibt Hintergrund. Ausnahmen stellen die bekannten *Kippfiguren* dar, von denen zwei in Abbildung 2.5 zu sehen sind.

Abb. 2.5

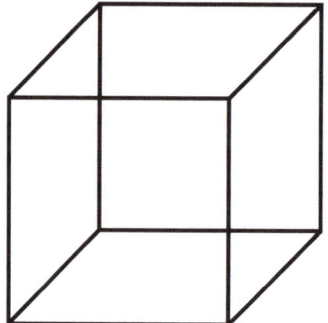

Zwei Beispiele für Kippfiguren:
1. der Necker-Würfel nach Louis A. Necker (1786–1861)
2. der Rubinsche Becher nach Edgar J. Rubin (1886–1951)

Multistabilität

Diese Figuren lassen zwei Sichtweisen zu (Bi- oder Multistabilität). Der Würfel variiert zwischen der Ansicht von links unten oder rechts oben; der Becher lässt als Alternative zwei sich zugewandte Gesichtsprofile zu. Der Grund für diese Multistabilität liegt darin, dass die Abbildungen eine wirkliche Unterscheidung zwischen Figur und Hintergrund deshalb nicht zulassen, weil keine Figur- bzw. Hintergrundmerkmale vorhanden sind.

2.1.3 Gestaltwahrnehmung

Gestalt

Die Fähigkeit des visuellen Systems, Reizgegebenheiten kontrastiert zu erfassen und Figur-Hintergrund-Unterscheidungen zu erarbeiten, wird ergänzt und überlagert durch das *Gestaltprinzip*. Das fundamentale Prinzip der Gestaltwahrnehmung, das *Prägnanzgesetz*, besagt, dass Individuen dazu tendieren, ihre Sinneseindrücke in einer geschlossenen, geordneten, symmetrischen und einfachen Weise aufzubauen und zu organisieren. In den folgenden Abschnitten wollen wir uns etwas näher mit der Bedeutung dieses Prinzips beschäftigen. Wegweisend war von Ehrenfels, der Gestalt wie folgt definierte:

Definition

Eine **Gestalt** ist ein Ganzes, das über folgende Eigenschaften verfügt:

- *Übersummativität*: Das Ganze ist mehr als die Summe seiner Teile,
- *Transponierbarkeit*: z. B. Übertragung einer Melodie in eine andere Tonart.

Hierin drückt sich der Unterschied zur *Figur* aus, die speziell in den Prinzipien der Kontrastverstärkung, Konturwahrnehmung und Figur-Hintergrund-Unterscheidung verankert ist. Für Gestalten gilt das ebenfalls, aber es kommen weitere Organisationsprinzipien hinzu. Das klassische Beispiel der amodalen Figur (Kanizsa 1955), soll die Hintergründe veranschaulichen (→ Abb. 2.6).

amodale Figur

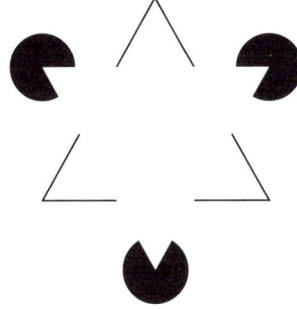

Abb. 2.6

Eine amodale Figur nach Kanizsa (1955); man nimmt ein hellweißes Dreieck im Vordergrund wahr, für das es keine vollständigen physikalischen Reizgrundlagen gibt

Amodal bezeichnet das Fehlen (bzw. Abweichen) von den für eine Modalität einer Sinneswahrnehmung (Sehen, Hören, Tasten, Riechen usw.) spezifischen Reiz- und Wahrnehmungsbedingungen (Modalitäten). Das Prinzip der Figur-Hintergrund-Unterscheidung bleibt auch in diesem Beispiel erhalten, obwohl die räumlichen Hinweisreize diesbezüglich auf ein Minimum reduziert sind (scheinbare Überlagerungen).

Über die Figurwahrnehmung hinaus zeigt sich eine Tendenz, auch bei *unvollständigen physikalischen Reizgrundlagen* (es gibt keine vollständigen objektiven Konturen des Dreiecks), eine gute, sprich vollständige Gestalt, im Vordergrund wahrzunehmen, die die typischen Figurmerkmale aufweist (z.B. das Hervortreten gegenüber den anderen Elementen oder die scheinbare hellere Weißfärbung des Dreiecks, im Vergleich zum umgebenden Weiß).

2.1.4 Gestaltgesetze

Auf dem Hintergrund weiterer ähnlicher Phänomene isolierten die Gestaltpsychologen, wie Max Wertheimer, Wolfgang Köhler oder Kurt Koffka, in den zwanziger Jahren des letzten Jahrhunderts eine Reihe von sogenannten *Gestaltgesetzen*, die die Prinzipien der Gestaltwahrnehmung beschreiben (Katz 1969). Die wichtigsten aus einer Vielzahl von Gesetzmäßigkeiten sollen nachfolgend zur Sprache kommen.

Prägnanzprinzip

Allen weiteren Gesetzmäßigkeiten übergeordnet ist das *Prägnanzprinzip*. Das *Gesetz der Prägnanz* – auch *Gesetz der guten Gestalt* genannt – verweist auf die Tendenz der menschlichen Wahrnehmung, optische Reize in möglichst einfachen Gestalten abzubilden. Diesem Mechanismus zufolge erkennt man z.B. in der Abbildung 2.7 ein überlappendes Drei- und Rechteck, nicht aber ein komplexes Vieleck.

Gute Gestalten berücksichtigen die Wahrnehmung von Einfachheit, Symmetrie, Regelmäßigkeit und Kontinuität. Jede Figur wird so wahrgenommen, dass sie in einer möglichst einfachen Struktur resultiert.

Abb. 2.7

Gemäß dem Prägnanzgesetz nehmen wir ein überlappendes Dreieck und Rechteck wahr und kein komplexes Vieleck

Wahrnehmung

Nach dem *Gesetz der Nähe* werden Elemente mit geringen Abständen zueinander als zusammengehörig (als Gestalt) wahrgenommen (→ Abb. 2.8). Die nahe zusammenliegenden und nicht die entfernten Linien bilden Gestalten (z. B. schmale senkrechte Röhren).

Gesetz der Nähe

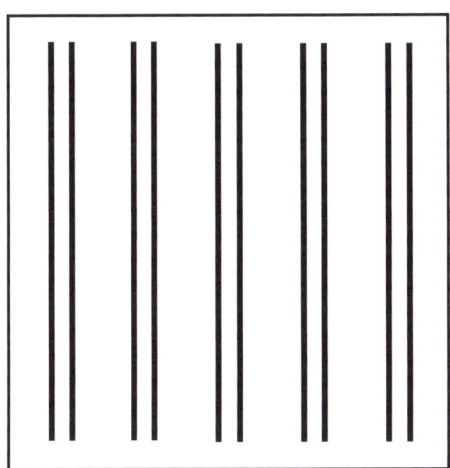

Abb. 2.8

Beispiel für das Gesetz der Nähe

Nach dem *Gesetz der Ähnlichkeit* werden einander ähnliche Elemente eher als zusammengehörig (als Gestalt) erlebt als einander unähnliche (→ Abb. 2.9). Trotz Mischung der Elemente nimmt man in der Abbildung 2.9 die Kreise bzw. die Rechtecke als zusammengehörig wahr.

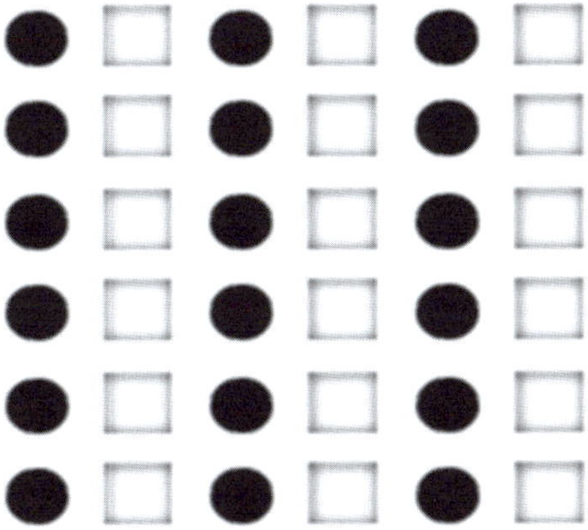

Gesetz der Ähnlichkeit

Abb. 2.9

Beispiel für das Gesetz der Ähnlichkeit

Gesetz der Geschlossenheit

Schließlich werden nach dem *Gesetz der Geschlossenheit* Linien, die eine Fläche umschließen, unter sonst gleichen Umständen leichter als eine Einheit (Gestalt) aufgefasst als diejenigen, die sich nicht zusammenschließen. Im Beispiel (→ Abb. 2.10) sehen wir jene eckigen Klammern als zusammengehörig an, die Rechtecke bilden, weil diese eher eine Fläche umfassen als jene benachbarten eckigen Klammern, die auseinanderstreben.

Abb. 2.10

Beispiel für das Gesetz der Geschlossenheit

Mustererkennung

Es gibt noch eine Vielzahl weiterer Gestaltgesetze, die aus Platzgründen nicht besprochen werden. Alle zeigen sie das zugrunde liegende Prinzip, wonach die physikalischen Reize im Gesichtsfeld nach Prinzipien organisiert werden, um zu einer Figur/Gestalt-Hintergrund-Unterscheidung und damit zu einer sicheren Orientierung zu gelangen.

Blättern wir noch einmal zurück zu Abbildung 2.2, so erkennen wir unmittelbar, dass die Gesetze der Ähnlichkeit und Nähe die Gesamtgestalt (Strandkörbe) im Vordergrund prägen und somit direkt zur räumlichen Wahrnehmung beitragen.

Wie stark diese Tendenz zur räumlichen Sichtweise und zur Prägnanz (Geschlossenheit) ist, zeigt auch Abbildung 2.6 (amodale Figur), die darüber hinaus überzeugend belegt, dass der bisher analysierte elementare Wahrnehmungsvorgang, den man auch *Mustererkennung* nennt, einen Konstruktionsprozess darstellt, der sogar deutliche Abweichungen von der Reizgrundlage produziert.

Diese Abweichungen können nicht nur im Hinzufügen oder Verstärken von Linien, Konturen und Kontrasten bestehen, sondern auch dazu führen, dass physikalisch gleiche Lichtreize dramatisch unterschiedlich erlebt werden (→ Abb. 2.11). Die Felder A und B unterscheiden sich in unserer Wahrnehmung überdeutlich, nicht aber als physikalischer Reiz, sie haben objektiv die gleiche Helligkeit bzw. Farbe.

Anwendungsbeispiel

Für die Schule ist nach wie vor die Tafel das vorherrschende Medium zur Präsentation von Informationen. Anders als beim Schulbuch, hat der Lehrer hier einen direkten Einfluss auf die *Gestaltung* und er sollte daher sein Wissen um die Gestaltgesetze bewusst einsetzen.

In der Abbildung 2.12 sind zwei Tafelbilder mit demselben Inhalt dargestellt. Die Abbildung verdeutlicht sehr anschaulich, dass der Leh-

Abb. 2.11

Ein Beispiel für den Helligkeitskontrast aufgrund der Schattenwirkung

rer die Tafel nicht wie ein Heft mit ganzen Sätzen füllen sollte, dies würde sich allenfalls zur Übung in der Primarstufe eignen.

Auf der zweiten Tafel wurde derselbe Inhalt mit Hilfe von Gestaltgesetzen aufbereitet. Die *zentrale Aussage* ist *zentral* in die Mitte der Tafel gesetzt worden. Die sechs Prinzipien sind hierum symmetrisch in gezeichneten Blöcken angeordnet. Die Blöcke selber führen zur Wahrnehmung der Ähnlichkeit der Prinzipien auf der Ebene des Ikons, inhaltlich können die Begriffe in den Blöcken sehr weit auseinander liegen, dennoch gehören sie in die Gruppe der Prinzipien. Durch die Nähe der Blöcke zueinander wird Geschlossenheit erzeugt. Die Prinzipien schließen die zentrale Aussage ein. Prägnanz und Einfachheit sind durch das Wegnehmen von redundantem Text hergestellt.

Es liegt auf der Hand, mit welchem Tafelbild sich ein Schüler lieber auseinandersetzen wird, sofern er denn eine Wahl bekommt.

Die Tafelbilder enthalten jeweils denselben Inhalt, in ihrer unterschiedlichen Erscheinung ist zu erkennen, dass ein Tafelbild die Effekte der Gestaltgesetze nutzt

Abb. 2.12

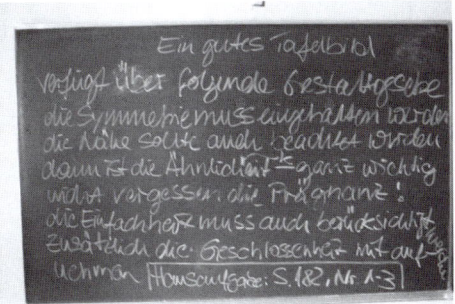
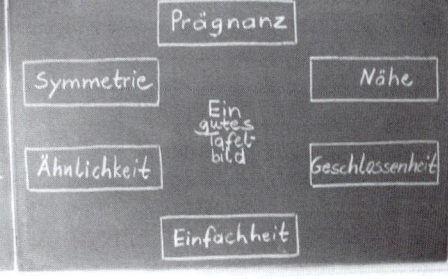

2.1.5 Von der Ikon- bis zur Perzeptbildung

Ikon — Der bisher beschriebene Mustererkennungsprozess verläuft *unbewusst* oder – wie man auch sagt – automatisch – also ohne steuernde, intentionale Eingriffe von Seiten des Individuums. Die drastischen und nicht bewusst zu korrigierenden Differenzen zwischen objektiver (physikalischer) Reizgrundlage und subjektiver Wahrnehmung belegen diesen Sachverhalt (→ Abb. 2.11).

Der Verarbeitungsmodus, der in dieser Phase dominiert, ist die *datengesteuerte Informationsverarbeitung*. Darunter versteht man, dass die Grundlage des Informationsflusses – und der sich daran anschließenden Weiterverarbeitung – die Daten (Informationen, neuronale Erregungsmuster) aus den Sinnesorganen sind.

Alleine aus ihnen heraus – wohl unter Berücksichtigung des Kontexts, aber weitgehend ohne Einfluss der bewussten Erfahrung, entstehen Wahrnehmungsmuster, die für den visuellen Kanal *Ikone* genannt werden. Sie sind – wie schon erläutert – unbewusst und von daher zunächst ohne inhaltliche Bedeutung. Im akustischen Kanal nannte man sie ursprünglich *Echo*, aber inzwischen hat sich der Begriff *Ikon* für diesen Verarbeitungszustand in allen Sinneskanälen etabliert.

datengesteuert — Datengesteuerte Mustererkennung geht von „unten nach oben" vor und basiert auf einer Merkmalsanalyse des visuellen Reizes. Sie entspricht somit den Abläufen, die wir bisher kennengelernt haben. Ein mögliches Anwendungsfeld ist das Lesen. Wie kann man sich diesen Prozess des Lesens auf dem Hintergrund der bisherigen Ausführungen vorstellen? Abbildung 2.13 illustriert diesen Vorgang schematisch.

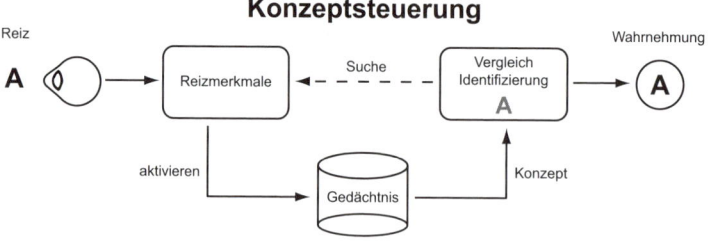

Abb. 2.13 *Datengesteuerte Informationsverarbeitung beim Buchstabenerkennen*

Beim Buchstaben A sind zwei Seitenlinien unterscheidbar, die in einem bestimmten Winkel zueinander stehen. Außerdem gibt es eine horizontale Linie, die die beiden anderen Linien miteinander verbindet. Die Analyse der Reizvorlage ist an dieser Stelle beendet. Sie erfolgt – wie wir in Kapitel 2.2.1 erfahren haben – durch spezialisierte Zellen und Zellverbände in den Sinnesorganen bzw. den entsprechenden Zentren im Gehirn. Diese entdecken für sie typische Linien in bestimmter Länge, Breite und Lage, Winkel usw. Durch diese sogenannten *Detektoren* wird der Reizinput analysiert, also im ersten Schritt in seine Bestandteile zerlegt.

Analyse

In einem zweiten Schritt werden diese Bestandteile dann wieder zusammengeführt und als eine bestimmte Figur identifiziert (*figurale Synthese*).

figurale Synthese

Das *Wiedererkennen* eines bestimmten Musters in der figuralen Synthese stützt sich dabei auf *kritische Merkmale*, die bei der Analyse entdeckt werden müssen, damit eine Identifikation möglich ist, während die vielen übrigen Daten ignoriert werden können.

kritische Merkmale

Das Erkennen von Buchstaben im Zuge des Lesens bringt uns erstmals mit dem *Gedächtnis* in Berührung. Genau genommen ist es die figurale Synthese, die diesen *Erstkontakt* herstellt. Welche Merkmale für welche Zeichen, Symbole und komplexere Reizkonstellationen kritisch sind, wird durch Erfahrung erworben und im Gedächtnis behalten. Allerdings sind auch diese Abläufe noch unbewusst: Der Erwerb und das Erkennen kritischer Merkmale wird im Elternhaus und in der Schule nur zum Teil bewusst unterstützt.

Gedächtnis

Abbildung 2.13 veranschaulicht auch den zweiten Verarbeitungsmodus, die *konzeptgesteuerte Mustererkennung*. Während der Analyseschwerpunkt bei der datengesteuerten Verarbeitung auf der detaillierten Analyse des *Reizinputs* liegt, hat die konzeptgesteuerte Verarbeitung ihren Schwerpunkt im Vergleich des nur oberflächlich analysierten Reizinputs mit entsprechenden Mustern, die im Gedächtnis gespeichert sind. Bei einer Übereinstimmung zwischen den beiden Mustern (hinreichende Ähnlichkeit) kommt es zur Identifizierung des Reizes (Mustererkennung), z.B. des Buchstabens A.

konzeptgesteuert

Im Gedächtnis sind nicht nur die wahrnehmungsnahen Muster gespeichert, sondern auch die dazugehörigen Bedeutungen, also die Begriffe oder Konzepte. Das Muster des Buchstabens A trifft somit beim Vergleich auf ein ähnliches Muster im Gedächtnis, bei dem zusätzlich seine Bedeutung gespeichert ist: „Das ist der Buchstabe A", sowie der Sprachlaut zu A. Aus dem Muster des Buchstabens (Ikon) ist auf diesem Wege ein *Perzept* geworden, also ein bedeutungshaltiger Wahrnehmungseindruck. Mit anderen Worten: *Es wurde eine interne Repräsentation des Reizes A konstruiert.*

Begriffe, Perzept

Es ist ein natürlicher Vorgang, dass sich Perzepte durch Lernvorgänge erweitern. Betrachten wir den Buchstaben X, so liegen ikonisch zwei symmetrische Linien vor, die in einem bestimmten Winkel zueinander stehen. Als Perzept lernt der Schüler zunächst die Aussprache und die Stellung im deutschen Alphabet kennen. Erst später wird er einmal im Griechischunterricht sein Perzept modifizieren. Dort lernt er, dieses Zeichen im entsprechenden Kontext als „Chi" zu bezeichnen. Auch das P sollte er dann als Perzept mit dem Namen „Rho" verbunden haben. Anhand eines sogenannten *Fleckenmusters*, wie es in Abbildung 2.14 abgedruckt ist, sollen die Überlegungen zusammenfassend illustriert werden.

Abb. 2.14

Ein Fleckenmuster als Suchbild: Was erkennen Sie auf dem Bild?

Das Bild wird gemäß der bekannten Verarbeitungsschritte zu einem Ikon, also einem Wahrnehmungseindruck ohne konkrete Bedeutung. Der sehr schnelle, automatisch ablaufende Vergleichsprozess mit den Gedächtnisinhalten hat zu keinem Ergebnis geführt. Daran waren daten- und konzeptgesteuerte Verarbeitungsschritte beteiligt.

Wir sehen ein Fleckenmuster, das erst Bedeutung gewinnt, wenn wir bewusst suchen und irgendwann einen Dalmatiner entdecken, der am Boden schnüffelt. Zu diesem Zeitpunkt ist aus dem Ikon ein Perzept geworden. Nachdem sich dieser Vorgang vollzogen hat, zeigt es sich, dass es nahezu unmöglich wird, den Dalmatiner nicht mehr zu sehen. Der Wahrnehmende hat es geradezu „verlernt", das Fleckenmuster zu sehen, und muss sich nun aktiv um ein Hervorrufen der ursprünglichen Wahrnehmung bemühen.

zwei konstruktive Anteile

Der Wahrnehmungsvorgang hat somit zwei konstruktive Anteile. Zum einen ist es die *datengesteuerte Reizverarbeitung*, die auf neuroanatomischer und neurophysiologischer Basis die funktionale Abweichung von den objektiven Reizgegebenheiten bedingt.

Zum anderen tragen die *konzeptgesteuerten Verarbeitungsschritte* dazu bei, dass die Wahrnehmungsinhalte, an den individuellen Interessen, Zielen und Kontextbedingungen orientiert, intern repräsentiert werden und somit personspezifische Wahrnehmungsqualität erreichen.

Auf den zweiten Aspekt soll abschließend noch etwas näher eingegangen werden. Dazu greifen wir nochmals das Beispiel mit dem Dalmatiner als Fleckenmuster auf (→ Abb. 2.14). Womit hängt es zusammen, dass der Hund von verschiedenen Personen unterschiedlich schnell wahrgenommen wird? Die Antwort gibt das Prinzip der *Aktivation* und der *Voraktivation*, welches im weiteren Verlauf differenziert beschrieben wird. An dieser Stelle reicht eine vereinfachte Darstellung aus.

Voraktivation

Alle kognitiven Abläufe hinterlassen Spuren im Gedächtnis, sogenannte Aktivationen. Hat eine Person zu Hause einen Hund, dann sind der Begriff Hund und das typische Bild von einem Hund im Gedächtnis stärker aktiviert als bei einem Nicht-Hundebesitzer.

Beim Vergleich der aus dem Wahrnehmungsvorgang resultierenden Muster (Ikone) mit den im Gedächtnis gespeicherten Mustern, werden zunächst die am stärksten aktivierten Muster herangezogen. Somit sind Hundebesitzer im Beispielsfall in der Regel schneller. Einen noch größeren Vorteil hätten also Personen mit einem Dalmatiner als Haustier oder Personen, die gerade eine Dalmatinerausstellung besucht haben, weil bei ihnen das Konzept Dalmatiner stark aktiviert ist.

Auch das am Beginn (→ Kap. 2.1.1) erwähnte Turnhallenbeispiel folgt dieser Konstruktionslogik. Nach der ersten Turnstunde ist der Begriff Turnhalle stärker aktiviert als zuvor, so dass der Schüler eine Turnhalle und nicht nur eine große Halle wahrnimmt.

Man kann diesen Vorgang auch an sich selber beobachten, wenn man z. B. Kaufinteresse für ein bestimmtes Produkt aufgebaut hat. Interessiert man sich z. B. für ein bestimmtes Auto, so wird man dieses im Straßenverkehr wesentlich öfter wahrnehmen, als es zuvor der Fall gewesen ist. Sehr selten hat sich dann die tatsächliche Anzahl des Fahrzeugtyps im Straßenverkehr verändert, vielmehr ist es ein reines Wahrnehmungsphänomen.

Die Wahrnehmung ist so gesehen eine subjektive Interpretation der objektiven Reizgrundlage auf dem Hintergrund persönlicher Erfahrungen, Erwartungen, Motive, Interessen, Überzeugungen, Ziele und des jeweiligen räumlichen und zeitlichen Kontexts.

2.1.6 Sensorisches Register

Merkmale

Der Wahrnehmungsvorgang muss bei aller Komplexität sehr schnell sein, damit eine zeitnahe und sichere Orientierung in der Umwelt möglich wird. In welcher zeitlichen Größenordnung die beteiligten Prozesse ablaufen, weiß man nicht zuletzt seit der klassischen Untersuchung von Sperling (1960) zum *sensorischen Register* (SR), welches im RIW zwischen den Sinnesorganen und dem Langzeitgedächtnis angesiedelt ist. Zu jedem Sinneskanal wird ein spezifisches SR postuliert, mit durchaus unterschiedlichen Eigenschaften. So stehen im visuellen SR die aktuellen Informationen wesentlich kürzer zur Verfügung (etwa 0,25 Sekunden) als im akustischen SR (bis zu drei Sekunden).

3x3-Matrix

Sperlings Vorgehen bestand darin, seinen Vpn neun Buchstaben in Form einer *3x3-Matrix* mittels eines *Tachistoskops* kurzfristig (gerade über der Wahrnehmungsschwelle) zu präsentieren. Mussten unmittelbar danach alle Buchstaben reproduziert werden (Gesamtreport), so ergab sich eine mittlere Fehlerrate von etwa vier Buchstaben.

Abb. 2.15 Teilreport im Experiment von Sperling (1960)

Teilreport

Dieses Ergebnis würde gegen die vollständige ultrakurzfristige Speicherung sprechen. Allerdings ergänzte Sperling seine Untersuchung um die Variante, dass die Personen unmittelbar nach der visuellen Darbietung ein akustisches Signal erhielten, das ihnen mitteilte, welche der drei Reihen zu reproduzieren war; z. B. hoher Ton für die obere Reihe, mittlerer Ton für die mittlere Reihe und tiefer Ton für die untere Reihe (→ Abb. 2.15). Die Probanden konnten somit erst nach Abschluss der visuellen Darbietung ihre Aufmerksamkeit auf die zu reproduzierende Reihe richten (z. B. bei einem hohen Ton die obere Reihe wiedergeben: D, L, R).

Die Ergebnisse besagen, dass für diesen Fall die Reproduktionsleistung perfekt ist. Nachdem die Vpn somit erst nach Abschluss der Darbietung wissen, welche Reihe zu beachten ist, bedeutet dieses Resultat, dass zum Zeitpunkt der Aufmerksamkeitsausrichtung noch alle Informationen vorhanden gewesen sein mussten, die Informationsspeicherung bis dahin also vollständig war.

Verzögerte Sperling die akustische Markierung um mehr als 0,25 Sekunden – das Zeitintervall zwischen Präsentationsstimulus und Wiedergabestimulus (*Interstimulusintervall*) wird sukzessiv verlängert –, erfolgte eine unvollständige Reproduktionsleistung. Er wertet diesen Befund als Beleg dafür, dass nach etwa 0,25 Sekunden der rasche Zerfall einsetzt.

Interstimulusintervall

Die zunächst widersprüchlich erscheinenden Ergebnisse, wonach beim Gesamtreport Defizite zu beobachten waren, passen ins Gesamtbild: Beim Versuch, alle Buchstaben zu reproduzieren, wird die Speicherdauer des sensorischen Registers überschritten; einige Buchstaben bleiben auf der Strecke, weil die zugehörigen Informationen bereits zerfallen sind.

Zusammenfassung

Das Wahrnehmungsergebnis resultiert nicht aus einem fotografischen Prozess, sondern wird individuell konstruiert. Der Konstruktionsprozess umfasst die unbewussten Mustererkennungsvorgänge bis zur Ikonbildung, sowie die motivations-, interessen- und erfahrungsabhängigen Vergleichsprozesse bei der Perzeptbildung und der Perzeptauswahl.

Die Figur-Hintergrund-Unterscheidung ist eine grundlegende Leistung des visuellen Wahrnehmungssystems. Sie besteht darin, dass aus dem Wahrnehmungsfeld Figuren herausgelöst werden, die nicht nur Fixationspunkte darstellen, sondern auch zur Strukturierung in einen Vorder- und Hintergrund beitragen.

Durch die Verstärkung des Kontrasts zwischen unterschiedlich hellen oder farbigen Bereichen entstehen Grenzlinien, die wir als Konturen wahrnehmen. Der Kontrasteffekt bewirkt, durch laterale Hemmung und rezeptive Felder begünstigt, das Wahrnehmen von Konturen.

Geschlossene Konturen, die eine Fläche im Gesichtsfeld vollkommen umschließen, werden als *Formen* wahrgenommen.

Damit verbunden ist die Figur-Grund-Unterscheidung, die fast immer einen räumlichen Tiefeneindruck mit sich bringt. Er lässt dem Betrachter die jeweilige Figur näher erscheinen als der Hintergrund.

Werden Figuren ihrerseits nach bestimmten Prinzipien organisiert, spricht man von Gestalten. Das fundamentale Prinzip der Gestaltwahrnehmung, das *Prägnanzgesetz*, besagt, dass Individuen dazu tendieren, ihre Sinneseindrücke in einer geschlossenen, geordneten, symmetrischen und einfachen Weise aufzubauen und zu organisieren. Neben dem Prägnanzgesetz gibt es eine Vielzahl von Gesetzmäßigkeiten, z. B. das Gesetz der Nähe, der Ähnlichkeit und der Geschlossenheit.

Der Verarbeitungsmodus, der in der Phase der Kontur-, Figur- und Gestaltbildung, also der Ikonbildung allgemein, dominiert, ist die *datengesteuerte Informationsverarbeitung*. In dieser Phase steuern die auf die Retina auftreffenden Reize die folgende Verarbeitung. Die *konzeptgesteuerte Verarbeitung* hat demgegenüber ihren Schwerpunkt im Vergleich des nur oberflächlich analysierten Reizinputs mit entsprechenden Mustern, die im Gedächtnis gespeichert sind.

Im Gedächtnis sind nicht nur die wahrnehmungsnahen Muster gespeichert, sondern auch die dazugehörigen Bedeutungen, also die Begriffe oder Konzepte. Aus dem Muster auf der Ebene des Ikons ist auf diesem Wege der Bedeutungszuordnung ein *Perzept* geworden, also ein bedeutungshaltiger Wahrnehmungseindruck.

Der Wahrnehmungsvorgang muss bei aller Komplexität sehr schnell sein, damit eine schnelle und sichere Orientierung in der Umwelt möglich wird. Dazu trägt das sensorische Register bei, welches durch Sperling (1960) untersucht wurde. Zu jedem Sinneskanal wird ein spezifisches SR postuliert, mit durchaus unterschiedlichen Eigenschaften. So stehen im visuellen SR die aktuellen Informationen wesentlich kürzer zur Verfügung (etwa 0,25 Sekunden) als im akustischen SR (bis zu drei Sekunden). Das *sensorische Register* hält im visuellen Kanal für diese kurze Zeit alle eingehenden Informationen zur Weiterverarbeitung bereit. Neben der Perzeptbildung profitieren von dieser Speicherung all jene Prozesse, die wir auf dem Weg zur Ikonbildung kennengelernt haben.

Übungsaufgaben

1 Was spricht dafür, dass der Wahrnehmungsvorgang als Konstruktionsprozess verstanden werden muss?
2 Was versteht man unter „lateraler Inhibition" und welchen Effekt hat sie auf die nachfolgende Weiterverarbeitung?
3 Was ist der Unterschied zwischen Kontur- und Figurwahrnehmung?
4 Welche Merkmale weist eine Figur im Vergleich zum Hintergrund auf?
5 Erläutern Sie den Begriff „amodale Figur".
6 Worin besteht der Unterschied zwischen „Figur" und „Gestalt"?
7 Was besagt das Gesetz der geschlossenen Gestalt?
8 Welche Funktion hat das sensorische Register?
9 Was ist der Unterschied zwischen einem Ikon und einem Perzept?

Aufmerksamkeit | 2.2
von Walter Hussy

Lernziele

- Empirische und theoretische Hintergründe dafür kennenlernen, dass nur ein Teil der wahrgenommenen Perzepte bewusst werden
- Erarbeiten des Konzepts der Voraktivation und des Prinzips der Aktivationssummation beim unwillkürlichen Auswahlvorgang
- von Filtermodellen erfahren, die den unwillkürlichen Auswahlvorgang steuern
- Kennenlernen der intentionalen (absichtlichen), steuernden und kontrollierenden Funktion der Aufmerksamkeit
- Erfassen der Verschiedenartigkeit der kognitiven Abläufe, die intentional (absichtlich) gesteuert und kontrolliert werden können
- Gemeinsamkeiten und Unterschiede in den Konzepten der Aufmerksamkeit und der Konzentration erkennen können
- automatisierte und kontrollierte Prozesse unterscheiden lernen

2.2.1 Reiz- oder Reaktionsauswahl

2.2.2 Unwillkürliche Aufmerksamkeit

2.2.3 Aufmerksamkeit als Steuerungs- und Kontrollprozess

2.2.4 Aufmerksamkeit, Konzentration und Aufmerksamkeitsdefizite

2.2.5 Automatisierte und kontrollierte Prozesse

Orientieren wir uns weiterhin am Rahmenmodell zur Informations- und Wissensverarbeitung (RIW), dann endet der Wahrnehmungsprozess damit, dass die physikalischen Reize aus der Umwelt in einer organismusadäquaten Erregungsform durch die Sinnesorgane und die zugehörigen kortikalen Zentren ins Langzeitgedächtnis geflossen sind (→ Abb. 2.1). Bei diesem weitestgehend automatisch ablaufenden Prozess wirken sehr viele unterschiedliche Prinzipien auf diese Informationen ein und konstruieren dabei eine interne Repräsentation der Umwelt. Allerdings wird nur ein ganz geringer Teil dieser Wahrnehmungsinhalte auch bewusst.

Welche Strukturen und Prozesse ermöglichen das Bewusstwerden und die Auswahl der Informationen? Abbildung 2.16 hebt in bereits vertrauter Art hervor, dass der Fluss der Informationen dabei zu einer weiteren Struktur führt, nämlich zum *Arbeitsgedächtnis*. Mit diesen Vorgängen wollen wir uns im folgenden Kapitel näher beschäftigen.

Abb. 2.16

Informationen, die aus dem Langzeitgedächtnis in das Arbeitsgedächtnis fließen, werden bewusst

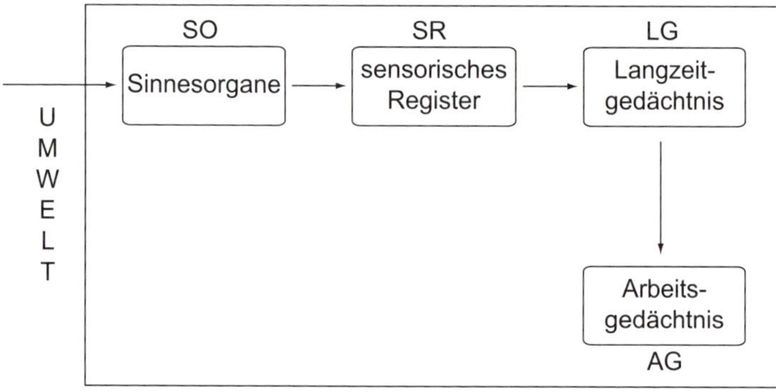

UMWELT → Sinnesorgane (SO) → sensorisches Register (SR) → Langzeitgedächtnis (LG) → Arbeitsgedächtnis (AG)

2.2.1 | Reiz- oder Reaktionsauswahl

Beschäftigen wir uns zunächst mit dem Prozess der Auswahl von Informationen, stellt sich die Frage danach, wann genau im Informationsverarbeitungsprozess es zur Selektion kommt. In unseren bisherigen Ausführungen sind wir davon ausgegangen, dass *alle Informationen* von den Sinnesorganen – über das sensorische Register – in das Langzeitgedächtnis gelangen und eine Auswahl von Informationen für das Arbeitsgedächtnis erst danach erfolgt (*Theorie der späten Auswahl*). Diese Position hat sich erst mit dem Beginn der siebziger Jahre allmählich durchgesetzt.

Zuvor dominierte die Auffassung, dass ein Wahrnehmungsfilter wie ein Flaschenhals die Informationsaufnahme begrenzt und nur die Informationen zur Weiterverarbeitung gelangen, auf die die Aufmerksamkeit aktuell gerichtet ist (*Theorie der frühen Auswahl*).

Reizselektion

Der letztgenannte, frühe Auswahlvorgang wird einem sogenannten *selektiven Filter* zugeschrieben. Demnach werden ausgewählte Informationen in einen Kanal mit begrenzter Kapazität zur Verarbeitung weitergeleitet. Alle zusätzlich einlaufenden Informationen können dagegen nicht einer weiteren Verarbeitung zugeführt werden und gehen verloren (*Filtertheorie* von Broadbent 1958).

Die Auswahl einer bestimmten Nachrichtenquelle wird gleichgesetzt mit der *willentlichen Zuwendung von Aufmerksamkeit* auf diese Situation. Zum Beispiel kann man in der Vorlesung nur den Ausführungen desjenigen Sprechers folgen, auf den die Aufmerksamkeit gerichtet ist, also denen des Dozenten oder denen des Banknachbarn.

Daraus ergibt sich, dass der Selektionsvorgang in diesem Modell sehr früh stattfindet. Die intern repräsentierten Informationen befinden sich bei der Auswahl im Verarbeitungszustand eines Ikons (visuellen Wahrnehmungsmusters, → Kap. 2.1.5). Man bezeichnet deshalb dieses Modell als *Reizselektionsmodell* (frühes Auswahlmodell).

Zweifel an dieser Position kamen schnell auf. Einen ersten Hinweis lieferte das sogenannte *Cocktailparty-Phänomen*. Führt man inmitten eines großen Kreises von sich unterhaltenden Gästen ein konzentriertes Zwiegespräch, so gelingt dies ohne größere Probleme, indem man sich – im Sinne der Filtertheorie – vollkommen darauf konzentriert und alle anderen Informationen ausblendet. Allerdings dürfte man dann von den Nachbargesprächen nichts verstehen und behalten.

Cocktailparty-Phänomen

Genau dieser Position widerspricht das Cocktailparty-Phänomen, welches darin besteht, dass man sofort aufmerksam wird, wenn im Nachbargespräch der eigene Name fällt, während man andere Gesprächsanteile nicht wahrnimmt. Zu erklären ist dieses Phänomen damit, dass der eigene Name eine hohe Voraktivation besitzt, die durch die unbewusste Wahrnehmung weiter erhöht wird und dadurch die Aktivationsschwelle übersteigt und bewusst wird.

In einer großen Anzahl von Experimenten konnte man bestätigen, dass tatsächlich alle – auch die nicht beachteten – Informationen ins Langzeitgedächtnis fließen und dort semantisch angereichert werden. Erst dann kommt es durch die Ausrichtung der Aufmerksamkeit auf einzelne Teilaspekte zur Auswahl aus dem Gesamtinformationsangebot. Der Transfer der selektierten Informationen ins Arbeitsgedächtnis führt dazu, dass sie bewusst werden. Diese Position nennt man *spätes Auswahlmodell*. Da mit dem Bewusstwerden von Begriffen häufig Reaktionen, Handlungen bzw. Verhaltensweisen assoziiert sind, spricht man auch von einem *Reaktionsauswahlmodell*.

Reaktionsauswahlmodell

Stellvertretend für andere überzeugende Untersuchungen sehen wir uns das Experiment von Eich (1984), welches die Positionen des Reaktionsselektionsmodells untermauert, etwas näher an. Da dort mit dem *Shadowing-Paradigma* gearbeitet wird, wollen wir uns zuvor mit dieser Vorgehensweise vertraut machen.

Die Vpn erhalten – in Anlehnung an das Stimmengewirr auf der Party – über Stereokopfhörer unterschiedliche Mitteilungen auf dem linken und rechten Ohr und sollen nur eine der beiden Nachrichten verfolgen (*dichotisches Hören*). Um sicher zu sein, dass diese Instruktion auch befolgt wird (d. h., dass die korrekte Information beachtet wird), lässt man die Vpn die gewünschte Mitteilung laut nachsprechen (*shadowing*).

Im Rahmen dieses Shadowing-Paradigmas mussten bei Eich die Versuchspersonen einen Prosatext nachsprechen, während auf dem nicht beachteten Kanal eine Liste mit Wortpaaren mehrfach präsentiert wurde. Beide Nachrichten wurden von der gleichen Stimme gesprochen. Pausen gab es weder auf dem beachteten noch auf dem nicht beachteten Kanal.

Die Wortpaare (wie „Wasser – Wal") enthalten ein *Homophon*; im Beispiel ist es der Begriff Wal. Ein Homophon (Gleichklang) besitzt zwei Schreibweisen (und somit auch Bedeutungen) bei gleicher Sprechweise: „Wal" als Säugetier und „Wahl" als festgelegtes Verfahren zur Auswahl einer Person oder eines Gremiums für ein Amt (weiteres Beispiel: Lehre und Leere). Das erste Wort des Paares aktiviert die spezifische Bedeutung des Homophons: Wasser aktiviert Lebewesen im Wasser. Diese Voraktivierung wird auch *priming* genannt.

Durch die ersten Worte der Paare der Liste werden gezielt immer die *weniger geläufigen Bedeutungen* der Homophone aktiviert.

Nach dem Nachsprechen des Prosatexts sollten sich die Vpn zunächst an die Inhalte des nicht beachteten Kanals erinnern (frei reproduzieren), was nicht gelang.

Danach sollten sie aus einer gemischten Liste mit alten und neuen Homophonen die alten herausfinden. Hierbei ergab sich eine Trefferwahrscheinlichkeit von rund 50 %, also Zufallsniveau.

Schließlich sollten sie eine Liste mit gemischten Homophonen buchstabieren. Dabei trat die geläufigere Schreibweise wie erwartet bei den neuen Homophonen häufiger auf; die *seltenere Schreibweise* trat aufgrund des *priming-Effekts* bei den alten Homophonen häufiger auf.

Eine zweite Untersuchungsgruppe hörte lediglich die Liste mit den Wortpaaren (*bewusstes priming*). Die Ergebnisse (→ Abb. 2.17a, b) zeigen, dass:

▶ diesen Vpn die Reproduktion der Inhalte des *nicht beachteten* Kanals im Rahmen der üblichen Behaltensleistung gelang,
▶ sie sehr gut zwischen alten und neuen Homophonen unterscheiden konnten und
▶ sie schließlich die alten Homophone noch sehr viel häufiger in der selteneren Schreibweise buchstabierten, als die andere Gruppe (bewusstes priming).

Die Ergebnisse aus dem Experiment von Eich (1984) beim Wiedererkennen und beim Buchstabieren | **Abb. 2.17a und b**

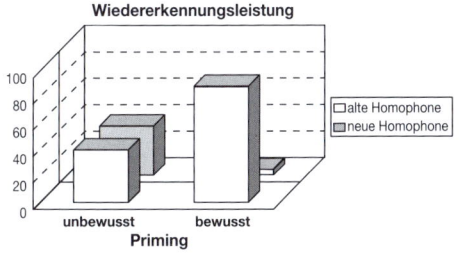
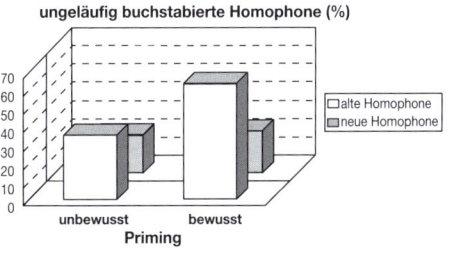

Die entscheidende experimentelle Maßnahme bestand darin, nachdem die Abfrage der Behaltensleistung im nicht beachteten Kanal mittels Wiedererkennungsmethode (*direkter Gedächtnistest*) keinen Effekt gezeigt hatte, einen eventuell doch vorhandenen Effekt durch das Buchstabieren der Wörter (*indirekter Gedächtnistest*) zu prüfen.

direkter vs. indirekter Gedächtnistest

Durch diesen Test konnte gezeigt werden, dass es tatsächlich eine Verarbeitung von unbewusst aufgenommenen Informationen gibt. Offensichtlich lösten die unbewusst verarbeiteten Informationen einen priming-Effekt aus. Dieser führte dazu, dass beim Buchstabieren der Wörter die ungeläufigere Bedeutungsalternative aktiviert und überzufällig häufig über das Aktivationsniveau der eigentlich geläufigeren Alternative gehoben wurde, ein Effekt der sich nur beim Buchstabieren zeigte.

Der *direkte Gedächtnistest* dagegen konnte keine Effekte nachweisen. Das bedeutet, dass unbewusst verarbeitete Informationen nicht bewusst und intentional abrufbar sind. Die Ergebnisse belegen die *Reaktionsselektionsposition* nachdrücklich und lassen kurz zusammengefasst folgende Aussagen zu:

▶ Unbewusst aufgenommene Informationen werden verarbeitet.
▶ Unbewusst aufgenommene Informationen beeinflussen zeitgleiche und nachfolgende kognitive Abläufe.
▶ Der Effekt resultiert aus der Voraktivierung (priming) der Inhalte im nicht beachteten Kanal.
▶ Unbewusst verarbeitete Informationen können nicht bewusst abgerufen werden.
▶ Bewusstes priming hat einen stärkeren Effekt als unbewusstes priming.

In → Kapitel 2.1.5 hatten wir (am Beispiel eines Fleckenmusters mit Dalmatinern, → Abb. 2.14) bereits erfahren, dass unbewusste Verarbeitungsprozesse den Wahrnehmungsvorgang beeinflussen.

2.2.2 Unwillkürliche Aufmerksamkeit

Nachdem geklärt ist, dass die Position der Reaktionsselektion viel empirische Evidenz für sich beanspruchen kann, soll sich unsere Aufmerksamkeit jetzt darauf richten, wie aus unbewussten Perzepten bewusste Begriffe werden. Es wird dabei zwischen der *unwillkürlichen* (→ Kap. 2.2.2) und der *intentionalen* (willentlichen) *Aufmerksamkeit* (→ Kap. 2.2.3) unterschieden.

Beispiel

Sehen wir aus dem Fenster und erkennen ein im Sandkasten spielendes Kind, haben wir vermutlich mehr wahrgenommen als das Kind im Sandkasten, z. B. auch die im Sandkasten verstreuten Spielsachen oder die auf einer benachbarten Bank sitzenden erwachsenen Personen. All diese Informationen sind im genannten Sinne auch verarbeitet worden, aber nur ein Teil davon kann bewusst werden, da das Arbeitsgedächtnis nur eine *begrenzte Kapazität* besitzt. Haben wir das spielende Kind erkannt, dann sind diese Informationen aus dem Langzeit- in das Arbeitsgedächtnis geflossen, somit bewusst geworden und stehen zur Weiterverarbeitung zur Verfügung.

bewusst vs. unbewusst

Die Frage lautet also: Welche der vielen gebildeten Perzepte werden ohne eigenes Zutun (unwillkürlich) bewusst (ins Arbeitsgedächtnis transferiert) und warum werden sie – und nicht die anderen – bewusst? Zwei Prinzipien steuern diesen Auswahlvorgang:

▶ Aktivationssummation und
▶ Aufmerksamkeitsselektion.

Aktivationssummation

Der Perzeptbildungsvorgang hinterlässt – wie alle kognitiven Prozesse – Spuren im Langzeitgedächtnis. Diese Spuren zeigen sich im Grad der *Aktivierung* (Aktivation) der beteiligten Begriffe und Ereignisse.

Aktivationssummation

Dabei werden nicht alle an der Perzeptbildung beteiligten Begriffe gleich stark aktiviert. So wird der Fokus der Wahrnehmung (Kind im Sandkasten) wahrscheinlich stärker aktiviert (z. B. weil länger betrachtet) als die erwachsenen Personen auf einer Bank am Rande des Spielplatzes. Hinzu kommt vielleicht, dass uns das Kind – im Gegensatz zu den erwachsenen Personen – bekannt ist und damit von vornherein einen höheren Grad an Aktivation aufweist als die weiteren beteiligten Personen.

> **Merksatz**
>
> **Aktivationssummation** bedeutet in diesem Zusammenhang:
> **Gesamtaktivation = aktuelle Aktivation + Voraktivation.**

Nun geht man davon aus, dass es eine *Aktivationsschwelle* gibt. Überschreitet die Gesamtaktivation eines Perzepts diese Schwelle (ist also das Ausmaß an Aktivierung höher), so findet automatisch ein Transfer in das Arbeitsgedächtnis statt und das Perzept wird bewusst. Andere Perzepte, die diese Schwelle nicht überschreiten, bleiben unbewusst und gelangen somit nicht in das Arbeitsgedächtnis. Abbildung 2.18 veranschaulicht diese Überlegungen, wobei auf den Begriff des Pertinenzmechanismus Bezug genommen wird (Norman 1968).

Aktivationsschwelle

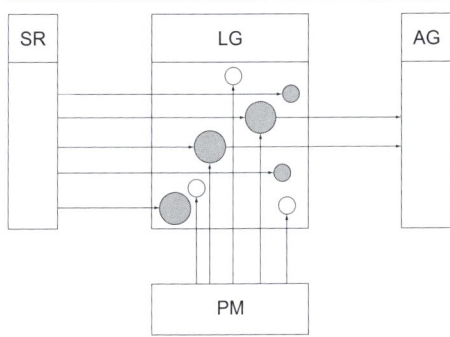

Abb. 2.18

Der Vorgang der Aktivationssummation addiert die Aktivation des Perzeptbildungsvorganges und das Ausmaß der Voraktivierung

Die Überlegungen hinter diesem Konzept besagen, dass unsere gesamten gespeicherten Erfahrungen im Gedächtnis einen relativ geringen Aktivierungsgrad aufweisen. Durch Wahrnehmungs- und/oder Gedächtnisprozesse kommt es zu einer Erhöhung.

Dabei besitzen nicht alle Fakten für die jeweilige Person die gleiche *Voraktivation*. Je nach Wichtigkeit ist der Grad an Voraktivierung unterschiedlich.

So ist z. B. der eigene Name von großer Bedeutung und besitzt somit einen höheren Grad an Voraktivation als z. B. der Name einer beliebigen Stadt in Belgien. Dies zeigt sich z. B. auch daran, dass uns der eigene Name sofort bewusst wird, auch wenn er auf einer lauten Party am

Pertinenzmechanismus

Voraktivierung

Nachbartisch erwähnt wird, während andere, in der gleichen Lautstärke gesprochenen Begriffe unser Bewusstsein nicht erreichen.

Dies weist auf die Verbindung von Aufmerksamkeitsprozessen mit motivationalen Prozessen hin: Sachverhalte, die uns interessieren, die für uns von hoher Bedeutung sind, überschreiten die Aktivationsschwelle eher. Die gesamte Klasse solcher auf das Selbst bezogenen Informationen (Selbstbild) ist zwar einem gewissen Wandel unterworfen (z. B. durch aktuelle, bedeutsame Episoden), hat aber doch einen großen Kern, der relativ stabil bleibt und überdauernd diese Voraktivierung besitzt (deshalb Pertinenzmechanismus).

Erfährt nun ein Begriff aus beiden Quellen (Wahrnehmungsapparat und Pertinenzmechanismus) Aktivierung, so führt dieses über das Summationsprinzip zu einem besonders hohen Aktivationsgrad mit der Folge, dass die Aktivationsschwelle erreicht oder überstiegen werden könnte und dieser Begriff automatisch bewusst wird (Transfer ins Arbeitsgedächtnis).

Lehrer können sich diesen Mechanismus zunutze machen, indem sie zum einen ihre Lehrmedien (z. B. Text- und Bildkopien) nach den Gestaltgesetzen aufbauen und nun zusätzlich bestimmte Inhalte aufnehmen, die an das Interesse der Schüler anknüpfen.

Es sollte beachtet werden, dass Inhalte gänzlich verloren gehen, wenn die Aktivationsschwelle nicht erreicht wird. Eine Textpassage aus dem sehr bekannten Kinder- und Jugendroman „Harry Potter and the Half-Blood Prince" schildert einen solchen Prozess sehr anschaulich:

> „It was nearing midnight and the Prime Minister was sitting alone in his office, reading a long memo that was slipping through his brain without leaving the slightest trace of meaning behind." (Rowling 2005, 1)

Unwillkürliche Selektion

Signifikanz, Pertinenz

Nach Prinz (1990) gibt es zusätzlich zur Aktivationssummation zwei weitere Prinzipien der unwillkürlichen Selektion, nämlich passive (automatische) Zuwendung aufgrund von *Signifikanz* oder *Pertinenz*.

Im ersten Fall bilden relativ überdauernde Bedürfnisse und Interessen der Person die Grundlage einer Disposition zur selektiven Beachtung bestimmter Klassen von Objekten und Ereignissen. „Die Gesamtheit der selektiven Voreinstellungen, die auf dieser Grundlage in den beteiligten Speichermedien vorgenommen werden, werden dementsprechend als *Signifikanzfilter* bezeichnet" (Prinz 1990, 59).

Der Signifikanzfilter repräsentiert somit Markierungen im Langzeitspeicher (semantisches Gedächtnis, → Kap. 2.4.3), ist dispositionell bedingt und langfristig angelegt. Zuwendung entsteht hier durch Passung von

Reizinformation und den durch Bedürfnisse bzw. Interessen definierten Signifikanzfilter.

Im zweiten Fall wird ein sogenannter *Pertinenzfilter* angenommen, der die eintreffende Reizinformation danach beurteilt, ob sie in den jeweiligen Situationszusammenhang hineinpasst. Aufgrund der Vorgeschichte entsteht ein *dynamisches Situationsmodell*, welches den Pertinenzfilter spezifiziert. Die Zuwendung der Aufmerksamkeit entsteht hier durch *Überraschung* (Impertinenz), wird also durch Ereignisse bewirkt, die im aktuellen Situationsmodell nicht vorgesehen sind.

Für den Unterricht bedeutet dies, dass Lehrer z. B. Überraschungen oder Konflikte erzeugen, die wiederum das Interesse der Schüler erregen. Dieses Verfahren ist schon sehr alt und wird auch als *Sokratische Methode* bezeichnet.

Beispiel

Fängt z. B. der Biologielehrer mitten im Unterrichtsgeschehen an zu rauchen und öffnet eine Flasche Bier (ruhig alkoholfreies Bier, da es zunächst nicht identifizierbar wäre und sich der Lehrer im Dienst befindet), so wird dies zunächst unter den Schülern für eine Irritation und anschließende Aufmerksamkeit sorgen, da dieses Verhalten eines Lehrers nicht in das Situationsmodell passt. Erst im nächsten Schritt würde der Lehrer dann in den Themenbereich Drogenmissbrauch einführen und auf die schädlichen Effekte weicher Drogen eingehen.

Im Gegensatz zum Signifikanzfilter markiert der Pertinenzfilter also mentale Repräsentationen, die nicht direkt zur Zuwendung führen. Prinz (1990) geht auch davon aus, dass beim Pertinenzfilter die Markierungen nicht in einem semantisch, sondern episodisch organisierten Speicher stattfinden (→ Kap. 2.4.3).

Beispiel

▶ Ein Student ist ein aktiver Sportler. Schon beim ersten Kontakt mit seiner neuen Umgebung fallen ihm sofort Turnhallen, Sportplätze, Schwimmstadien usw. auf, die seine anderweitig interessierten Kommilitonen zwar zunächst als Gebäude wahrnehmen, aber erst nach zusätzlichen Erfahrungen bewusst als Sportstätten erkennen. Hier erfolgt die Zuwendung aufgrund des Signifikanzfilters, also der Passung des Informationsangebots und der individuellen Interessen- und Bedürfnislage.

▶ Eine Studentin macht einen Urlaub in Thailand und unternimmt eine selbst organisierte Rundreise. Auf einem sehr stark bevölkerten Markt in Bangkok bemerkt sie mitten im Menschengewühl einen Schulfreund aus ihrer Abiturklasse. Hier erfolgt die Zuwendung aufgrund des Pertinenzfilters, der Schulfreund passt nicht in das aktuelle Situationsmodell.

2.2.3 Aufmerksamkeit als Steuer- und Kontrollprozess

Steuer- und Kontrollprozess

Unwillkürliche Informationsselektion ist eine wichtige und gut untersuchte, aber längst nicht die einzige Funktion der Aufmerksamkeit im kognitiven und handelnden Geschehen. Deshalb beschreiben allgemeine Aufmerksamkeitstheorien größere Ausschnitte der gesamten kognitiven Abläufe. Im RIW ist dieser Aspekt der intentionalen Aufmerksamkeit in der *Steuer- und Kontrollinstanz* erfasst. Abbildung 2.19 zeigt den entsprechend erweiterten Ausschnitt.

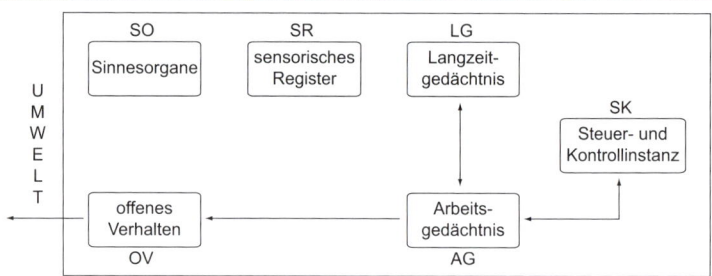

Abb. 2.19 *Das Zusammenwirken von Arbeitsgedächtnis und Steuer- und Kontrollinstanz*

Verarbeitungskapazität

Diese Erweiterung des Aufmerksamkeitskonzepts betrifft vor allem die Steuer- und Kontrollinstanz, die – wie der Doppelpfeil zeigt – mit dem Arbeitsgedächtnis interagiert. Ihre Steuer- und Kontrollfunktion bezieht sich dabei auf die Kapazität des Arbeitsgedächtnisses, die unterschiedlich eingesetzt (verteilt) werden kann. Die Kapazität des Arbeitsgedächtnisses wird auch als *Verarbeitungskapazität* bezeichnet.

Definition

Unter **Aufmerksamkeit** versteht man *die Art und das Ausmaß der Nutzung der Verarbeitungskapazität* des Arbeitsgedächtnisses. Diese Nutzung wird durch die Steuer- und Kontrollinstanz geregelt.

Die Art der Nutzung betrifft die Qualität der kognitiven Prozesse, die gesteuert und kontrolliert werden (Wahrnehmen, Behalten, Erinnern usw.).

Das Ausmaß der Nutzung betrifft den Umfang der benötigten Verarbeitungskapazität (Dauer, Intensität).

Die *Art der Nutzung* der Verarbeitungskapazität bezieht sich auf den jeweiligen kognitiven Prozess, der gesteuert und kontrolliert wird. Dabei kann es sich ebenso um Wahrnehmungsvorgänge wie um Gedächtnis- und/oder Denkprozesse handeln. In den folgenden Kapiteln 2.3 bis 2.5 gehen wir darauf näher ein.

Art der Nutzung

> **Beispiel**

Wenn Jemand etwa an einer Verkehrszählung beteiligt ist, so verfolgt er beispielsweise sorgfältig den Verkehrsfluss und registriert dabei gemäß seiner Instruktion bspw. die Anzahl der Lieferwagen. Hier dominiert die Steuerung und Kontrolle des Wahrnehmungsvorgangs durch die Aufmerksamkeit. In diesem Beispiel haben wir es mit einem *intentionalen Selektionsvorgang* zu tun.

intentionale Selektion

Ist jemand damit beauftragt, Geschirr mit einem festgelegten Muster zu bemalen, so dominiert die Steuerung und Kontrolle motorischer Aktivitäten durch die Aufmerksamkeit.

intentionale Steuerung und Kontrolle

Entsprechend handelt es sich schließlich beim Vokabellernen schwerpunktmäßig um die willentliche Steuerung und Kontrolle von Gedächtnisvorgängen (Behalten, Erinnern).

Das *Ausmaß der Nutzung* bezieht sich auf die Dauer und Intensität des Zugriffs auf die Verarbeitungskapazität. Je nach Situation (Schwierigkeit der Aufgabenstellung) wird für unterschiedlich lange Zeit und in unterschiedlichem Ausmaß auf die begrenzte Verarbeitungskapazität zugegriffen.

Ausmaß der Nutzung

Man kann sich bspw. einer gestellten Aufgabe beiläufig oder aufmerksam zuwenden. Bei der beiläufigen Beschäftigung wäre das Ausmaß der Nutzung der Verarbeitungskapazität gering, bei der aufmerksamen Beschäftigung dagegen hoch.

> **Beispiel**

In einer Prüfungssituation, die von großer Bedeutung ist, wird eine Person versuchen, alle verfügbaren Reserven, sprich die volle Verarbeitungskapazität, für die gesamte Prüfungsdauer einzusetzen, um eine möglichst gute Leistung zu erbringen.

Dagegen genügt ein Teil der Verarbeitungskapazität, um auf dem Schulhof in der Pause ein Gespräch über die vergangene Unterrichtsstunde zu führen. Der andere Teil kann für weitere Tätigkeiten genutzt werden, bspw. einen Freund oder eine Freundin zu beobachten.

2.2.4 Aufmerksamkeit, Konzentration und Aufmerksamkeitsdefizite

Konzentration

Betrachten wir das Zusammenspiel der bislang thematisierten Strukturen und Prozesse, so wird deutlich, dass der Begriff der Aufmerksamkeit sehr verwandt mit dem der *Konzentration* ist. Beim konzentrierten Handeln wird die Aufmerksamkeit gezielt ausgerichtet bzw. fokussiert. Die Konzentration ist somit ein spezieller *Aufmerksamkeitszustand*. Er ist durch ein hohes Ausmaß an genutzter Verarbeitungskapazität und eine enge Fokussierung auf eine vorliegende Aufgabe (z. B. Bearbeitung einer Klausur) gekennzeichnet. Konzentriertes Arbeiten ist dann erforderlich, wenn:

▶ eine Problemstellung vorliegt, deren Lösung die sorgfältige Steuerung und Kontrolle vielfältiger kognitiver Prozesse (Erinnern, Analysieren, Verknüpfen usw.) erforderlich macht und
▶ die erfolgreiche Lösung für das Individuum von Bedeutung ist.

Wird der Verarbeitungsprozess durch Störreize, wie etwa Zeitdruck oder Ermüdung, beeinträchtigt, dann muss die Konzentration durch Anstrengung aktiv aufrechterhalten werden.

Aufmerksamkeitsdefizitstörung

In direktem Zusammenhang mit dem Begriff der Konzentration steht ein Störungsbild, welches als Aufmerksamkeitsdefizitstörung (ADS) bezeichnet wird. Meistens geht es mit einer Hyperaktivität einher, und wird daher als Aufmerksamkeitsdefizit / Hyperaktivitätsstörung (ADHS) bezeichnet. Rein rechnerisch befindet sich in jedem Klassenzimmer ein betroffenes Kind, da nach Kriterien des DSM-IV (Diagnostisch-Statistisches Manual) zwischen 4 und 8 % aller Schulkinder entsprechende Symptome aufweisen. Zu den Symptomen zählen u. a.:

▶ stark beeinträchtigte Ausdauer bei der Bewältigung von Aufgaben,
▶ mangelnde Ausdauer beim Spielen,
▶ ungewöhnlich hohe Ablenkbarkeit,
▶ Impulsivität und
▶ ständige motorische Unruhe.

Eine fundierte Diagnose kann nur durch einen Psychologen oder Arzt erfolgen. Aktuelle Behandlungsformen gehen multimodal vor und sind auf Einzelfälle abgestimmt. Im Zentrum der Therapie steht das Training der Aufmerksamkeit und Impulskontrolle, bei dem das Kind lernen soll, die Aufmerksamkeit anhaltender zu zentrieren, sein Aufgabenverhalten besser zu organisieren und sein impulsives Denken und Handeln besser zu kontrollieren. Dies geschieht in der Regel durch Selbstinstruktionstrainings, in denen dem Kind beigebracht wird, das eigene Handeln verbal anzuleiten.

Neben der kognitiven Therapie des Kindes wird häufig ein Elterntraining oder eine Familientherapie durchgeführt. Zugenommen haben zudem medikamentöse Behandlungen, die Pharmakotherapien, in denen zumeist Ritalin oder Amphetaminpräparate eingesetzt werden.

Im Unterricht sollte die Lehrperson in diesem Störungsbild eine Form von Lernproblematik erkennen, die nicht mit einer verminderten Intelligenz in Zusammenhang steht. Daher sollte der Lehrer Unterstützung bieten bei der Strukturierung von Handlungsabläufen, klare Regeln vereinbaren und das Verhalten des Kindes gezielt verstärken (Döpfner 2006).

Automatisierte und kontrollierte Prozesse | 2.2.5

Abschließend soll der Vollständigkeit halber, eine begriffliche Unterscheidung, die schon häufig im vorangehenden Text benutzt wurde, nämlich die zwischen kontrollierten und automatisierten Prozessen, aufgegriffen und systematisiert werden.

Im Steuer- und Kontrollprozess werden bewusste kognitive Prozesse überwacht und entsprechend *kontrollierte Prozesse* genannt.

kontrollierte Prozesse

Aus dem Wahrnehmungsbereich wissen wir aber, dass eine Vielzahl kognitiver Abläufe unbewusst, also ohne Aufmerksamkeitssteuerung und -kontrolle ablaufen. Sie werden *automatische bzw. automatisierte Prozesse* genannt. Sie existieren nicht nur im Wahrnehmungsbereich, sondern sind an allen elementaren und komplexen kognitiven Abläufen beteiligt.

automatisierte Prozesse

Definition

Unter einem *kontrollierten kognitiven Prozess* versteht man einen auf Erkenntnisgewinnung gerichteten Vorgang, der vom jeweiligen Individuum intendiert ist und der dessen Steuerung und Kontrolle unterliegt. Kontrollierte Prozesse benötigen zu ihrem fehlerfreien Funktionieren einen Anteil an der Verarbeitungskapazität des Arbeitsgedächtnisses.

Unter einem *automatisierten kognitiven Prozess* versteht man einen an der Erkenntnisgewinnung beteiligten Vorgang, der nicht der Steuerung und Kontrolle des Individuums unterliegt und keine Verarbeitungskapazität benötigt.

Als Beispiel für einen kontrollierten Prozess greifen wir auf die schon genannte Prüfungssituation zurück. Die Wahrnehmung einer amodalen Figur soll für einen automatisierten Prozess stehen. Auf diesem Hintergrund wollen wir einen knappen und systematischen Vergleich anstellen (→ Tab. 2.1).

Tab. 2.1 | **Der Vergleich von kontrollierten und automatisierten kognitiven Prozessen**

kontrollierte Prozesse	automatisierte Prozess
1. intentional	1. nicht intentional
2. durch Aufmerksamkeit gesteuert	2. durch interne und externe Reize gesteuert
3. benötigen Verarbeitungskapazität	3. benötigen keine Verarbeitungskapazität
4. langsam	4. schnell
5. flexibel	5. rigide
6. führen zum Lernen	6. führen nicht zum Lernen
7. aktivationsabhängig	7. nicht aktivationsabhängig
8. interferieren	8. interferieren nicht

Die ersten beiden Merkmale (*intentional vs. nicht intentional* und *durch Aufmerksamkeit gesteuert vs. nicht durch Aufmerksamkeit gesteuert*) sind im bisherigen Text hinreichend erläutert. Zum dritten Merkmal (*benötigen Verarbeitungskapazität vs. benötigen keine Verarbeitungskapazität*) muss ergänzt werden, dass es auf der Hand liegt, wenn automatisierte Prozesse (wahrnehmen der amodalen Figur) nicht durch Aufmerksamkeit gesteuert werden, dass sie dann auch keine Verarbeitungskapazität benötigen. Man nimmt für sie spezifische Ressourcen an.

Kontrollierte Prozesse (z.B. in einer Prüfungssituation) sind zwar sehr flexibel, aber dadurch auch relativ langsam, denn die Steuerung und Kontrolle benötigt Zeit (Punkte 4 und 5). Umgekehrt verhält es sich mit den automatisierten Prozessen, die zwar schnell sind, aber dafür starr ablaufen.

In Punkt 6 wird darauf Bezug genommen, dass jeder kognitive Vorgang dazu führt, dass die Aktivation der beteiligten Begriffe auch über die Dauer der momentan ablaufenden kognitiven Prozesse hinaus erhöht bleibt (bewusstes priming). Dieser Effekt führt danach bspw. zu Vorteilen beim Erinnern. Deshalb spricht man davon, dass kontrollierte Prozesse zum Lernen führen (man erinnert sich in der Regel recht gut an Einzelheiten aus der Prüfungssituation).

Automatisierte Prozesse dagegen führen nicht zu Erinnerungsvorteilen, jedenfalls nicht bei einem expliziten Gedächtnistest (→ Kap. 2.2.1). Deshalb spricht man davon, dass automatisierte Prozesse nicht zum Lernen führen (amodale Figuren werden im Wiederholungsfall vergleichbar schnell wahrgenommen).

Vergleichbare Argumente gelten für Punkt 7. In Abhängigkeit vom Ausmaß der Voraktivierung laufen darauf aufbauende kontrollierte kognitive Prozesse wie Wahrnehmung, Behalten, Erinnern und Problemlösen langsamer oder schneller ab (Ausmaß der Aufregung in der Prüfungssituation). Diese Abhängigkeit existiert bei automatisierten Prozessen nicht. Deshalb werden lebenswichtige stressanfällige Handlungsabläufe so lange geübt, bis sie im Notfall quasi automatisch ablaufen (etwa bei Piloten, Feuerwehrleuten usw.).

Schließlich bleibt Punkt 8 zu erforschen. Er besagt, dass kontrollierte Prozesse miteinander interferieren. Werden gleichzeitig mehrere Aufgaben ausgeführt, so können sie sich also stören und es kann zu Leistungseinbußen in einem oder mehreren Bereichen kommen (in der Prüfung kann schwerlich eine weitere kontrollierte Tätigkeit ausgeführt werden).

Automatisierte Prozesse interferieren nicht miteinander. Es können mehrere automatisierte Prozesse parallel ablaufen, ohne sich gegenseitig zu beeinträchtigen. Schließlich folgt aus der Feststellung, dass automatisierte Prozesse nicht durch die Aufmerksamkeit gesteuert werden und deshalb auch nicht auf die Verarbeitungskapazität zugreifen, dass sie auch nicht mit kontrollierten Prozessen interferieren.

Zusammenfassung

Der Wahrnehmungsprozess endet damit, dass die physikalischen Reize aus der Umwelt in einer organismusadäquaten Erregungsform durch die Sinnesorgane und die zugehörigen kortikalen Zentren ins Langzeitgedächtnis fließen. Heute wird davon ausgegangen, dass alle Informationen, die die Sinnesorgane erreichen, auch ins Langzeitgedächtnis gelangen und dort zu Perzepten umgewandelt werden. Man nennt diese Position *Reaktionsselektionsmodell*. Auch eine Untersuchung von Eich (1984) stützt dieses Modell. Er zeigt, dass unbewusste Informationen verarbeitet werden, auf andere kognitive Prozesse Einfluss nehmen und nicht bewusst erinnerbar sind.

Allerdings wird nur ein ganz geringer Teil dieser Wahrnehmungsinhalte auch bewusst. Zu den unwillkürlichen Auswahlvorgängen zählen das Aktivationssummationsprinzip sowie Begriffs- und Ereignismarkierungen im Signifikanz- und Pertinenzfilter. Im Fall der *Aktivationssummation* bewirken der Wahrnehmungsvorgang und bestehende Voraktivationen (Pertinenzmechanismen) eine Aktivationssteigerung (Addition) im Perzept, so dass dieses beim Überschreiten der Aktivationsschwelle durch den Transfer in das Arbeitsgedächtnis bewusst werden kann.

Die *Filter* dagegen markieren im Langzeitgedächtnis bestimmte inhaltliche oder episodische Bereiche, wodurch die unwillkürliche Auswahl erfolgt.

Durch Aufmerksamkeit werden nicht alleine Informationen unwillkürlich selektiert, sondern alle bewussten kognitiven Abläufe gesteuert und kontrolliert. Es geht dabei um die Verteilung der Verarbeitungskapazität auf die anstehenden kognitiven Aufgaben bzw. Probleme. Man unterscheidet zwischen Art und Ausmaß der Nutzung der Verarbeitungskapazität. In beiden Fällen handelt es sich um eine intentionale (willentliche) Aufmerksamkeitssteuerung.

Konzentration ist ein bestimmter Steuer- und Kontrollzustand der Aufmerksamkeit. Die verfügbare Verarbeitungskapazität wird weitgehend ausgeschöpft und zur Bearbeitung einer vorliegenden, in der Regel schwierigen und für das Individuum relevanten Problemstellung, genutzt.

Schließlich erbringt ein Vergleich von automatisierten und kontrollierten kognitiven Prozessen Unterschiede im Ausmaß der Kontrolle, in der Abhängigkeit von der Verarbeitungskapazität, in der Schnelligkeit und Flexibilität usw.

Übungsaufgaben

1. Was geschieht mit nicht beachteten Informationen im Reiz- bzw. Reaktionsselektionsmodell?
2. Was versteht man unter „Aktivationssummation"?
3. Worin besteht der Unterschied zwischen dem „Pertinenzmechanismus" nach Norman und dem „Pertinenzfilter" nach Prinz?
4. Beschreiben Sie das methodische Vorgehen beim dichotischen Hören bzw. bei der shadowing-Prozedur?
5. Was versteht man unter dem unbewussten „Priming-Effekt". Nennen und erläutern Sie eine passende Untersuchung.
6. Nennen Sie drei Ergebnisse der Untersuchung von Eich (1984).
7. Was versteht man unter Aufmerksamkeit?
8. Worin unterscheiden sich unwillkürliche und intentionale (absichtliche) Informationsselektion?
9. Wodurch unterscheidet sich das konzentrierte Arbeiten vom unkonzentrierten Arbeiten?
10. Nennen und erläutern Sie drei Merkmale, in denen sich kontrollierte und automatisierte Prozesse unterscheiden.

2.3 | Strukturen und Prozesse im Arbeitsgedächtnis
von Walter Hussy, Annemarie Fritz und David Tobinski

Lernziele

- Kennenlernen des Ursprungsmodells zum Arbeitsgedächtnis nach Atkinson und Shiffrin
- Erarbeiten des aktuellen Arbeitsgedächtnismodells nach Baddeley
- Vergleich der zentralen Exekutive nach Baddeley und der Steuer- und Kontrollinstanz nach dem RIW-Modell
- Durchdringen der Konzepte des Enkodierens und Dekodierens von Informationen
- Verstehen des Vorgangs der Automatisierung kontrollierter kognitiver Prozesse

2.3.1 Mehrspeicher-Modell von Atkinson & Shiffrin
2.3.2 Modellerweiterung nach Baddeley
2.3.3 Kapazitäts-Ressourcen-Theorie
2.3.4 Enkodieren und Dekodieren
2.3.5 Automatisieren

Die eigentliche bewusste Speicherung und Verarbeitung von Informationen findet in einem mittelfristigen Speicher statt, der als Kurzzeit- oder Arbeitsgedächtnis definiert wird. Nachfolgend werden die beiden bekanntesten Modelle zum Kurzzeitgedächtnis (Atkinson & Shiffrin 1968) und zum Arbeitsgedächtnis (Baddeley & Hitch 1974) vorgestellt.

Nachdem, was wir bisher wissen, bleiben Informationen so lange unbewusst, wie sie sich noch nicht im Arbeitsgedächtnis befinden. Das bedeutet, dass auch Perzepte, die als Endprodukte der Wahrnehmung gelten und Bedeutung erlangt haben, noch nicht bewusst sind. Erst wenn ein bestimmter Grad an Aktivation erreicht ist (Aktivationsschwelle, Bewusstseinsschwelle), sich eine unwillkürliche Markierungsauswahl ergibt oder eine bewusste Selektion getroffen wird, erfolgt der Transfer aus dem Langzeitgedächtnis in das Arbeitsgedächtnis und damit die Umwandlung in einen bewussten Gedächtnisinhalt.

Im folgenden Kapitel sollen Modelle zur Struktur und Arbeitsweise des Arbeitsgedächtnisses zur Sprache kommen. Den dabei relevanten Ausschnitt aus dem RIW zeigt Abbildung 2.20.

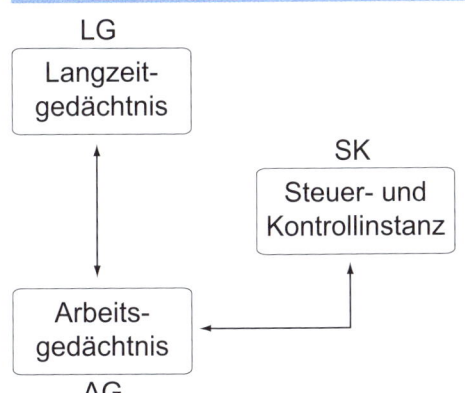

Abb. 2.20

Das Arbeitsgedächtnis mit dem Langzeitgedächtnis und der Steuer- und Kontrollinstanz als Zentrum der bewussten Verarbeitung von Informationen und Wissen

Mehrspeicher-Modell von Atkinson & Shiffrin | 2.3.1

Es gibt eine ganze Reihe von Vorläufermodellen zum Konzept des Arbeitsgedächtnisses. Wir beginnen mit dem Modell von Atkinson & Shiffrin (1968), das als *Übergangsmodell* zu den heutigen Vorstellungen großen Einfluss hatte. Dieses Mehrspeicher-Modell nimmt drei Speicherkomponenten an: ein *sensorisches Register*, einen *Kurzzeitspeicher* und ein *Langzeitgedächtnis*. Entsprechend dieser Reihenfolge werden die Informationen durch das Modell geleitet. Es ist in Abbildung 2.21 skizziert.

Mehrspeicher-Modell

Sperlings Konzept des *sensorischen Registers* (1960, → Kap. 2.1.6) wird unverändert übernommen, so dass hierzu keine weiteren Überlegungen angestellt werden müssen.

sensorisches Register

Die Informationen fließen weiter in einen Kurzzeitspeicher, der:

Kurzzeitspeicher

▶ eine *Registerstruktur* aufweist und
▶ einen Prozess der *stillen Wiederholung* annimmt.

Eine *Registerstruktur* bedeutet, dass die Informationen entlang der Zeitachse in das Register einlaufen, so dass mit jeder nachfolgenden (neuen) Information die alte in das nächste Register verschoben wird. Dieser

Registerstruktur

Abb. 2.21

Das Atkinson-Shiffrin-Gedächtnismodell (Atkinson & Shiffrin 1968)

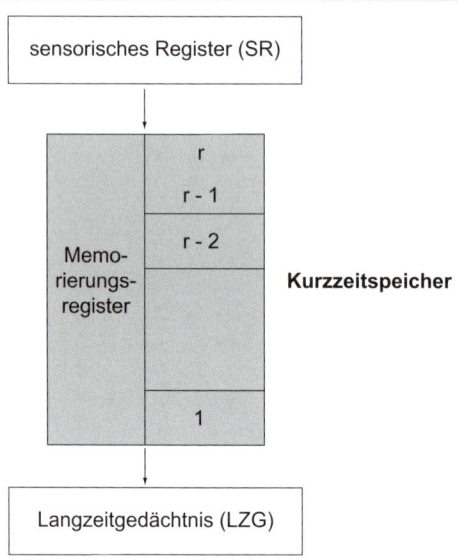

stille Wiederholung

Vorgang wiederholt sich so lange, bis das Register gefüllt ist. Der *beschränkte Behaltensumfang* des Registers beträgt 7 ± 2 Informationseinheiten. Fließen weitere Informationen nach, so werden die ältesten aus dem Register verdrängt usw.
Verdrängte Informationen werden vergessen, es sei denn, sie werden still wiederholt (engl. *rehearsal*) und auf diese Weise wieder in das Register eingeschleust. Dadurch kann es zu einem Verdrängungswettbewerb kommen.

Beispiel

Möchte man eine 9-stellige Telefonnummer wählen, die einem gerade mitgeteilt wurde, und schreibt sich die Telefonnummer nicht auf, so gelingt das dadurch, dass man die 9 Ziffern still wiederholt, sie sich also immer wieder vorsagt. Neue Informationen können in dieser Zeit nicht aufgenommen werden.

begrenzte Behaltensdauer

Die stillen Wiederholungen dienen auch dazu, die *begrenzte Behaltensdauer* des Kurzzeitspeichers zu kompensieren. Atkinson und Shiffrin (1968) geben ca. 15 Sekunden an. Durch stille Wiederholungen kann diese Dauer beliebig verlängert werden.

Für eine langfristige Speicherung müssen die Informationen in das Langzeitgedächtnis transferiert werden. Atkinson und Shiffrin (1968) begnügten sich damit, die *Verweildauer* der Informationen im Kurzzeitspeicher als Determinante für die Wahrscheinlichkeit des Transfers anzunehmen. Je länger die Verweildauer, desto größer die Wahrscheinlichkeit, dass Informationen (z. B. Telefonnummern) ins Langzeitgedächtnis gelangen.

Verweildauer

Modellerweiterung nach Baddeley

| 2.3.2

Baddeley kritisierte die Annahme eines einfachen Kurzzeitgedächtnisses, in dem Informationen lediglich gespeichert und präsent gehalten werden. Seiner Meinung nach erfüllt das Kurzzeitgedächtnis als mittelfristiger Speicher sehr viel mehr Aufgaben.

Beispiel

Nehmen wir als Beispiel die Bearbeitung einer Geometrieaufgabe, so gilt es zunächst, die verbale Aufgabenstellung und die zugrunde liegende Abbildung zu verstehen, was einen Austausch mit dem Langzeitgedächtnis erfordert. Während die Aufgabe verbal und bildlich präsent gehalten wird, muss ein geeigneter Lösungsalgorithmus abgerufen bzw. geplant und die Aufgabe bearbeitet werden. Gegebenenfalls sind Zwischenschritte zu speichern und es ist der Stand der Aufgabenbearbeitung präsent zu halten.

Das Beispiel verdeutlicht die komplexe Funktionsweise dieses Gedächtnissystems: Es geht nicht nur darum, Informationen vorübergehend zu speichern und während der aktuellen Aufgabenbearbeitung präsent zu halten, sondern auch darum, geeignetes Wissen aus dem Langzeitgedächtnis abzurufen und auf die jeweilige Anforderung abzustimmen und außerdem die aktuelle Informationsverarbeitung (hier die Aufgabenbearbeitung) zu steuern.

Baddeley konzipierte den mittelfristigen Speicher daher als komplexes Arbeitsgedächtnissystem, in dem für die Informationsverarbeitung unterschiedliche Ressourcen zur Verfügung gestellt werden.

Erste Belege dafür, dass das Arbeitsgedächtnis mehr ist als ein einfaches Speichersystem, konnte er in Experimenten mit Doppelaufgaben nachweisen (Baddeley & Hitch 1974, → Kap. 2.3.3), die die Versuchspersonen besser bearbeiten konnten, als es ein einfaches Kurzzeitgedächtnis zulassen würde. Bei diesen Doppelaufgaben mussten die

Vpn Ziffernfolgen laut nachsprechen und parallel dazu kleine Denkaufgaben lösen.

Würde das KZG, wie bisher angenommen, alle Informationen unabhängig von der informationsaufnehmenden Wahrnehmung mit einem einheitlichen Code verarbeiten, so müssten sich diese untereinander stören. Man spricht hier von einer *Interferenz*, die im Ergebnis zu höheren Reaktionszeiten oder höheren Fehlerraten führt. Diese Hypothese ließ sich nicht bestätigen und gab Baddeley den nötigen Raum, das klassische Mehrspeicher-Modell zu erweitern (→ Abb. 2.22).

Mehrkomponentenmodell

Derzeit findet das Modell von Alan Baddeley (1986) weitgehende Zustimmung. Aufgrund seiner stärkeren Differenzierung wird es als *Mehrkomponentenmodell* bezeichnet und soll nachfolgend knapp dargestellt werden.

Arbeitsgedächtnis

Das *Arbeitsgedächtnis* erbringt drei wichtige Leistungen:

▶ Es speichert wahrgenommene Inhalte, die kurzfristig benötigt werden.
▶ Es koordiniert den Abruf von Informationen aus dem Langzeitgedächtnis mit der aktuell zu bearbeitenden Anforderung.
▶ Es dient als bewusste Zwischenstation der Informationen auf dem Weg ins Langzeitgedächtnis.

Auf der Basis von empirischen Untersuchungen werden für das Arbeitsgedächtnis verschiedene *Subkomponenten* angenommen, die auch als *Sklavensysteme* bezeichnet werden.

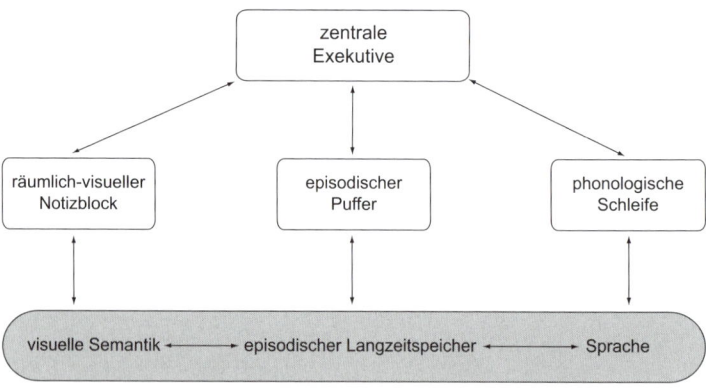

Abb. 2.22

Schematische Darstellung des Mehrkomponentenmodells (nach Baddeley 1986)

Die Komponenten des Langzeitgedächtnisses sind nach Baddeley im Modell additiv erwähnt, an dieser Stelle sind sie aber noch nicht vertiefend zu betrachten.

Akustische Informationen werden nach Baddeley in einer sogenannten *phonologischen Schleife* aufgenommen. Auch Informationen, die zunächst visuell als Text vorliegen, werden nach einer Rekodierung ebenfalls in diesem System als verbale Informationen repräsentiert.

phonologische Schleife

Die Speicherdauer beträgt vermutlich nur zwei Sekunden, bevor die Information in einen unabrufbaren Zustand zerfällt. Es ist nicht sicher, ob diese Information tatsächlich verloren geht oder wie ein unregistriertes Buch in einer Bibliothek vorhanden, aber für einen Suchenden nicht auffindbar ist.

Erst durch den bereits bekannten Prozess der inneren, stillen *Wiederholung (Rehearsal)* werden Informationen im phonologischen Speicher aufrechterhalten. Der Prozess des reinen Wiederholens wird auch als einfache Form des *Memorierens* bezeichnet.

Die phonologische Schleife verfügt über einen *artikulatorischen Kontrollprozess*; es entsteht ein Informationsaustausch, der die Wiederholungsschleife aufrechterhält.

artikulatorischer Kontrollprozess

McCulloch (1965) bezeichnete solche Prozesse als *regenerative Schleifen*. Nach ihm gewährleisten diese Prozesse die bedeutendste Funktion des Gedächtnisses, die *zeitliche Invarianz*. Dies bedeutet, dass Informationen nun nicht mehr gezwungenermaßen den zeitlich bedingten Zerfallsprozessen unterworfen sind, sondern durch das menschliche Gedächtnis erhalten bleiben. (Man bedenke an dieser Stelle kurz, dass das gesellschaftliche Gedächtnis über Jahrhunderte hinweg Informationen tradiert.)

Zum einen scheint das Rehearsal ein *natürliches Phänomen* des Gedächtnisses zu sein, andererseits ist dieser Prozess auf der Ebene des Bewusstseins als einfachste *Gedächtnisstrategie* zu betrachten.

Der semantische Gehalt einer Information ist für den Rehearsal-Prozess irrelevant. Er hält auch Pseudowörter wie „klarfumet" oder Wörter aus einer unbekannten Sprache wie „petruschka" (russ. Petersilie) oder „Halleluja" (hebrä. Lobpreiset Jah) in der phonologischen Schleife präsent.

Besonders bedeutsam wird der Rehearsal-Prozess, wenn wir etwas auswendig lernen wollen. Durch mehrfaches Wiederholen von bestimmten Wörtern kann es uns gelingen, Worte zu speichern, deren Sinn uns verschlossen ist. Erinnern wir uns, wie wir als Kind einen fremdsprachlichen Refrain nachgesungen haben, so führt uns dies auf amüsante Weise diesen Prozess vor Augen.

Die phonologische Schleife spielt aber nicht nur bei auditiv aufgenommenen Reizen eine Rolle. Auch beim Lesen von zunächst visuellen Reizen kommt es zur Übertragung der Information in die phonologi-

räumlich-visueller Notizblock

sche Schleife. Die Komponente, welche die visuellen Informationen bearbeitet, wollen wir im Folgenden genauer betrachten.

Visuelle Informationen werden nach Baddeley in einem *räumlich-visuellen Notizblock* verarbeitet. Diese Komponente ist durch Logie (1995) weiter spezifiziert worden, visuelle Informationen wie Farbe oder Form werden in einem *visuellen Speicher* (visual cache) gespeichert. Informationen zum Raum und zur Bewegung von Objekten werden durch einen *visuellen Rehearsal-Mechanismus* (inner scribe) aufrechterhalten. Dies kann als Pendant zur Funktion des *Rehearsal* in der phonologischen Schleife betrachtet werden. Der Rehearsal-Mechanismus enkodiert räumliche Sequenzen, so wird die räumliche Information fortwährend konstruiert und aufrechterhalten.

Beispiel

Betrachten wir noch einmal das Zusammenspiel der beiden Subsysteme beim Lesen. Die vorerst visuelle Information in einem Telefonbuch, etwa eine Telefonnummer von sieben Ziffern, wird während des Leseprozesses in die phonologische Schleife übertragen. Greifen wir die Begriffe aus dem zweiten Kapitel auf, so ist aus einem räumlich-visuellen Muster (Ziffern sind glücklicherweise auf zwei Raumdimensionen begrenzt) ein Klangmuster entstanden.

Auf dem Weg zum Telefon neigt man dazu, die Ziffern sogar laut zu wiederholen. Dem wissenschaftlichen Beobachter offenbart sich in diesem Fall der Rehearsal-Mechanismus, der oftmals wesentlich schwieriger zugänglich ist. Dieser Prozess verläuft ebenso umgekehrt. Liegt in der phonologischen Schleife z.B. eine auditive Information zu einer Dampflok in Sprach- oder Geräuschform vor, ist es für eine erwachsene Person ein Leichtes, eine entsprechende Vorstellung (Referenz) im räumlich-visuellen Notizblock aufzubauen.

zentrale Exekutive

Die Rekodierung der Informationen zwischen phonologischer Schleife und räumlich-visuellem Notizblock geschieht mittels einer dritten Komponente, welche wir nun als *zentrale Exekutive* näher betrachten werden. Man benötigt diese Komponente, damit die Informationen in den genannten Subsystemen kontrolliert verarbeitet werden. Sie ist aufgrund des methodisch schwierigen Zuganges bislang noch wenig erforscht. Die zentrale Exekutive bildet die Schnittstelle zwischen den beiden Subkomponenten und den weiteren Gedächtnisstrukturen.

Man geht davon aus, dass sie die Fokussierung der Aufmerksamkeit auf relevante Informationen regelt. Dies bedeutet, dass die Inhalte des

Arbeitsgedächtnisses über die zentrale Exekutive aktualisiert oder aufrechterhalten werden. Sie stellt daher auch die direkte Verbindung zu Informationen im Langzeitgedächtnis her. Will eine Person zwei Handlungen parallel ausführen, wie z. B. Auto fahren und gleichzeitig telefonieren, so übernimmt die zentrale Exekutive die Koordinierung.

Im RIW entspricht der zentralen Exekutive die Steuer- und Kontrollinstanz, so dass Abbildung 2.20 im Hinblick auf das Baddeley-Modell gemäß Abbildung 2.23 differenziert werden kann.

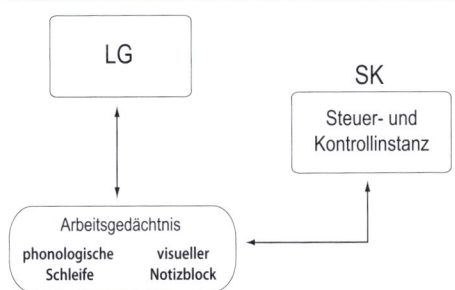

Abb. 2.23

Die Verarbeitungszentrale erweitert um wesentliche Substrukturen nach Baddeley

Informationen müssen aus verschiedenen Quellen raum-zeitlich integriert werden, z. B. alle Informationen, die bei der Vorbereitung einer Klassenarbeit, eines Schulausflugs oder des morgendlichen Schulwegs zu beachten sind. Da die zentrale Exekutive über keine eigene Speicherkapazität verfügt, diese aber bei der Verarbeitung solcher Informationen beteiligt sein muss, nahm Baddeley einen sogenannten *episodischen Buffer* (EB) an. Diesem System wird die Fähigkeit zugeschrieben, gefestigtes Wissen aus den Strukturen des Langzeitgedächtnisses abzurufen und mit Informationen aus dem Arbeitsgedächtnis neue Strukturen zu kreieren.

episodischer Buffer

Kapazitäts-Ressourcen-Theorie

2.3.3

Wie hat man sich nun das Zusammenwirken der Funktionen des Arbeitsgedächtnisses vorzustellen? In einem Experiment von Baddeley und Hitch (1974) sollten die Vpn eine Doppelaufgabe bearbeiten. Die Hauptaufgabe bestand darin, eine Reihe von Entscheidungen zu unterschiedlich schwierigen Bild-Text-Vergleichen zu treffen (→ Abb. 2.24a und b).

Auf dem Bildschirm erschien zunächst der Text (z. B. „Das A steht vor dem B!"), danach folgte das Bild (z. B. Kasten mit „A B"). Die Entscheidung sollte möglichst schnell getroffen und mit den Tasten „stimmt" bzw. „stimmt nicht" mitgeteilt werden. In Teilabbildung a) war eine ein-

Abb. 2.24a und b

Der Bildschirmaufbau im Experiment von Baddeley & Hitch (1974)

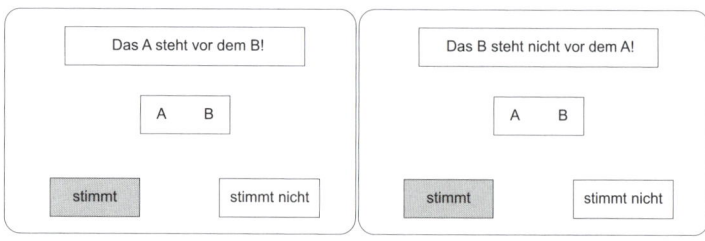

fache Entscheidung, in b) aufgrund der Negation ein schwierigeres Problem dargestellt.

Neben- und Hauptaufgabe

In der Nebenaufgabe (NA) waren unterschiedlich lange Silbenreihen zu behalten (zwischen drei und sechs Silben). Die Untersuchungslogik bestand darin, dass mit der Nebenaufgabe die phonologische Schleife belastet wurde und dadurch – je nach Ausmaß – als Speicher für die Zwischenergebnisse weniger effektiv zur Verfügung stand. Entsprechend musste die Leistung in der Hauptaufgabe (HA) unterschiedlich gut ausfallen. Die Ergebnisse sind in Abbildung 2.25 schematisch dargestellt.

Abb. 2.25

Die Ergebnisse aus dem Experiment von Baddeley und Hitch (1974): Mit zunehmender Belastung durch die Nebenaufgabe sank die Leistung bei der Hauptaufgabe

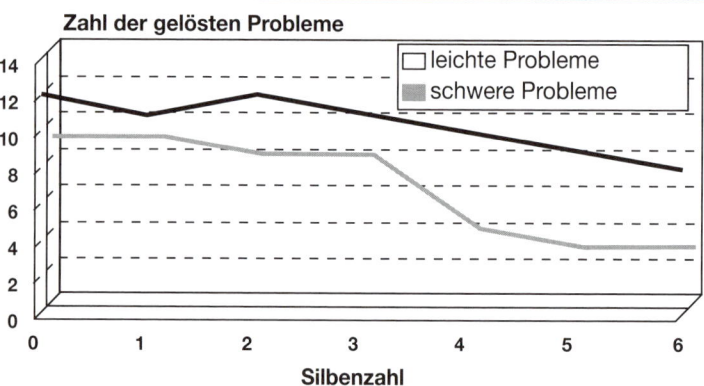

Es zeigte sich, dass ohne Nebenaufgabe die leichten Vergleichsprobleme etwas besser gelöst wurden als die schwierigeren. Kamen leichte Nebenaufgaben dazu (bis zu drei Silben), dann sanken die Leistungen bei der Hauptaufgabe nur wenig, ab vier Silben (und mehr) gab es, besonders bei schwierigen Problemen in der Hauptaufgabe, erkennbare Leistungseinbußen.

Die Befunde zeigen deutlich, dass die Grenzen der Verarbeitungskapazität den Rahmen für die Leistungsfähigkeit der Person abstecken. Wird die Kapazität durch die Aufgabenanforderung insofern überschritten, dass z. B. zu viel Speicherkapazität benötigt wird, um die Aufgabenanforderung präsent zu halten, dann bleibt nur noch wenig, um die Informationen zu bearbeiten und die Aufgabe zu lösen.

Der Bedarf an und die Nutzung von Verarbeitungskapazität hängen allerdings individuell von den spezifischen Voraussetzungen der Person für die jeweilige Aufgabenanforderung ab.

Beispiel

Bearbeitet ein Schüler die Aufgabe 3 x 99 und kann zu deren Lösung auf Faktenwissen und eine effektive Strategie (z. B. 3 x 100 – 3 x 1) zurückgreifen, bindet die Aufgabenbearbeitung nur wenig Arbeitsgedächtniskapazität. Ein Teil der Arbeitsgedächtniskapazität bleibt verfügbar für eine weitere Aufgabenstellung.

Anders ist dies, wenn dem Schüler kein Faktenwissen und keine effektive Strategie zur Verfügung stehen und er die Lösung durch Multiplikation der Zehner, dann der Einer und anschließender Addition der beiden Produkte erarbeiten muss. Hier müssen die Aufgabe und die Teillösungen präsent gehalten und gleichzeitig weitere Teilschritte bearbeitet werden, was die gesamte Kapazität beansprucht oder überfordert, so dass Lösungsschritte ausgelassen werden oder die Aufgabe fehlerhaft bearbeitet wird, da die Kapazität nicht mehr ausreicht, den Lösungsprozess zu kontrollieren.

Das Beispiel zeigt auf, dass die Leistungsfähigkeit des Arbeitsgedächtnisses nicht losgelöst vom Wissen in einem Bereich und dem schnellen Zugriff darauf sowie von den verfügbaren Strategien und automatisierten Informationsverarbeitungsprozessen betrachtet werden kann.

Wird einerseits die Kapazität des Arbeitsgedächtnisses durch die strukturellen Komponenten wie eine Art hardware begrenzt, so hängt es von den prozessualen Komponenten ab, wie effektiv Leistungen innerhalb dieser kapazitativen Grenzen gelingen. Das bedeutet, die Effektivität der Informationsverarbeitung wird nicht allein durch den Umfang der Verarbeitungskapazität bestimmt. Sie hängt vielmehr davon ab, wie diese genutzt wird, wie schnell Informationen abgerufen und miteinander in Beziehung gesetzt werden, wie effektiv sie gebündelt werden und mit welchen Strategien sie somit verarbeitet werden.

Die Verteilung der begrenzten Verarbeitungskapazität übernimmt die Steuer- und Kontrollinstanz, wobei diese Funktion bei vorgegebener Haupt- und Nebenaufgabe gut geregelt ist, da die Hauptaufgabe immer Priorität besitzt. Fehlt diese klare Zuordnung, müssen sachimmanente Kriterien herangezogen werden.

Grundsätzlich kann von einem positiven Zusammenhang zwischen der Leistungsfähigkeit des Arbeitsgedächtnisses und der Güte des Wissenserwerbs ausgegangen werden.

Nach neueren Befunden erwiesen sich bereits im Vorschulalter Leistungen des Arbeitsgedächtnisses als bedeutsame Prädiktoren für den Erwerb bereichsspezifischer Vorläuferfertigkeiten (Alloway et al. 2005). Wird also ein gutes Funktionieren des Arbeitsgedächtnisses als Voraussetzung für den reibungslosen Erwerb schulischer Fertigkeiten angesehen, so werden umgekehrt Arbeitsgedächtnisdefizite als Ursache für das Auftreten von Lern- und Leistungsstörungen im Kindesalter diskutiert.

Verminderte Arbeitsgedächtnisleistungen lassen sich bei allen Lern- und Leistungsstörungen nachweisen, wobei wir bei den einzelnen Störungsbildern Beeinträchtigungen in unterschiedlichen Teilsystemen finden. Erwartungsgemäß gehen Verzögerungen im Schriftspracherwerb mit Störungen in der phonologischen Schleife einher.

Morris et al. (1998) fanden phonologische Arbeitsgedächtnisdefizite bei 85 % der lese-rechtschreib-gestörten Kinder ihrer Stichprobe. Untersuchungen mit lernbehinderten Kindern belegten Defizite in allen drei Bereichen des Arbeitsgedächtnisses (Pickering & Gathercole 2004), wobei die Defizite in der phonologischen Schleife in allen Untersuchungen als besonders ausgeprägt auffielen.

Die Befunde für Kinder mit Rechenschwierigkeiten sind ein wenig widersprüchlicher. Übereinstimmend werden Probleme in Komponenten der zentralen Exekutive gesehen (Passolunghi 2006), es werden aber auch Defizite in den Hilfssystemen des verbalen und des visuell-räumlichen Arbeitsgedächtnisses gefunden (Swanson & Jerman 2006; Schuchardt et al. 2008).

2.3.4 Enkodieren und Dekodieren

Eine weitere Veranschaulichung der Funktionsweise des Arbeitsgedächtnisses begegnet uns beim Enkodieren und Dekodieren. Die Fähigkeit, Informationen verarbeiten zu können, setzt das *Enkodieren*, *Speichern* und *Dekodieren* voraus.

Definition

- Unter **Enkodieren** (Aufnehmen) versteht man die (erstmalige) Verarbeitung von Informationen, die zu einer Repräsentation im Gedächtnis führt.
- **Speichern** (Behalten) ist die Aufbewahrung des enkodierten Materials über die Zeit hinweg.
- Unter **Dekodieren** (Abrufen, Erinnern) versteht man das Wiederauffinden der gespeicherten Information zu einem späteren Zeitpunkt.

Wir wenden uns zunächst dem *Enkodieren* zu. Beim Memorieren von Informationen können das oberflächliche und das elaborierte Memorieren differenziert werden. Das *oberflächliche Memorieren* entspricht dem Auswendiglernen von Informationen.

Enkodieren

Beim *elaborierten Memorieren* werden Informationen durch die tiefe Erarbeitung des Lernstoffs verankert. Hier ist das Zusammenspiel von Arbeits- und Langzeitgedächtnis wesentlich komplexer. Das Zusammenwirken von Arbeits- und Langzeitgedächtnis lässt sich anhand der Untersuchung von Chase und Ericsson (1982) gut nachvollziehen. Zu lernen war eine Reihe von Zahlen, die sofort nach der Präsentation wiedergegeben werden musste. Nach und nach wurden immer längere neue Zahlenreihen vorgegeben und abgefragt.

Die normale Gedächtnisspanne beträgt 7 (+/− 2) Informationseinheiten. Somit können nach einmaliger Präsentation zwischen fünf und neun Zahlen behalten werden. Die Untersuchung bestätigt diese Zahl (→ Abb. 2.26). Durch intensives Training (220 Stunden) erhöhte sich die Behaltensleistung allerdings auf fast 82 Ziffern!

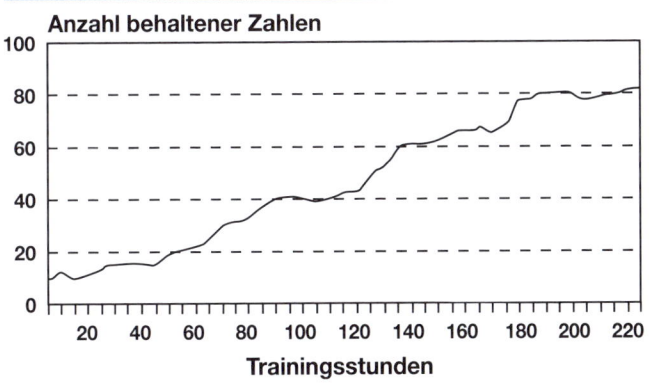

Abb. 2.26

Die Ergebnisse aus der Untersuchung von Chase und Ericsson (1982)

Die Vp berichtete, dass sie sehr an Leichtathletik interessiert sei und die Zahlenreihen in Segmente zerlegen würde, die Rekordleistungen repräsentieren (z. B.: 9,69 als Weltrekord für den 100-Meterlauf der Männer in Sekunden). Hier wird das im LG gespeicherte Expertenwissen genutzt, um dreistellige, im weiteren Übungsverlauf auch fünf- und höherstellige Zahlen unter einem Begriff zusammenzufassen. Man nennt dieses Vorgehen auch *chunking*.

Definition

Chunking bedeutet, dass eine sprachliche Information gewissermaßen so *portioniert* wird, dass sie im Arbeitsgedächtnis gut behalten werden kann. Die Informationsportionen werden im Englischen *chunks* (Klumpen) genannt. In diesem Sinne sind die genannten 7 +/– 2 Informationseinheiten, die die Gedächtnisspanne definieren, **chunks**.

Enkodiert werden also die Rekorde bzw. Rekordkonstellationen (etwa Rekorde mit Datum: 9,69 – 2008; Usain Bolt, Olympische Spiele in China), die dann ihrerseits in der phonologischen Schleife – anstelle der viel zu großen Zahlenmenge – gespeichert werden.

Dekodieren

Beim Erinnern (Dekodieren) dieser Rekorde werden die Zahlen zu den chunks mit Hilfe des Arbeits- und Langzeitgedächtnisses rekonstruiert. Dazu wird der älteste Registereintrag, also z.B. „100-Meter-Weltrekord von Usain Bolt bei den Olympischen Spielen in China 2008", von der Steuer- und Kontrollinstanz aus dem entsprechenden Eintrag im Langzeitgedächtnis rekonstruiert (9692008) und ins AG transferiert. Danach geschieht das Gleiche mit dem zweitältesten Registereintrag usw.

Bei einer Gedächtnisspanne von 7 Chunks erreicht man damit insgesamt eine Rekonstruktionsleistung von 49 Ziffern. Selbst bei einer exzellenten Gedächtnisspanne von 9 Informationseinheiten liegt man bei diesem Chunk-Umfang erst bei 63 Ziffern.

Aus der in der Untersuchung erreichten Reproduktionsleistung von 82 Zahlen ist erkennbar, dass das Chunking noch deutlich umfänglichere Ausmaße annehmen muss, um die Leistung interpretieren bzw. erklären zu können.

Das Erinnern im Sinne der Rekonstruktion von gespeicherten Informationen wird uns bei der Besprechung des Langzeitgedächtnisses noch weiter beschäftigen.

Automatisieren | 2.3.5

Durch den Einsatz effektiver Strategien kann also die Kapazität des Arbeitsgedächtnisses besser ausgeschöpft werden. Ein weiterer Prozess hilft, die begrenzte Kapazität besser zu nutzen: die Automatisierung von Teilprozessen.

Automatisierte kognitive Prozesse liegen dann vor, wenn ehemals kontrollierte Vorgänge durch intensive Übung dazu gebracht wurden, ohne bewusste Kontrolle abzulaufen (z. B. Lesen, Autofahren). Automatisierte Prozesse werden somit durch intensive Übung erworben.

automatisierte Prozesse

Eine viel beachtete Untersuchung von Spelke, Hirst & Neisser (1976) illustriert das Vorgehen beim Automatisieren. Zusätzlich beleuchtet die Studie die Einsparung von Verarbeitungskapazität durch das Automatisieren kontrollierter Prozesse.

An der Untersuchung nahmen zwei Studierende teil, nämlich Diana und John. Ihre Aufgabe bestand darin, gleichzeitig zu lesen und zu schreiben. Obwohl beide Tätigkeiten durch intensives und langjähriges Training teilautomatisiert werden, benötigen sie dennoch – wenn mit Verständnis durchgeführt – so viel Verarbeitungskapazität, dass es nicht möglich ist, sie gleichzeitig ohne gegenseitige Störungen auszuführen.

Die Aufgabe lautete, einen sinnvollen Text zu lesen und gleichzeitig zusammenhanglose Wörter zu schreiben.

Erste Ergebnisse sind der nachstehenden Tabelle 2.2 zu entnehmen. Dabei zeigt sich, dass Diana bei getrenntem Lesen und Schreiben (Vortest) etwas langsamer, aber dafür mit mehr Textverständnis liest als John. Beim Schreiben erinnert sich John präziser an die notierten Wörter als Diana.

Bei gleichzeitigem Lesen und Schreiben vermindern sich diese Leistungsparameter bei beiden Vpn zum Teil beträchtlich. Ein Eigenversuch wird bei vielen ein vergleichbares Bild ergeben.

Die Frage der Autoren lautete: „Kann man diese Störungen durch intensives Üben von gleichzeitigem Lesen und Schreiben beseitigen?" Oder anders ausgedrückt: „Kann man gleichzeitiges Lesen und Schreiben automatisieren?".

Für einen Zeitraum von 17 Wochen übten Diana und John diese Doppeltätigkeit täglich eine Stunde lang, natürlich mit immer neuen Texten bzw. Wortlisten. Wie die bereits betrachtete Tabelle weiter zeigt (Spalte „Sitzung 56–61"), waren die Leistungsminderungen nach der zwölften Woche weitgehend verschwunden. Die Vpn zeigten Leistungsparameter wie anfänglich bei getrennter Tätigkeit.

Nach weiteren fünf Wochen konnten sogar zusätzliche Leistungen erbracht werden, z. B. die Obegriffe der Wörter zu schreiben (z. B. Pflanze statt Baum).

Tab. 2.2

VP	Leistungs-art	Leistungsindex	Vortest[a]	Sitzung 1–5[b]	Sitzung 56–61[b]
Diana	Lesen	Lesegeschwindigkeit[c] Textverständnis[d]	351 90	260 83,4	380 98
	Schreiben	Wiedererkennen: – Treffer[e] – falscher Alarm[f]	 77,5 5	 72 23	91 23
John	Lesen	Lesegeschwindigkeit[c] Textverständnis[d]	483 73	320 75	490 88
	Schreiben	Wiedererkennen: – Treffer[e] – falscher Alarm[f]	 87,5 2,5	 61 2	86 12

a: Lesen und Schreiben einzeln
b: Lesen und Schreiben simultan
c: Wörter pro Minute
d: Prozentsatz korrekt beantworteter Verständnisfragen zu dem gelesenen Text
e: Prozentsatz korrekt wiedererkannter Wörter aus den geschriebenen Wortlisten
f: Prozentsatz fälschlich wiedererkannter Wörter aus den geschriebenen Wortlisten

Die Leistungssteigerung für simultanes Lesen und Schreiben für zwei Probanden, illustriert anhand der Indizes für die Sitzungsperiode 1–5 und 56–61; im Vergleich dazu die entsprechenden Vortestergebnisse für getrenntes Lesen und Schreiben (nach Spelke et al. 1976)

freigesetzte Verarbeitungskapazität

Die mit zunehmender Übung zu beobachtenden Verbesserungen lassen sich dadurch erklären, dass ein beachtlicher Teil der zunächst kontrolliert ablaufenden Teilprozesse automatisiert, nun ohne bewusste Aufmerksamkeit und damit ohne Beanspruchung der Arbeitsgedächtniskapazität vollzogen wird. Dadurch werden zuvor gebundene Kapazitäten freigesetzt und führen in der Folge zu Leistungsverbesserungen.

Zusammenfassend kann interpretiert werden, dass durch intensive Übung eine Erhöhung des Anteils nicht kapazitätsgebundener automatisierter Prozesse erzielt werden kann.

Zusammenfassung

Informationen im Langzeitgedächtnis sind unbewusst, gleichgültig ob es sich um Wahrnehmungsinhalte (Perzepte) oder gespeicherte Begriffe (Konzepte) handelt. Erst mit dem Wechsel in die mittelfristigen Speichermedien (Arbeitsgedächtnis) werden sie bewusst und können weiter verarbeitet werden.

Im Arbeitsgedächtnis werden – ohne zusätzliche Maßnahmen – allerdings nur eine begrenzte Anzahl von Informationen für eine begrenzte

Zeit gehalten. Man geht davon aus, dass 7 ± 2 Informationseinheiten (chunks) dort Platz finden und für ca. 15 Sekunden erhalten bleiben (Gedächtnisspanne).

Im Verlauf der letzten 50 Jahre wurden immer differenziertere Modelle zum Arbeitsgedächtnis (AG) entwickelt. Es begann mit dem Modell von Atkinson & Shiffrin (1968), welches einen Kurzzeitspeicher (KS) mit einer Registerstruktur und einem Rehearsal-Prozess postulierte.

Die Registerstruktur bedingt die chronologische Einspeicherung von Informationen, bis der begrenzte Umfang erreicht ist. Das Rehearsal ermöglicht durch stilles Wiederholen (Memorieren) den Verbleib im Kurzzeitspeicher über den begrenzten Zeitraum hinaus.

Dabei unterscheidet man das oberflächliche vom elaborierten Memorieren. Beim oberflächlichen Memorieren werden die Informationen still wiederholt und dadurch immer wieder zeitsynchron neu eingespeichert (Auswendiglernen). Wird Bezug zu den Inhalten des LG hergestellt, so spricht man vom elaborierten Memorieren.

Im Modell von Baddeley (1986) sind diese Komponenten ebenfalls vorhanden, wenngleich sie anders benannt werden. Das Arbeitsgedächtnis hat hier als Subsystem die phonologische Schleife mit dem artikulatorischen Kontrollprozess, wodurch das Rehearsal ermöglicht wird.

Zusätzlich zu dieser auditiven Verarbeitungsform postuliert Baddeley ein visuelles Subsystem namens räumlich-visueller Notizblock. Visuelle Informationen wie Farbe oder Form werden in einem visuellen Speicher (visual cache) gespeichert. Informationen zum Raum und zur Bewegung von Objekten werden durch einen visuellen Rehearsal-Mechanismus aufrechterhalten; dies kann als Pendant zur Funktion des Rehearsals in der phonologischen Schleife betrachtet werden. Das visuelle Rehearsal enkodiert räumliche Sequenzen, transformiert visuelle Repräsentationen und hält diese durch Wiederholung aktiv.

Die zentrale Exekutive schließlich bildet die Schnittstelle zwischen diesen Subkomponenten und den weiteren Gedächtnisstrukturen, sie agiert daher unspezifisch bezüglich der Modalität und der Kodierung von Informationen. Man geht davon aus, dass sie die Fokussierung der Aufmerksamkeit auf relevante Informationen regelt. Somit bildet die zentrale Exekutive die wichtigste Schnittstelle im Informationsaustausch zwischen Arbeitsgedächtnis, Umwelt und Langzeitgedächtnis. Sie überwacht, reguliert und steuert hierbei sämtliche Prozesse.

Das Modell wird anhand des Konzepts der Kapazitäts-Ressourcen-Theorie weiter erläutert. Hierbei rücken die Verarbeitungsfunktionen dieser Gedächtniskomponente noch einmal in den Vordergrund. Die

Steuer- und Kontrollinstanz verteilt die Gesamtverarbeitungskapazität des Arbeitsgedächtnisses auf die anstehenden Aufgabenstellungen. Solange eine Restkapazität übrig bleibt, stören sich zwei oder mehrere parallel ablaufende kognitive Prozesse nicht. Wird dagegen die Gesamtverarbeitungskapazität überschritten, kommt es zu Leistungseinbußen.

Unter Enkodieren versteht man die Überführung von Informationen aus dem Arbeitsgedächtnis in das Langzeitgedächtnis. Das Erinnern von Informationen im Sinne einer Rekonstruktion nennt man Dekodieren.

Unter Automatisieren versteht man das intensive Üben von kontrollierten Prozessen, so dass diese schließlich ohne Kontrolle durch die Steuer- und Kontrollinstanz ablaufen können und somit auch nicht mehr kapazitätspflichtig sind.

Übungsaufgaben

1 Woher kommen die Informationen im Arbeitsgedächtnis (AG)?
2 Welche Größenordnung wird für den Behaltensumfang und die Behaltensdauer des AG angenommen?
3 Was versteht man unter einer „Registerstruktur"?
4 Was geht mit dem Wechsel von Informationen aus dem Langzeitgedächtnis (LG) in das AG einher?
5 Wie hat man sich das Zusammenwirken der Funktionssysteme des Arbeitsgedächtnisses nach Baddeley vorzustellen? Geben Sie ein Beispiel!
6 Welche Komponente im Baddeley-Modell entspricht den Steuer- und Kontrollprozessen im RIW?
7 Was besagt die Kapazitäts-Ressourcen-Theorie?
8 Geben Sie ein Beispiel für den Enkodierungs- bzw. Dekodierungsprozess im Arbeitsgedächtnis.
9 Geben Sie ein Beispiel für die Automatisierung kontrollierter Prozesse.

Strukturen und Prozesse im Langzeitgedächtnis | 2.4
von Walter Hussy

Lernziele

- Die Merkmale des Langzeitgedächtnisses kennenlernen
- Determinanten der Rekonstruktion von Langzeitgedächtnisinhalten herausarbeiten
- Repräsentation von Wissen im Gedächtnis – verschiedene Modelle vergleichen
- Analyse und Ergänzung der Arbeiten von Ebbinghaus
- Beschreibung und Vergleich der Prozesse des Wissenserwerbs
- Lernstrategien in die Strukturen und Prozesse des Langzeitgedächtnisses einordnen können

2.4.1 Merkmale des Langzeitgedächtnisses

2.4.2 Dekodieren

2.4.3 Wissensrepräsentation

2.4.4 Prozesse des Wissenserwerbs

2.4.5 Lernstrategien

Bei den Überlegungen und Analysen zu den Modellen zum Arbeitsgedächtnis ist bereits offensichtlich geworden, dass der Informationsfluss nicht nur von den Sinnesorganen zum Langzeitgedächtnis (Bedeutungsanreicherung bei der Perzeptbildung) und nicht nur vom Langzeitgedächtnis zum Arbeitsgedächtnis (zur Bewusstmachung) führt, sondern auch vom Arbeitsgedächtnis zum Langzeitgedächtnis zwecks der Enkodierung (Speicherung) und vom Langzeitgedächtnis zum Arbeitsgedächtnis zwecks der Rekonstruktion (der Erinnerung bzw. Dekodierung).

Das Langzeitgedächtnis als zentrale Gedächtnisstruktur wollen wir uns in den folgenden Abschnitten daher nun näher ansehen. Ein Blick auf Abbildung 2.27 zeigt, dass das Langzeitgedächtnis in seiner Funktionsweise ohne das Arbeitsgedächtnis und die Steuer- und Kontrollinstanz nur unvollständig zu verstehen ist. Im weiteren Verlauf des Textes wird aber darauf verzichtet, dieses notwendige Zusammenwirken permanent zu wiederholen.

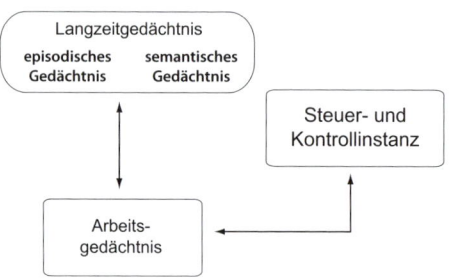

Abb. 2.27

Das Langzeitgedächtnis mit seinen Unterstrukturen und seiner funktionalen Anbindung an die Steuer- und Kontrollinstanz sowie an das Arbeitsgedächtnis

2.4.1 Merkmale des Langzeitgedächtnisses

zeitlich unbegrenzt Informationen, die ins Langzeitgedächtnis gelangen, werden dort *zeitlich unbegrenzt* gespeichert. Das bedeutet jedoch nicht, dass wir uns jederzeit an jedes Ereignis, jeden Begriff oder jede Einzelheit erinnern können. Vielmehr gibt es – wie wir noch sehen werden – eine Reihe von Prozessen, die den Zugriff auf die Informationen bedingen. Allerdings wissen wir, dass beispielsweise unter *Hypnose* Informationen erinnert werden können, die längst vergessen geglaubt waren und durchaus sehr weit zurückliegen können.

Definition

Als **Hypnose** bezeichnet man:

1. das Verfahren zur Induktion eines hypnotischen Trancezustandes,
2. den Zustand der hypnotischen Trance.

Beispiel

Der Hypnotiseur versetzt die zu hypnotisierende Person (Proband) in den *Trancezustand*, der durch große Entspannung, Aufmerksamkeitsfokussierung sowie Abgabe der Ich-Kontrolle an den Hypnotiseur gekennzeichnet ist. Im Rahmen der Hypnose werden dem Probanden bspw. verbale Anweisungen (sog. Suggestionen) gegeben, die Gedächtnisinhalte aus der Kindheit wieder in Erinnerung bringen sollen. Tatsächlich berichten die Probanden häufig, sich an weit zurückliegende Ereignisse erinnert zu haben, die sie längst vergessen zu haben glaubten.

Man geht heute aber nicht nur von einer unbegrenzten Behaltensdauer, sondern auch von einem *unbegrenzten Behaltensumfang* aus. Das bedeutet, dass jede Information, die ins Langzeitgedächtnis gelangt, dort auch gespeichert bleibt. Auch für diese Position gibt es interessante Belege, z. B. das Phänomen der *Inselbegabung*. Inselbegabte oder Savants zeigen häufig diesen unbegrenzten Behaltensumfang.

unbegrenzter Umfang

Definition

Inselbegabte sind Menschen mit oft erheblichen kognitiven Behinderungen (über 50 % mit Autismussyndrom), die in einem kleinen Teilbereich außerordentliche Fähigkeiten besitzen, die häufig auf die oben postulierte unbegrenzte Behaltensdauer und den unbegrenzten Behaltensumfang schließen lassen.

Beispiel

Einige Inselbegabte haben herausragende Rechenfähigkeiten. So können sie z. B. auf die Frage: „Wie viel ist 42 dividiert durch 83?" die sofortige Antwort mit der Angabe von 10 Nachkommastellen geben oder weisen schier unglaubliche Behaltensfähigkeiten auf (z. B. fehlerfreie Wiedergabe eines Telefonbuchs oder eines Lexikons nach einmaligem Durchsehen).

Man geht davon aus, dass die *kognitiven Filtersysteme* (→ Kap. 2.2.2), die im Normalfall eine Reizüberflutung verhindern, gestört sind. Dadurch kommt es – je nach Schweregrad – zu Schwierigkeiten im selbstständigen Bewältigen des Lebensalltags einerseits, aber zu herausragenden Leistungen in kleinen, oftmals bizarr anmutenden Teilbereichen andererseits. Der bekannt gewordene Film „Rain Man" schildert den Fall eines inselbegabten Mannes.

Rechen- oder Gedächtniskünstler, die sich solche erstaunlichen Leistungen durch die Entwicklung und Verfeinerung von Rechenalgorithmen oder Behaltensstrategien erarbeitet haben, bezeichnet man natürlich nicht als Inselbegabte. Im Gegensatz zum letztgenannten Personenkreis sind sie durchaus in der Lage, sich problemlos im Alltag zu bewegen.

Speicherformat Neben den Kapazitätsmerkmalen ist auch das *Speicherformat* im Langzeitgedächtnis von Interesse: Informationen im Langzeitgedächtnis sind *unbewusst*. Wir erinnern uns, dass erst durch den Transfer der Informationen aus dem Langzeitgedächtnis in das Arbeitsgedächtnis bewusste Inhalte entstehen. Innerhalb der unbewussten Informationen unterscheidet man zwischen den *vorbewussten* und den *unterbewussten* Inhalten.

Definition

Informationen im Langzeitgedächtnis nennt man:

- ▶ **vorbewusst**, wenn sie einmal bewusst waren, sich also schon im Arbeitsgedächtnis befanden,
- ▶ **unterbewusst**, wenn sie noch nicht bewusst waren, sich also noch nicht im Arbeitsgedächtnis befanden.

Der Unterschied kann durch den Prozess der Aktivationssummation und das Konzept der Aktivationsschwelle (→ Kap. 2.2.2) verdeutlicht werden. Perzepte als Endprodukte des Wahrnehmungsprozesses besitzen einen bestimmten Grad an Aktivation, der aus dem Wahrnehmungsvorgang selber und dem Pertinenzmechanismus resultiert. Überschreitet dieser Aktivationsgrad die Bewusstseinsschwelle, so fließt das entsprechende Perzept in das Arbeitsgedächtnis und wird damit bewusst.

Als Beispiel greifen wir auf das Fleckenmuster mit dem Dalmatiner zurück (→ Abb. 2.14). Mit der Bedeutungsanreicherung im Zuge der Perzeptbildung wird der Hund erkannt. Zusätzlich besitzt das Perzept durch die fokussierte Aufmerksamkeit („Was siehst du in dem Fleckenmuster?") einen hohen Aktivationsgrad, so dass es bewusst wird.

vorbewusst Wenden wir die Aufmerksamkeit anderen Inhalten zu, wird das Perzept aus dem Arbeitsgedächtnis verdrängt. Ist das Bild bzw. die dazugehörige Situation inzwischen im Langzeitgedächtnis gespeichert worden, so hat es das vorbewusste Speicherformat angenommen und kann durch den Erinnerungsvorgang bewusstgemacht werden.

unterbewusst Was aber passiert mit jenen Informationen, die die Aktivationsschwelle nicht überschreiten und somit nicht in das Arbeitsgedächtnis weiterfließen? Auch diese Perzepte sind im Langzeitgedächtnis, befinden sich dort aber im Zustand unterbewusster Informationen. Wurde einem Studierenden nicht bewusst, welches Hemd der Dozent bei der Erläuterung des Fleckenmusters unter seinem grünen Jackett trug, so ist diese Information zwar im Langzeitgedächtnis (vgl. bspw. das Experiment von

Eich (1984), → Kap. 2.2.1), aber unterbewusst gespeichert. Die Konsequenz aus der Unterscheidung zwischen vor- und unterbewusst ist gravierend:

▶ *Vorbewusste Informationen* können mit mehr oder weniger großer Anstrengung intentional aus dem Langzeitgedächtnis abgerufen und in das Arbeitsgedächtnis transferiert werden.
▶ *Unterbewusste Informationen* entziehen sich dem intentionalen Abruf aus dem Langzeitgedächtnis, beeinflussen aber dennoch die gleichzeitig oder später ablaufenden kognitiven Prozesse.

In Abbildung 2.28 ist die Unterscheidung von vor- und unterbewusster Information grafisch veranschaulicht.

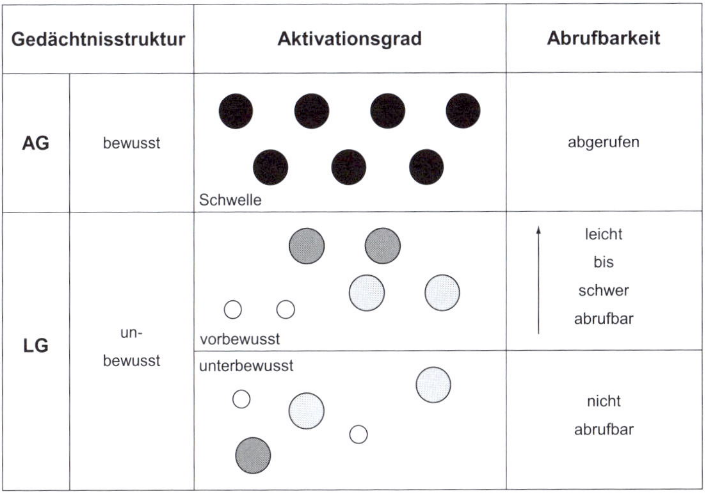

Gedächtnisstruktur		Aktivationsgrad	Abrufbarkeit
AG	bewusst	(Punkte über Schwelle)	abgerufen
LG	un-bewusst	vorbewusst / unterbewusst	leicht bis schwer abrufbar / nicht abrufbar

Abb. 2.28

Die Unterscheidung von bewussten Informationen im Arbeitsgedächtnis und unbewussten im Langzeitgedächtnis sowie von vor- und unterbewussten Informationen innerhalb des Langzeitgedächtnisses

Dekodieren | 2.4.2

Abbildung 2.28 illustriert noch einen weiteren wesentlichen Gesichtspunkt, mit welchem wir uns im weiteren Verlauf beschäftigen wollen: Vorbewusste Informationen sind unterschiedlich leicht abrufbar. Dieses Phänomen kennt jeder Mensch aus eigener Anschauung. Manche Dinge kann man leicht erinnern, andere dagegen sind nur schwer oder scheinbar gar nicht abrufbar. Den Vorgang des Abrufens von Informationen aus dem Langzeitgedächtnis nennt man auch Erinnern oder Dekodieren. Zwei Aspekte sollen dabei herausgegriffen werden:

- Dekodieren in Abhängigkeit vom Grad der Aktivation vorbewusster Inhalte.
- Dekodieren als Rekonstruktionsprozess.

Dekodieren und Aktivation

Die Abbildung 2.28 verdeutlicht, dass es Unterschiede in der Leichtigkeit des Abrufs vorbewusster Inhalte gibt. Diese Kennzeichnung geschieht durch die Größe und Färbung der Kreise, die für die Begriffe im Langzeitgedächtnis stehen. Die Größe wird ihrerseits bedingt durch den Grad an Aktivation, den die Begriffe aufweisen. Angedeutet ist auch die Aktivationsschwelle, die erreicht bzw. überschritten werden muss, wenn Informationen bewusst werden sollen. Je höher der Grad an Aktivation der Inhalte ist, desto näher befindet sich der Begriff an der Aktivationsschwelle.

Wovon ist der Aktivationsgrad der vorbewussten Inhalte im Langzeitgedächtnis abhängig? Wir greifen drei Einflussgrößen heraus, die nicht völlig unabhängig voneinander sind:

- das Alter der Informationen,
- die Häufigkeit der Nutzung und
- ihr Selbstbezug.

Alter Mit zunehmendem *Alter* nimmt der Grad an Aktivation von Informationen im Gedächtnis ab. Wird in der Schule eine Fremdsprache gelernt, so fällt es mit zunehmendem zeitlichen Abstand immer schwerer, die Vokabeln zu erinnern. Die Aktivation kann so weit sinken, dass ein bewusster Abruf nicht mehr möglich ist. Mit sensibleren Methoden, wie dem *Wiedererkennen* oder dem *Abruf unter Hypnose* kann man zeigen, dass die Informationen nicht wirklich vergessen sind.

Häufigkeit der Nutzung Wird die erlernte Fremdsprache jedoch benutzt, so wird der Grad der Aktivation mit jeder erneuten Verwendung aufgefrischt. Die *Häufigkeit der Nutzung* bewirkt somit eine entsprechende Aufrechterhaltung der Aktivation und damit der Abrufbarkeit. Diesen Zusammenhang kennt man im Unterrichtsgeschehen auch aus der positiven Wirkung von Wiederholungen (Übung).

Selbstbezug Vorbewusste Informationen weisen immer dann einen hohen Aktivationsgrad auf, wenn sie einen starken *Bezug zum Selbstbild* haben. Das heißt mit anderen Worten, dass alle Informationen mit hoher Relevanz für eine Person (eigener Name, Adresse, Eltern, Geschwister, Freunde, Kollegen, Arbeitgeber usw.) hoch aktiviert und daher gut abrufbar sind.

Das Selbstbild wird durch solche Einzelinformationen, aber auch durch das Wissen über die stabileren eigenen Interessen (z. B. Sport treiben), Ziele (fremde Kulturen kennenlernen) und Überzeugungen (Pünktlichkeit, Höflichkeit und Zuverlässigkeit vorleben) etabliert und weist von daher einen relativ stabilen Kern mit veränderlichen aktuellen Erfahrungen auf. Im Pertinenzmechanismus (→ Kap. 2.2.2) haben wir bereits ein verwandtes Konzept kennengelernt, das im Zuge der Perzeptbildung zum Aktivationsgrad beiträgt.

Dekodieren als Rekonstruktionsprozess

Den Vorgang des Wahrnehmens verstehen wir als die *Konstruktion* eines internen Abbilds einer physikalischen Umwelt, die von der objektiven Reizgrundlage abweicht, weil sie daten- bzw. konzeptgesteuerten Prinzipien folgt (→ Kap. 2.1.5). Den Vorgang des Enkodierens (Speicherns) verstehen wir als die *Anbindung* von im Arbeitsgedächtnis aktuell bewussten Informationen an im Langzeitgedächtnis vorhandene vorbewusste, assoziations- bzw. bedeutungsverwandte Informationsbestände. Den Vorgang des Dekodierens (Erinnerns) verstehen wir als *Rekonstruktion* der enkodierten, vorbewussten Informationen aus dem Langzeitgedächtnis.

Rekonstruktion

Definition

Der Vorgang des **Dekodierens** (Erinnerns) resultiert nicht in einer 1:1-Kopie der Informationen aus dem Langzeitgedächtnis in das Arbeitsgedächtnis, sondern repräsentiert eine Wiederherstellung einer im Langzeitgedächtnis gespeicherten Information, in die Zusatzinformationen aus zwischenzeitlichen Vorgängen und dem aktuellen Arbeitsgedächtnisinhalt eingehen.

In den nachstehenden Erörterungen sollen einige Einflussgrößen dieses Rekonstruktionsprozesses nachgezeichnet werden. Die im vorliegenden Kontext relevant erscheinenden Determinanten sind:

▶ die *Enkodierungsspezifität* und
▶ das *zwischenzeitliche Geschehen* mit der Zeugenbefragung und dem Rückschau-Effekt.

Jeder Mensch hat schon die Erfahrung gemacht, dass das Erinnern von Informationen, Situationen und Ereignissen dann leichter fällt, wenn man sich in einem Kontext befindet, der jener Situation ähnelt, in welcher man sich beim Einprägen befunden hat. So ist es z.B. hilfreich, schon bei der Prüfungsvorbereitung jene Situation zu simulieren, die

Enkodierungsspezifität

Abb. 2.29

Determinanten der Dekodierung: Wovon hängt das Erinnern ab? Wie werden Informationen aus dem Langzeitgedächtnis rekonstruiert?

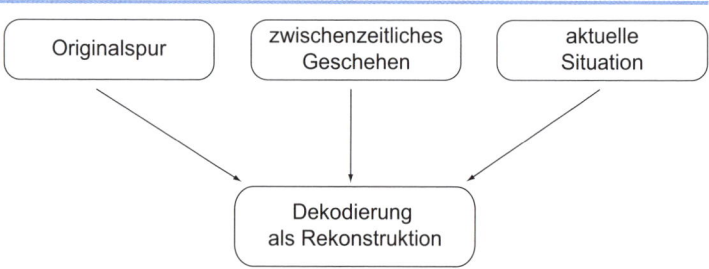

man später beim Abruf in der Prüfungssituation vorfinden wird. So kann man für eine mündliche Prüfung die Abfragesituation üben, indem man sich von Studienkollegen Fragen stellen lässt und laut bestmöglich zu antworten versucht.

Definition

Der Begriff **Enkodierungsspezifität** beschreibt somit eine Interaktion von Enkodierungs- und Abrufsituation: Beim Enkodieren von Informationen werden Merkmale aus dem Kontext mitgespeichert (z. B. die Befragungssituation oder die eigene Stimmung). Dadurch ist die Erinnerung an die Informationen am leichtesten, wenn der Kontext beim Abruf dem Kontext beim Lernen möglichst ähnlich ist.

Studie

Eine aussagekräftige und außergewöhnliche Untersuchung zu diesem Thema legten Godden und Baddeley (1975) vor. Ihre Vpn waren Taucher, die unter Wasser oder außerhalb des Wassers eine Liste von Wörtern lernen mussten (Enkodierungskontext). Das Gleiche gilt für den Dekodierungskontext: Die gelernten Wörter mussten entweder unter Wasser oder an Land wiedergegeben werden. Daraus ergaben sich vier Kontextkombinationen:

- ▶ Wasser – Wasser,
- ▶ Land – Land,
- ▶ Wasser – Land und
- ▶ Land – Wasser.

Gemäß den Annahmen zur Enkodierungsspezifität müssten die Kombinationen a und b mit hoher Kontextähnlichkeit zu besseren Reproduktionsleistungen führen als die Kombinationen c und d mit geringer Kontextähnlichkeit. Die Ergebnisse belegen die Vorhersagen überzeugend.

Zum Kontext zählt auch die eigene Stimmung. Das bedeutet im Zuge einer analogen Argumentation, dass die Erinnerungsleistung dann am besten ist, wenn die Stimmung (traurig, freudig usw.) in beiden Situationen möglichst ähnlich ist. Das Phänomen der Enkodierungsspezifität wird deshalb auch als *kontext- bzw. stimmungsabhängiges Lernen und Erinnern* bezeichnet.

Neben der Enkodierungsspezifität nimmt das *zwischenzeitliche Geschehen* wesentlichen Einfluss auf den Prozess des Dekodierens. Beispiele dafür entstammen den Bereichen der Zeugenaussagen und des Rückschaufehlers.

Die Forschung zu Zeugenbefragungen bzw. *Zeugenaussagen* beschäftigt sich mit der Frage, wie sich ursprüngliche Erinnerungen an eigene Beobachtungen (z. B. eines Unfallgeschehens) durch spätere Einflüsse (z. B. Informationen aus einer Unterhaltung über den beobachteten Unfall) verändern können.

Elisabeth Loftus, die sich als erste mit diesem Themenbereich beschäftigte, vertritt die These, dass Zeugenaussagen durch spätere Informationen zum fraglichen Ereignis stark beeinflusst werden können, da insbesondere inkonsistente Informationen die ursprüngliche Gedächtnisspur überschreiben. Mit anderen Worten: Die ursprünglich enkodierten Informationen können beim Rekonstruktionsvorgang im Zeugenstand durch die nachträglichen Informationen (auch durch die Art der Zeugenbefragung) verändert werden (Loftus & Palmer 1974).

Die Autoren zeigten ihren Vpn einen Film, in welchem ein Verkehrsunfall festgehalten war: Zwei PKW stießen zusammen. Danach mussten sie die Geschwindigkeit beim Zusammenstoß schätzen.

Die Frage war für die fünf Vpn-Gruppen unterschiedlich formuliert. Für die erste Gruppe lautete sie beispielsweise: „Wie schnell etwa fuhren die PKW, als sie sich berührten?" Bei der dritten Gruppe lautete das Verb „zusammenstießen" und in der fünften Gruppe „ineinanderkrachten". Die Fragen legen somit eine immer größere Geschwindigkeit beim Zusammenstoß nahe. Die Ergebnisse bestätigten den erwarteten Effekt (→ Abb. 2.30).

zwischenzeitliches Geschehen

Zeugenaussagen

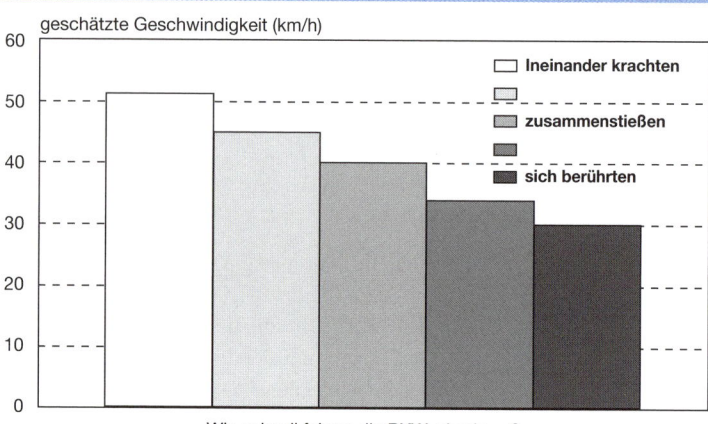

Abb. 2.30

Die geschätzte Geschwindigkeit in Abhängigkeit von der Formulierung der Frage (Loftus & Palmer 1974)

Loftus und Palmer interpretieren den Effekt als die Überlagerung der ursprünglichen Gedächtnisspur aus dem Film mit den aktuellen Informationen im Arbeitsgedächtnis durch die Befragung.

Es gibt inzwischen eine Reihe alternativer Erklärungsversuche für Erinnerungsfehler bei Zeugenaussagen. So postuliert man auch die Annahme, dass die alte Gedächtnisspur durch die jüngeren Informationen nicht ersetzt wird, sondern dass zwei konkurrierende Spuren bestehen, die Fehler verursachen können (Bekerian & Bowers 1983). Es ist an dieser Stelle nicht nötig, alle Modelle zu besprechen oder sie gegeneinander abzuwägen. Vielmehr illustrieren die Erinnerungsfehler in klarer Weise, dass das Dekodieren von Informationen im Langzeitgedächtnis nicht einem Kopiervorgang, sondern einem Rekonstruktionsprozess entspricht.

Rückschaufehler

Beim *Rückschaufehler* (engl. *hindsight bias*) handelt es sich um einen systematischen Urteilsfehler, bei dem eine Person im Nachhinein glaubt, etwas gewusst zu haben, was sie nachweislich aber nicht gewusst hat.

In typischen Experimenten werden Probanden gebeten, z. B. die Höhe des Eiffelturms einzuschätzen. Anschließend wird ihnen die tatsächliche Höhe mitgeteilt. Es wird eine Vielzahl solcher Einschätzungen in Folge abgefragt, so dass das Erinnern erschwert wird. Kennzeichen aller Einschätzungen ist die Unsicherheit, denn wer kennt schon die genaue Höhe des Eiffelturms, die Länge des Amazonas, den durchschnittlichen jährlichen Pro-Kopf-Verbrauch an Butter in Bayern usw.

Wenn die Vpn dann einige Stunden oder Tage später nach ihrer ursprünglichen Einschätzung gefragt werden, verändert sich ihr Urteil in Richtung auf die objektiv richtige Antwort. Der Rückschaufehler tritt selbst dann auf, wenn die Vpn das Phänomen kennen oder motiviert sind, sich richtig zu erinnern (z. B. Bayen et al. 2006). Als Ursache nimmt man u. a. eine Überlagerung der zeitlich früher im Gedächtnis gespeicherten Informationen durch zeitlich spätere Informationen zum gleichen Themenbereich an.

Definition

Der **Rückschaufehler** bezeichnet das Phänomen, dass Menschen, nachdem sie die korrekten Ausprägungen von unbekannten Sachverhalten erfahren haben, sich systematisch falsch an ihre früheren Einschätzungen erinnern. Sie tendieren unbewusst dazu, ihre ursprünglichen Schätzungen in Richtung der tatsächlichen Werte zu verändern.

Die Verwandtschaft des Rückschaufehlers zu den Erinnerungsfehlern bei den Zeugenaussagen ist offenkundig: In beiden Fällen können themenverwandte Ereignisse, die zwischen der ersten Aufnahme der fraglichen Informationen und deren instruierten Wiedergabe stattgefunden haben, das Erinnerungsergebnis fehlerhaft verändern. Für den Vorgang der Dekodierung von Informationen aus dem Langzeitgedächtnis liegt damit ein weiteres Phänomen vor, welches illustriert, dass es sich dabei um eine Rekonstruktion und nicht um das Kopieren von Informationen handelt.

Wissensrepräsentation | 2.4.3

Wir haben verstanden, dass Informationen im Langzeitgedächtnis für unbegrenzte Zeit und in unbeschränktem Umfang behalten werden können. Wir haben weiterhin gelernt, dass diese Informationen im Langzeitgedächtnis unbewusst sind. Schließlich ist deutlich geworden, dass das Erinnern dieser Informationen einen aktiven Vorgang des Transfers in das Arbeitsgedächtnis darstellt, der einem Rekonstruktionsprozess entspricht.

In welcher Form aber sind diese Informationen eigentlich im Langzeitgedächtnis abgespeichert? Wie sind sie intern repräsentiert? Es gibt verschiedene Modellvorstellungen dazu. Eine Auswahl wollen wir uns in den folgenden Abschnitten näher ansehen. Vorher gilt es aber noch, einige Begriffe zu beleuchten, die bisher nicht systematisch unterschieden wurden, deren Präzisierung im weiteren Verlauf des Textes aber durchaus hilfreich ist. Dabei handelt es sich um die Begriffe *Information*, *Erfahrung* und *Wissen*.

Information, Erfahrung und Wissen

Definition

Eine **Information** ist ursprünglich im Sinne der Nachrichtentechnik eine Neuigkeit; wenn wir Nachrichten hören, erwarten wir Neuigkeiten. Der Informationsgehalt der Neuigkeiten (Nachrichten) ist besonders groß, wenn ihr Überraschungswert groß ist.

Im Rahmen der Informationsverarbeitungsmodelle zur menschlichen Kognition hat der Begriff der Information eine Erweiterung erfahren: Dazu gehören alle konstruierten, rekonstruierten bzw. neukonstruierten Wahrnehmungs- und Vorstellungsergebnisse, Erinnerungsresultate, Denk- und Problemlöseprodukte usw. Interne Repräsentationen solcher Prozesse und ihrer Ergebnisse, die den kognitiven Apparat durchlaufen und in den zugehörigen Strukturen behalten werden, sind in diesem allgemeinen Sinne Informationen.

Erfahrung

Unter *Erfahrungen* versteht man die Produkte kognitiver Abläufe mit einem bedeutsamen Ausmaß an Selbstbeteiligung. Erfahrungen sind auch Informationen. Wenn wir aber bewusst von Erfahrungen sprechen, dann ist damit gemeint, dass die eigene Person bei deren Erwerb eine aktive Rolle gespielt hat.

Das Ergebnis eines Fußballspiels im Radio gehört zu haben, entspricht dem Erwerb einer *Information*. Das Fußballspiel selbst gesehen zu haben, führt zu einer *Erfahrung*, und selbst mitgespielt zu haben, würde den Eindruck noch verstärken, eine Erfahrung gemacht zu haben.

Bei Erfahrungen spielen Emotionen häufig eine erhebliche Rolle (→ Kap. 3.3). Die häufig gehörte Aussage: „Ich musste schmerzlich erfahren, dass der Unterricht in der Mittelstufe aufreibend ist!", steht beispielhaft für diesen Aspekt.

Wissen

Von *Wissen* spricht man häufig erst dann, wenn nicht nur einzelne Informationen (Daten, Fakten) vorliegen, sondern diese mit weiteren Informationen in vielfältigen Beziehungen vernetzt sind. Albert Einstein formuliert diese Überlegung mit folgenden Worten: „Informationen sind noch kein Wissen". Im sprachlichen Kontext dominiert somit der Aspekt der vernetzten internen Repräsentation von Informationen, Erfahrungen und Erkenntnissen. Im folgenden Abschnitt werden wir auf verschiedene Vorstellungen zur internen Wissensrepräsentation zu sprechen kommen.

Im Kontext der pädagogischen Psychologie erhält der Wissensbegriff zusätzlich eine Konnotation mit der Situation der Erziehung, des Unterrichts und der Bildung. Natürlich kann man auch hierbei Informationen und Erfahrungen sammeln, aber im engeren Sinne ist es in diesem Kontext das Ziel, gut vernetztes Wissen zu erwerben.

Zusammenfassend kann man feststellen, dass Informationen Erkenntnisse darstellen, die auf dem Weg des Wahrnehmens, Erinnerns und Denkens produziert werden und die im Kontext der aktiven (emotionalen) Selbstbeteiligung zu Erfahrungen und im Bildungskontext zu Wissen werden.

Organisationsformen

Man unterscheidet verschiedene *Formen der Wissensrepräsentation* (Tulving 1972). Die verschiedenen Zugänge beziehen sich auf den Aspekt:

▶ einer *bildhaften vs. sprachlichen Repräsentation*,
▶ einer *deklarativen vs. prozeduralen Repräsentation* sowie
▶ einer *episodischen vs. semantischen Repräsentation*.

Die erste Unterscheidung zur Form der Wissensrepräsentation betrifft das *bildhafte vs. sprachliche Format*.

bildhaftes vs. sprachliches Format

Ein erstes Modell zu diesen Überlegungen geht auf Allan Paivio zurück. In seiner dualen Kodierungstheorie unterscheidet Paivio (1971) die Verarbeitung von Sprache und Bildern. Seine Hypothese dazu lautet, dass zwei unabhängige kognitive Systeme existieren:

▶ das *verbale System* (konzeptionelle Informationen: z. B. Zugehörigkeit zu Kategorien) und
▶ das *imaginale System* (physikalische Attribute: Farbe, Form etc.).

Es besteht eine bidirektionale Verbindung zwischen den Systemen, da Vorstellungen sprachlich beschreibbar und initiierbar sind. Einige zentrale Aussagen des Modells lauten:

▶ Das Wort „Rose" kann, muss aber nicht, zu einer bildhaften Vorstellung führen.
▶ Das Bild der Rose führt mit größerer Wahrscheinlichkeit zur doppelten Kodierung.
▶ Konkrete Worte werden besser behalten als abstrakte.

Einige Folgerungen, die nachstehend aufgeführt werden, und viele weitere Ableitungen aus dem Modell konnten empirisch nachgewiesen werden:

▶ Die Präsentation von Bild und zugehörigem Wort muss – insbesondere bei sehr kurzen Präsentationszeiten – zu besseren Behaltensleistungen führen als nur die Bild- oder nur die Wort-Präsentation.

▶ Die Präsentation eines Bildes führt, wenn die Zeiten nicht zu kurz sind, zur dualen Kodierung (Bild und Wort) und damit zu besseren Behaltensleistungen (vorausgesetzt das zugehörige Wort ist bekannt).
▶ Die Zuordnung von Bildern zu Kategorien muss länger dauern als die Zuordnung von Worten, da die Zuordnung durch das verbale Gedächtnis erfolgt.

Der wohl wesentlichste Unterschied zwischen sprachlicher und bildlicher Information liegt in der Art der Darbietung der Information. *Sprachliche Informationen* liegen immer in einer bestimmten Sequenz vor, wohingegen *bildliche Informationen* parallel vorliegen. Erst durch den Akt der Verarbeitung entsteht aus einer visuellen Information eine Sequenz, die durch den Wahrnehmenden erzeugt wird. Eine Kombination beider Kodierungsformen bietet sich für einen Lehrenden daher an.

Beispiel

Beim Vokabellernen gilt es z. B., nicht nur entsprechende Wortpaare zu präsentieren, sondern auch mit entsprechendem Bildmaterial zu arbeiten. Die Informationen werden hierdurch sinnvoll miteinander verknüpft und liegen anschließend dualkodiert vor.

Die Methode kann aber auch für bestimmte Fremdwörter eingesetzt werden. Wird beispielsweise der Begriff *Mnemotechnik* eingeführt, wird der Lehrer zunächst ein Bild der Göttin des Gedächtnisses, *Mnemosyne*, präsentieren. Hierdurch wird den Schülern ein späteres Erinnern an den Fachbegriff erleichtert, die Mnemotechnik liegt nun visuell verknüpft vor.

Über solche Abrufeffekte hinaus zeigt es sich, dass sich komplexe Sachverhalte durch eine graphische Darbietung wesentlich schneller und effektiver verarbeiten lassen als bei einer rein sprachlichen Erläuterung. Hierbei muss der Lehrer darauf achten, dass die bildlichen Informationen in unterschiedlicher Sequenz beim Schüler eintreffen, da dieser die Abfolge selbstständig bestimmt.

deklaratives vs. prozedurales Format Die zweite Unterscheidung in der Form der Wissensrepräsentation bezieht sich auf *deklarativ vs. prozedural*.

Definition

Als **deklaratives Wissen** wird faktisch vorhandenes Wissen bezeichnet, auf das in der Regel bewusst zugegriffen werden kann, weshalb es auch als Faktenwissen bezeichnet wird.

Ein **prozedurales Wissen** ist ein praktisch brauchbares Wissen (Lösungsstrategien, motorische Programme), das oft in Form von automatisierten und insofern unbewussten Verarbeitungsroutinen vorliegt.

Beispiel

Das gesamte vorbewusst abgespeicherte Wissen im Langzeitgedächtnis kann man im Sinne der Definition als *deklarativ* bezeichnen. Die beiden folgenden Fragen suchen nach deklarativem Wissen:

▶ Was ist die Hauptstadt von Italien?
▶ Wie lang ist der Amazonas?

Die im Verlauf des Lebens automatisierten Abläufe (Laufen, Treppen steigen, Auto fahren, Maschine schreiben usw.) stellen *prozedurales Wissen* dar. Aber nicht nur motorische Abläufe zählen dazu, sondern auch kognitive Prozesse wie das Planen und Problemlösen (→ Kap. 2.5), bei denen Operationen eingesetzt werden, die wir uns häufig kaum bewusst machen können.

Etwas ausführlicher wollen wir uns die dritte Differenzierung zwischen Wissensrepräsentationen ansehen, dem *episodischen* und dem *semantischen Gedächtnis* (→ Abb. 2.27). Hierbei können wir direkt die im vorangehenden Kapitel vorgetragenen Überlegungen und Definitionen aufgreifen.   episodisches und semantisches Gedächtnis

Im episodischen Gedächtnis sind *raum-zeitlich spezifizierte Ereignisse*, die *Episoden*, gespeichert, an denen die betreffende Person selbst aktiv beteiligt war. Die Verwandtschaft zu dem Erfahrungsbegriff mit dem Aspekt der aktiven Selbstbeteiligung ist augenfällig. Das Erleben eines Fußballspiels im Stadion (z. B. Real Madrid – Manchester United im Jahr 2009 mit dem Ergebnis 1:2) wäre eine Episode, die räumlich und zeitlich eingegrenzt ist und im episodischen Gedächtnis zusammen mit einer gewaltigen Anzahl weiterer Episoden entlang einer Zeitachse abgelegt ist.   episodisches Gedächtnis

Das *semantische Gedächtnis* enthält das organisierte Wissen einer Person über die Welt in sprachlich-begrifflicher Form. Es enthält die Bedeutung von Begriffen und die Relationen zwischen ihnen. Sofort fällt hier die Verwandtschaft zum Wissensbegriff auf, da auch hier der Aspekt der Vernetzung von Begriffen hervorgehoben wird. Das Ergebnis des Fußballspiels wäre im Beispiel zahlenmäßig – aber „entkleidet" von der Episode und mit Bezug auf die Tabellensituation – gespeichert.   semantisches Gedächtnis

Die Mitteilung des Ergebnisses im Radio würde im semantischen Gedächtnis zu einem vergleichbaren Eintrag führen. Die Speicherung im episodischen Gedächtnis würde dagegen allein die Nachrichtensendung umfassen.

Interaktion

Man darf sich diese beiden Gedächtnissysteme *nicht als voneinander isoliert operierend* vorstellen. Vielmehr liegt – wie die Namen schon aussagen – der Schwerpunkt im einen Fall mehr auf der aktiven Erfahrung in einem bildhaften Speicherformat und im anderen Fall auf dem vernetzten Wissen in einem semantischen Speicherformat. Außerdem können die beiden Gedächtnissysteme interagieren, indem zusätzlich zum fraglichen Wissen aus dem semantischen Gedächtnis – bei Bedarf – die visuell repräsentierte Erfahrung aus dem episodischen Gedächtnis erinnert wird.

Netzwerkmodelle

Die besprochene Organisation von Informationen zu Wissen im semantischen Gedächtnis wird häufig mit Hilfe von *semantischen Netzen* erklärt. Dabei wird davon ausgegangen, dass Menschen zunächst über einfache Informationen (Fakten, Erkenntnisse) der Art „Kanarienvögel sind Vögel" oder „Vögel haben Federn" verfügen. Setzt man derartige Informationen miteinander in Beziehung, so ergeben sie ein semantisches Netz (Wissensnetz) und erlauben mit einer gewissen Sicherheit das Erschließen weiterer Fakten, wie z. B. „Kanarienvögel haben Federn".

Ein komplexes semantisches Netz ist eine ökonomische Form der Wissensrepräsentation: Merkmale, die allgemein auf Vögel zutreffen (z. B. haben Federn, legen Eier), müssen nicht für jede Vogelart neu gespeichert werden; das Gleiche gilt für Merkmale, die allgemein auf Tiere zutreffen (können atmen, bewegen sich).

hierarchisches Netzwerkmodell

Von Collins & Quillian (1972) stammt das erste *hierarchische Netzwerkmodell*, das in zahlreichen Untersuchungen experimentell überprüft wurde (→ Abb. 2.31). Die Begriffe bilden die Knoten und die Beziehungen zwischen den Begriffen die Fäden des semantischen Netzes.

Das Wissen ist *hierarchisch geordnet*. Auf der untersten Ebene (1. Ebene) sind als Knoten des Netzes die konkreten Begriffsvertreter angesiedelt (Kanarienvogel, Rotkehlchen usw.), darüber (2. Ebene) der entsprechende abstrahierende Oberbegriff (Vogel) und auf der dritten Ebene eine weitere Abstraktion (Tier). Jeder Knoten hat Relationen (Fäden). So hat Kanarienvogel die Relation „ist gelb" und Vogel die Relation „hat Flügel".

In den Experimenten mussten die Vpn eine Vielzahl von Sätzen der Art „Vögel haben Federn" oder „Vögel können bellen" danach beurteilen, ob die Aussagen jeweils richtig oder falsch sind. Die Autoren postu-

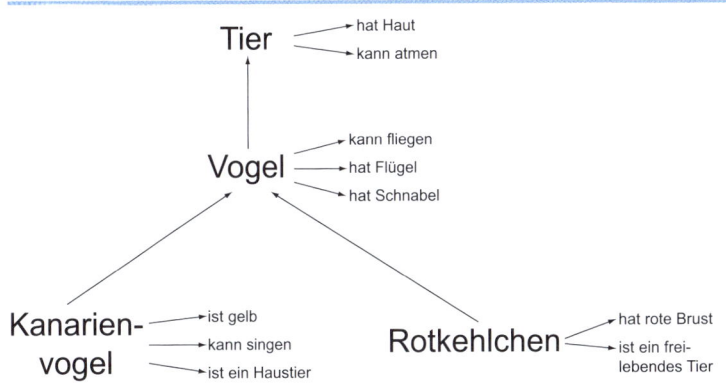

Abb. 2.31

Die hierarchische Netzwerkstruktur des semantischen Gedächtnisses nach Collins & Quillian (1972)

lierten, dass die neuronale Erregung für das Durchlaufen der Relationen zwischen den Knoten des semantischen Netzes Zeit benötigt. Die Hypothese war, dass mit zunehmender Anzahl zu durchlaufender Knoten die Urteile messbar länger dauern müssten (also z. B. die Beurteilung des Satzes „ein Kanarienvogel ist gelb" im Vergleich zum Satz „ein Kanarienvogel kann atmen").

Diese Hypothese bestätigte sich weitgehend. Abweichungen bilden häufig verwendete Informationen oder typische Begriffe, die sehr schnell beurteilt wurden, auch wenn nach dem Modell mehrere Knoten zu durchlaufen waren (z. B. „ein Delfin kann atmen"). Collins und Quillian (1972) berücksichtigen diese Erkenntnis in ihrem Modell, indem sie annahmen, dass häufig verwendete Informationen direkt an einem entsprechenden Knoten gespeichert werden, so dass keine zeitintensive Suche im semantischen Netz notwendig ist („ein Rotkehlchen kann fressen").

typische Begriffe

Das Modell hat zudem den Vorteil, dass es mit *Ausnahmen* arbeiten kann. So kann ein typisches Merkmal von Vögeln (z. B. „kann fliegen") beim entsprechenden Knoten gespeichert werden (2. Ebene), auch wenn nicht alle Vögel fliegen können. Die Ausnahmen werden direkt beim entsprechenden Begriffsvertreter (wie „ein Strauß kann nicht fliegen", 1. Ebene) gespeichert.

Ausnahmen

Schematheorie

In Erweiterung der Netzwerkansätze hat man versucht, thematisch zusammengehörige Wissenseinheiten als *Schema* zu beschreiben. In einem Schema werden zunächst relevante Merkmale für eine bestimmte Menge (Menschen, Tiere, Gegenstände, Ereignisse usw.) festgelegt. So könnten etwa für die Menge der Vögel die folgenden Merkmale herausgegriffen

Schema

werden: Körperbedeckung, Fortbewegung, Behausung, Anzahl der Nachkommen. Im Folgenden wird ein *Standardschema* festgelegt, in dem die prototypischen Eigenschaften definiert werden. Für *Vogel* könnte das Schema etwa wie folgt aussehen:

▶ Körperbedeckung: Federn
▶ Fortbewegung: Fliegen, Laufen
▶ Behausung: Nest
▶ Anzahl der Nachkommen: 1 bis 6

Für Teilmengen wie Kanarienvogel oder Strauß kann dieses Standardschema gegebenenfalls in ein spezifischeres Schema verändert werden. Dies wäre bei Ausnahmen („ein Strauß kann nicht fliegen") oder spezifischeren Informationen (etwa zur Anzahl der Nachkommen) notwendig.

Schemata sind demnach der begriffliche Rahmen oder kompakte Anordnungen von Wissen über Gegenstände, Menschen, und Situationen. Der Mensch verbindet somit alle Informationen, die er speichern will, mit bereits gespeicherten Informationen und fasst sie zu Einheiten, den Schemata, zusammen.

Beispiel

Alles was wir beispielsweise über einen *Discobesuch* erfahren, verbinden wir zu einer Einheit, zu einem Schema, so dass folglich all unser Wissen über Discos im Schema „Disco" zusammengefasst ist. Im Schema „Discobesuch" ist wahrscheinlich gespeichert, wie Discos aussehen, dass man dort Musik hört, tanzt, Kontakte knüpft, Getränke konsumieren muss usw.

Schemata sind nicht von Dauer, sondern können sich mit dem Wechsel der Ereignisse im Laufe der Zeit verändern. So wird das Disco-Schema heute schon gelegentlich durch das „Club-Schema" ersetzt, wobei dieses breiter angelegt ist, aber den Discobegriff in seiner engeren Bedeutung umfasst.

aktive Komponenten

Schemata bilden integrierte, veränderbare, wenngleich relativ stabile, hierarchisch geordnete Wissensstrukturen. Zudem sind sie gekennzeichnet durch *aktive Komponenten*. So geht Neisser (1976) davon aus, dass Schemata Informationen aus dem Wahrnehmungsvorgang herausfiltern und gleichzeitig durch diesen Vorgang selbst verändert werden. So kann das Erscheinen eines „älteren Paares" dazu führen, dass das

Schema vom Discobesuch dahingehend erweitert wird, dass sich gelegentlich auch Personen, die älter als 25 Jahre sind, in einer Disco aufhalten.

Schemata steuern somit das Explorationsverhalten, um weitere Informationen verfügbar zu machen, damit Vermutungen und Erwartungen (Antizipationen, Hypothesen) abgesichert werden können. Sie ermöglichen und kontrollieren sogar die Ableitung von Schlussfolgerungen, die aus ihrer Wissensstruktur bzw. ihrer Überlagerung mit anderen Wissensstrukturen möglich werden (Bartlett 1958; Rumelhart 1977). Auf das Beispiel bezogen könnte eine Folgerung darin bestehen, dass sich Eltern durchaus auch für die Musik und das Freizeitverhalten ihrer Kinder interessieren können.

In diesem Sinne haben Schemata eine doppelte Funktion: Sie enthalten Struktur- und Prozessanteile. Die Konzeptsteuerung im Wahrnehmungsvorgang (Mustererkennung, Perzeptbildung, → Kap. 2.1.5) lässt sich mit diesem dualen Schemakonzept reibungslos in Einklang bringen.

Schemata sind durch *Übung*, *Elaboration* und *Organisation* entstanden. Diese Prozesse des Wissenserwerbs wollen wir im folgenden Abschnitt in Augenschein nehmen.

Prozesse des Wissenserwerbs | 2.4.4

Im vorausgegangenen Kapitel haben wir uns damit beschäftigt, wie Wissen (Information, Erfahrung) im Langzeitgedächtnis organisiert ist. Im folgenden Kapitel interessieren uns Lern- und Vergessensprozesse im Zusammenhang mit dem Erwerb von Wissen sowie Strategien zur möglichst effizienten Aufnahme und Speicherung von Wissen (→ Abb. 2.32).

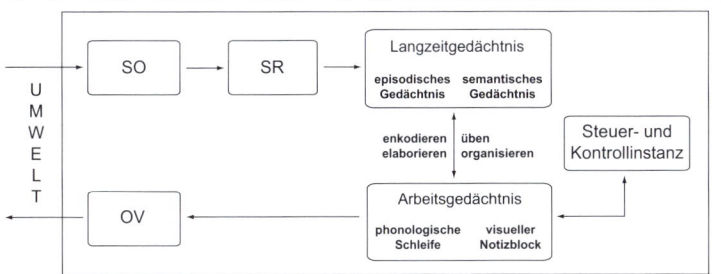

Abb. 2.32

Prozesse des Wissenserwerbs

> **Definition**
>
> Unter **Wissenserwerb** versteht man die Aufnahme von im Arbeitsgedächtnis verarbeiteten Wissensbeständen in das Langzeitgedächtnis durch:
>
> ▶ **oberflächliches Memorieren** (Übung: Informationen werden wiederholt dargeboten),
> ▶ **elaboriertes Memorieren** (Wissen wird transformiert).
>
> Beim elaborierten Memorieren unterscheidet man wiederum:
>
> ▶ *Elaboration* (Wissen wird semantisch tiefer verarbeitet) und
> ▶ *Organisation* (Wissen wird geordnet und strukturiert).
>
> Für den Begriff des elaborierten Memorierens wird im Zusammenhang mit dem Wissenserwerb häufig auch der Begriff des *Enkodierens* verwendet.

Übung

Unter *Übung* versteht man das Vorgehen, sich selbst Informationen wiederholt durch stilles oder lautes Vorsprechen vorzulegen bzw. diese wiederholt zu bearbeiten. Das oberflächliche Memorieren (→ Kap. 2.3.4) stellt ein Beispiel für das Üben im Sinne des Wiederholens dar.

Ebbinghaus   Als Begründer der experimentellen Lern- und Gedächtnisforschung gilt Hermann Ebbinghaus (1850–1909). Er veröffentlichte 1885 die Ergebnisse seiner Untersuchungen. Aus methodischer Sicht sind es zwar keine experimentellen Untersuchungen, die heutigen Standards entsprechen würden (→ Kap. 1.3.2), aber sie waren – gegenüber dem damaligen Standard – systematisch angelegt.

> **Studie**
>
> Ebbinghaus war gleichzeitig Versuchsleiter und Versuchsperson und verwendete, um den Vertrautheitsgrad des Materials zu kontrollieren, sinnfreie Silben (LUV, SIK, MAV, NAR, BIX usw.) als Lernmaterial. Er las Listen mit (z. B. 12) sinnfreien Silben, gab sie wieder, las erneut, reproduzierte sie wieder usw., bis er die Liste zweimal fehlerfrei erinnern konnte (Behaltenskriterium). Daraus ergab sich die bekannte *Lernkurve* (→ Abb. 2.33).

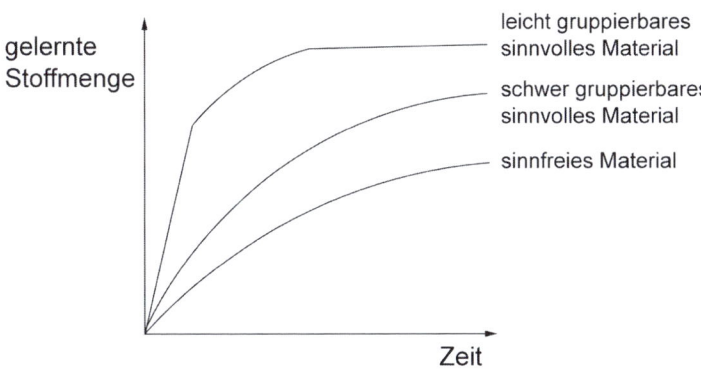

Abb. 2.33

Die Lernkurve nach Ebbinghaus (1885)

Man erkennt daran, dass der Lernzuwachs *asymptotisch* verläuft: Im ersten Durchgang wird viel behalten, im weiteren Verlauf wird der Zugewinn durch weitere Wiederholungen geringer.

Aus heutiger Sicht würde man die Ergebnisse seiner vielfach bestätigten Studien als Verlaufsgrafik eines Lernprozesses (Enkodierungsprozesses) bezeichnen, der durch das sinnfreie Material und das oberflächliche Memorieren im Arbeitsgedächtnis gekennzeichnet ist, während die Beteiligung des Langzeitgedächtnisses mittels elaborierten Memorierens – durch das Material – weitgehend ausgeschaltet wurde.

Bei Verwendung von sinnvollem Material müssten sich – nach unseren bisherigen Ausführungen zur Enkodierung – im Arbeitsgedächtnis und Langzeitgedächtnis deutlich beschleunigte Lernkurven auffinden lassen. Eine Vielzahl von Untersuchungen belegt diese Schlussfolgerung: Je sinnvoller das Lernmaterial, desto steiler die Lernkurve (→ Abb. 2.33). Greifen wir auf die Unterscheidung zwischen *Information*, *Erfahrung* und *Wissen* zurück (→ Kap. 2.4.3), so zeigen diese Ergebnisse, dass reines Auswendiglernen zu *isolierten Informationen* führt. Die Beteiligung des Langzeitgedächtnisses und des dort gespeicherten (Vor-)Wissens resultiert dagegen im integrierten, besser erinnerbaren *Schemawissen*, das nicht nur schneller und länger behalten werden kann, sondern das gesamte kognitive Geschehen auch aktiv beeinflusst.

In erster Linie wurde Ebbinghaus aber durch die *Vergessenskurve* bekannt, die nach ihm gelegentlich auch *Ebbinghauskurve* genannt wird (→ Abb. 2.34a, b). Die Vergessenskurve zeigt einen im Vergleich zur Lernkurve umgekehrten Verlauf: Direkt nach dem Lernprozess sinkt die Erinnerungsleistung am stärksten ab, aber mit der verstreichenden Zeit vergisst man weniger.

Vergessenskurve

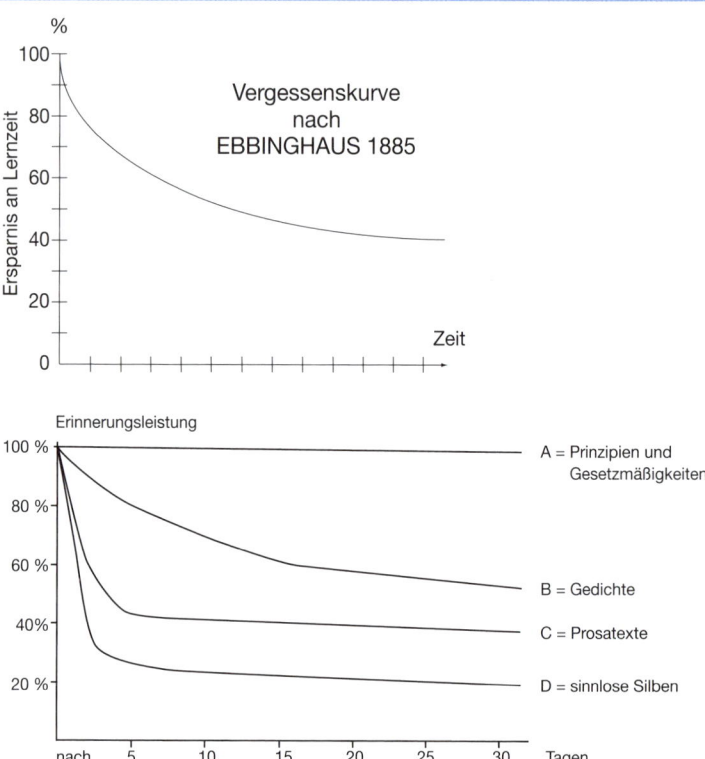

Abb. 2.34

Die Vergessenskurve nach Ebbinghaus
a) Ersparnis an Lernzeit bei wiederholtem Lernen
b) Abhängigkeit der Erinnerungsleistung von der Art des Lernmaterials

Gemessen wurde das Vergessen durch die „Ersparnis". Ebbinghaus wiederholte das Erlernen einer zuvor vollständig gelernten Liste sinnfreier Silben nach 2 Stunden, 4 Stunden, 6 Stunden usw. und zählte dabei die Anzahl der benötigten Durchgänge bis zum Behaltenskriterium. Die *Ersparnis* ergibt sich aus dem Vergleich der Lerndauer (Zeit, Durchgänge) beim erstmaligen Lernen mit der Dauer beim wiederholten Lernen: Benötige man beim erstmaligen Lernen der Liste 10 Durchgänge bis zum vollständigen Behalten und beim zweiten Mal (z. B. nach fünf Stunden) 2 Durchgänge, dann entspräche das einer Ersparnis von 80 Prozent. Wäre die Wiederholung nach 10 Stunden durchgeführt worden, hätte sich vielleicht eine Ersparnis von 30 Prozent ergeben usw.

Der ursprüngliche Lernprozess hinterlässt Spuren, die das Ausmaß der Ersparnis bedingen oder umgekehrt ausgedrückt: Je mehr vergessen wurde, umso größer ist der Aufwand beim erneuten Lernen.

Die Ergebnisse von Ebbinghaus gelten für das von ihm verwendete sinnfreie verbale Lernmaterial. Wie schon bei der Lernkurve besprochen, ergeben sich bei sinnvollem Lernmaterial auch andere Vergessenskurven: Je sinnvoller das Material ist, je mehr Möglichkeiten zur Strukturierung und Klassifizierung das Material bietet, desto weniger steil verläuft der Vergessensprozess (→ Abb. 2.34 a und b). Auf den Prozess des Vergessens werden wir an späterer Stelle noch einmal eingehen.

Natürlich möchte man sich an jene Dinge erinnern, die man bewusst gelernt hat. Insofern ist das Vergessen ein ärgerlicher Vorgang. Gerade im schulischen Alltag muss man sich permanent damit auseinandersetzen, dass Fachwissen, das man sich gerade mühsam angeeignet hat, wieder vergessen wird.

Andererseits ist das Vergessen aber auch ein sehr wichtiger Vorgang. Nicht vergessen können würde auch bedeuten, dass wir uns fortwährend mit belastenden, beängstigenden und nebensächlichen Erinnerungen auseinandersetzen müssten. Das Beispiel der Personen mit Inselbegabungen (→ Kap. 2.4.1), die über ein scheinbar perfektes Gedächtnis verfügen, zeigt, dass sie in der Regel große Probleme mit der selbstständigen Bewältigung ihres Lebensalltags haben. Diesen Zusammenhang hatte wohl Rainer Maria Rilke mit folgender Aussage im Sinn: „Es ist wichtig, sich zu erinnern. Noch wichtiger ist, zu vergessen."

Die anerkannteste Vergessenstheorie ist die *Interferenztheorie*. Sie geht davon aus, dass wir vergessen, indem neue oder aktuelle Eindrücke die alten Gedächtnisspuren überlagern und so den Zugriff auf die alten Erinnerungen erschweren. Wir vergessen demnach bestimmte Ereignisse und Dinge, weil sie von interessanteren, wichtigeren Dingen überlagert werden. Vergessen ist also in den meisten Fällen ein *Verlernen* durch neu hinzukommende, aktuellere Inhalte und durch deren Verwendung.

Interferenztheorie

Vergessen ist daher nicht nur ein passives Ereignis, sondern wird auch durch aktives Erinnern verursacht, denn erinnern Menschen sich etwa an ihre aktuelle Telefonnummer, sorgt das Gehirn gleichzeitig dafür, dass die frühere Telefonnummer weniger leicht abrufbar wird. Diese Überlagerung von Gedächtnisinhalten – das *abrufinduzierte Vergessen* – ist ein normaler Mechanismus, der dabei hilft, das Gedächtnis von einem „Zuviel an Informationen" zu befreien.

Seit längerem bekannt sind in diesem Zusammenhang zwei Phänomene, nämlich die *retro- und proaktive Hemmung*: Die *retroaktive Hemmung* ist rückwärts gerichtet, d.h., später Erlerntes stört früher Erlerntes. Je größer die Ähnlichkeit zwischen zwei Arten von Gedächtnismaterial ist, umso größer ist die Interferenz zwischen ihnen beim Lernen bzw. beim Erinnern. Typisch für die Störung sind – neben generellen Leistungseinbußen – Verwechslungen zwischen den zuerst und später erlernten Inhalten. Entsprechend ist die *proaktive Hemmung* vorwärts gerichtet; früher Gelerntes stört später zu Lernendes.

retro- und proaktive Hemmung

Enkodierung

Definition

Enkodierung bedeutet Veränderung und Umwandlung einer Information zu einer größeren sinnvollen Einheit.

Durch diese Art der Speicherung kann sehr viel mehr Wissen erworben werden, als mit dem von Ebbinghaus untersuchten *Auswendiglernen* (oberflächliches Memorieren). Entscheidend dabei ist jedoch, dass bei dieser Umwandlung die Informationen so verändert werden, dass sie uns sinnvoll erscheinen, wir sie uns vorstellen können und mit bereits gespeichertem Wissen verbinden (assoziieren) können.

Eine Art der Enkodierungstechniken sind z.B. Mnemotechniken (vom griechischen Wort „mneme" = Erinnerung) oder Merktechniken. Mit dem folgenden Satz – als Beispiel für eine Lernhilfe – kann man sich die Planetenreihenfolge, von der Sonne aus gesehen, einprägen: „Mein Vater erklärt mir jeden Sonntag unseren Nachthimmel." Dabei steht jeder der Anfangsbuchstaben für einen Planeten mit dem gleichen Anfangsbuchstaben. Das *M* in Mein für Merkur, das *V* in Vater für Venus usw. Die Merkhilfe setzt allerdings voraus, dass man die Planetennamen kennt. Bei den *Lernstrategien* (→ Kap. 2.4.5) werden wir diesen Aspekt wieder aufgreifen.

Zwei bekannte Formen des Enkodierens sind:

▶ das *Elaborieren* durch tiefere Verarbeitung unter Rückgriff auf das sogenannte Vorwissen und
▶ das *Organisieren* unter Nutzung von materialsinhärenten oder an das Material subjektiv herantragbaren Ordnungsstrukturen.

Elaboration, Verarbeitungstiefe und Vorwissen

Verarbeitungstiefe, Vorwissen

Diesen Prozess der tieferen, gründlicheren und ausführlicheren Verarbeitung von Informationen bezeichnet man als *Elaboration* oder auch *Herstellen einer größeren Verarbeitungstiefe*. Craik & Lockhart (1972) haben dieses Konzept in die Gedächtnisforschung eingeführt. Durch Elaboration und der daraus folgenden größeren Verarbeitungstiefe werden viele Gedächtnisinhalte aktiviert und mit neuen Informationen verknüpft. Dabei sind Elaboration und Wiederholung aufeinander angewiesen.

Die in → Kapitel 2.3.4 beschriebene Studie von Chase und Ericsson (1982) bietet ein gutes Beispiel für das Elaborieren: Zu behaltende Inhalte (lange

Zahlenreihen) werden mit bereits gespeicherten Wissensbestandteilen (Rekorden aus der Leichtathletik) verknüpft.

Dieses bereits *vor*handene (gespeicherte) Wissen bezeichnet man auch als *Vorwissen*; alle vorbewussten Inhalte des Langzeitgedächtnisses zählen zum Vorwissen.

Organisation

Den Prozess der Ordnung und Gliederung von Wissen zum Zweck des leichteren Einprägens und Erinnerns bezeichnet man als *Organisation* bzw. Kategorisierung (oder auch als Ordnen, Gruppieren). Hierdurch werden neue Informationen nicht nur mit bereits gespeichertem Wissen verbunden, es wird darüber hinaus ein Ordnungssystem (Netzwerk, Schema) angelegt, das einen Überblick gestattet und in das neue Informationen eingebaut werden können. Die Verarbeitungstiefe wird auch durch diesen Prozess gefördert.

Definition

„**Kategorisierung** bedeutet, unterscheidbar verschiedenen Dingen Äquivalenz zu verleihen, die Objekte, Ereignisse und Leute um uns herum in Klassen zu gruppieren und auf sie eher bezüglich ihrer Klassenzugehörigkeit als bezüglich ihrer Einzigartigkeit zu reagieren."
(Edelmann 1994, 201, übersetzt aus: Bruner, Goodnow & Austin 1956, 1)

Beispiel

Vpn erhalten die Instruktion, eine Liste von Wörtern zu hören und danach frei wiederzugeben. Die Liste hat folgendes Aussehen:

▶ Springen, Ungarn, Schuppen, Sofa, Belgien, Schwimmen, Lampe, Villa usw.

Die Wiedergabe hat meist folgendes Aussehen:

▶ Springen, Schwimmen, Laufen ...
▶ Ungarn, Polen ...
▶ Lampe, Sofa ...
▶ Halle, Villa, Schuppen ...

Das Beispiel zeigt, dass die Vpn das Wortmaterial bei der Wiedergabe klassifizieren (gruppieren), also Ordnung in das Material bringen, indem sie semantische Relationen bilden (Ungarn, Belgien ... sind Länder; Lampe, Sofa ... sind Möbelstücke usw.). Dadurch wird das Enkodieren effektiver und das Dekodieren erleichtert.

2.4.5 Lernstrategien

Im vorausgegangenen Kapitel haben wir uns mit den Prozessen des Wissenserwerbs beschäftigt. Nachdem der Erwerb von Wissen unmittelbarer Gegenstand des Unterrichts ist, ist es natürlich auch sehr interessant zu erfahren, wie dieser Erwerb gefördert werden kann. Unter dem Begriff *Lernstrategien* sind in den letzten Jahrzehnten in Forschung und Praxis diesbezüglich viele Erkenntnisse gesammelt worden, die hier systematisch und knapp beschrieben werden sollen.

Massierte versus verteilte Übung

Verteilung der Übungsphasen

In → Kapitel 2.4.4 hatten wir das Üben und die Bedeutung von Wiederholungen kennengelernt. Wie aber sind Lernphasen zu verteilen? Ist es besser, längere Zeit „an einem Stück" zu lernen, oder ist es besser, häufiger Pausen einzulegen?

Untersuchungen zeigen, dass die Leistung stark abhängig ist von der zeitlichen Verteilung der Wiederholungen und der Pausen dazwischen. Es ist wirksamer, Übungseinheiten über einen langen Zeitraum zu verteilen und ausreichend viele und lange Pausen dazwischen einzuschieben, als gleich viele ohne Pausen unmittelbar aufeinander folgende Wiederholungen durchzuführen. Bezogen auf die Länge und Verteilung der Pausen bedeutet dies: Viele kleine, gleichmäßig verteilte Pausen zwischen den Übungseinheiten sind effektiver als eine einzige große Pause, die so lange dauert wie die kurzen Pausen zusammen.

Mit anderen Worten: Kürzere und verteilte Lernphasen sind effektiver für das Lernen und Behalten; dabei sollten die Lernphasen nicht zu weit auseinander liegen und die Lernzeit nicht zu kurz sein. Durch die Pausen darf eine Lernaufgabe nicht zerstückelt werden. Massiertes Lernen ist lediglich besser bei kurzen und leichten Aufgaben oder bei Aufgaben, die eine lange Aufwärmphase benötigen (Keppel 1964).

Förderung von Prozessen des Enkodierens und Elaborierens

Durch Enkodierungsstrategien soll Wissen so im Gedächtnis eingespeichert werden, dass für den Abruf möglichst viele unterschiedliche Zugangswege offen stehen. Wir haben gesehen (→ Kap. 2.4.4), dass hierfür zwei Vorgehensweisen zur Verfügung stehen:

▶ das Elaborieren und
▶ das Organisieren.

Wissen wird *elaboriert*, indem die eigentlich zu lernende Information um zusätzliche, im Langzeitgedächtnis vorhandene Informationen (Elaborationen) erweitert wird. Der Lerninhalt wird also mit eigenem Vorwissen angereichert. Die Reproduktion des Wissens wird dann dadurch erleichtert, dass zusätzliche Wege aufgebaut wurden, über die die eigentlich gewünschte Information wieder abgerufen werden kann.

Eine Verbesserung der Behaltensleistung wird allerdings nur durch themennahe Elaborationen ermöglicht, die den Zusammenhalt (sog. *Kohärenz*) der entstehenden Wissensstruktur vergrößern. Ein Übermaß an Elaborationen hingegen kann die Kohärenz der Wissensstruktur beeinträchtigen, da der Anteil der themenfernen Elaborationen zu sehr zunimmt.

kohärente Wissensstruktur

Elaborationen liegen bspw. bei der Erzeugung kognitiver Konflikte durch den Lehrer und das Verwenden bzw. Finden von Beispielen vor. Die Erzeugung kognitiver Konflikte beim Lerner durch neue, widersprüchliche und inkongruente Informationen bewirkt Neugier und diese wiederum Informationssuche, um mit dem Neuen vertraut zu werden, die Komplexität zu reduzieren und Widersprüche aufzulösen.

Durch die Verwendung von Beispielen lässt sich der Bezug zwischen zwei getrennten Wissensbereichen herstellen, um so das Neue in das Bekannte einzufügen. Nach der *Elaborationshypothese* ist zu erwarten, dass Sachverhalte, die durch Beispiele gut belegt und verdeutlicht werden, in eine differenzierte, vernetzte Wissensstruktur eingebettet werden, die ihrerseits den Abruf aus dem Gedächtnis erleichtert.

Förderung organisierender Prozesse: Reduktion und Strukturierung von Informationen

Ziel des *Organisierens* ist es (vgl. → Kap. 2.4.4), die neuen Informationen nach ihren Teilen und deren Beziehungen zu ordnen, um so die Informationsfülle zu reduzieren und den Abruf von Informationen über Strukturen zu lenken. Geht es beim Elaborieren um das Anreichern der Information zu größeren, sinnvollen Wissenseinheiten, handelt es sich hier um den entgegengesetzten Prozess der *Reduktion*. Als Beispiele für das Erlernen von Texten lassen sich z. B. nennen:

Organisieren

- ▶ Hauptideen und Einzelheiten eines Textes bestimmen,
- ▶ Schlüsselwörter benennen und unterstreichen,
- ▶ den Text zusammenfassen,
- ▶ Diagramme und
- ▶ Gliederungen erstellen.

Organisationsstrategien sollen somit helfen, innerhalb eines neuen Wissensbereiches Ordnungsbeziehungen herauszuarbeiten, um sich so ein kohärentes Bild vom Thema aufzubauen. Das bereits vorhandene Vorwissen hilft, die implizite Ordnung aufzufinden.

Mind Map Eine häufig verwendete Strategie ist die Erstellung einer *Mind Map* (Gedächtniskarte, Gedankenkarte) zu einem Themenbereich, zu einem Vortrag oder einem Text. Folgende Teilschritte sollen dabei abgearbeitet werden:

1. **Schritt:** Das zentrale Thema aufschreiben – man beginnt eine Mind Map immer, indem man das zentrales Thema (z.B. „Lernen") in die Mitte eines leeren Blatt Papiers schreibt,
2. **Schritt:** Schlüsselwörter sammeln – dann sammelt man möglichst viele Wörter, die zum Thema passen,
3. **Schritt:** Oberbegriffe finden und die Schlüsselwörter danach sortieren – um Ordnung in die Karte zu bringen, sucht man Oberbegriffe und ordnet die Schlüsselwörter den Oberbegriffen unter,
4. **Schritt:** Mind Map verfeinern – zum Schluss feilt man noch etwas an der Gedächtniskarte, indem man die Begriffe und ihre Beziehungen ergänzt bzw. präzisiert.

Diese Schritte sind am Beispiel des Themas „Lebenslauf" in Abbildung 2.35 veranschaulicht.

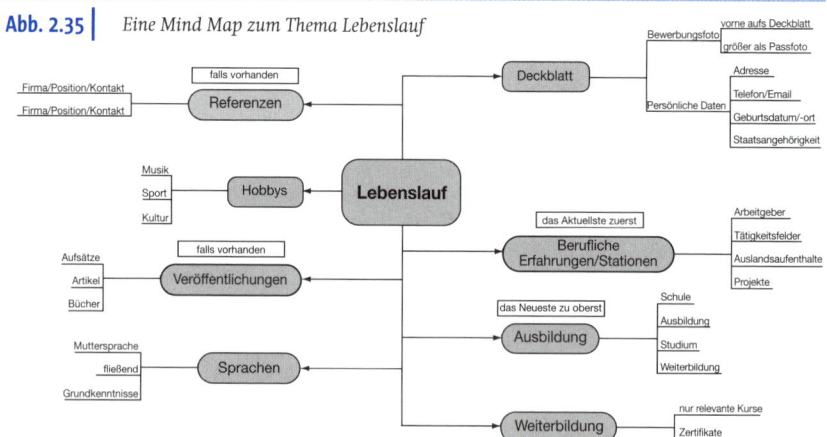

Abb. 2.35 *Eine Mind Map zum Thema Lebenslauf*

> **Beispiel**

Ein weiteres Beispiel von Katona (1962), mit dem wir uns bereits dem Themenbereich *Problemlösen* nähern, zeigt, wie eine Zahlenreihe, die von ihrer Länge die Kapazität des KZG übersteigt, schnell und dauerhaft durch Organisationsstrategien behalten werden kann.

5 8 1 2 1 5 1 9 2 2 2 6

Eine erste Ordnungs- und Strukturierungsmöglichkeit in Form des *Chunkings* ergibt vier Zahlenblöcke zu je drei Zahlen:

581 215 192 226

Mehr zum Behalten trägt das Ordnen nach einer *ansteigenden Zahlenreihe* bei:

5 8 12 15 19 22 26

Eine noch tiefere Erarbeitung der Zusammenhänge zwischen den Zahlen kann dadurch geschehen, dass die Differenz zwischen je zwei Zahlen bestimmt wird, um *Gesetzmäßigkeiten* im Aufbau der Zahlenreihe zu *entdecken*:

5 8 12 15 19 22 26
  3 4 3 4 3 4

Organisieren heißt, von vorgegebenen Ordnungsmöglichkeiten im Lernmaterial Gebrauch zu machen und die Ordnungsmerkmale bei der Einprägung wie bei der Wiedergabe zu nutzen. Es bedeutet aber auch, auf den ersten Blick nicht zusammenhängende Materialien neu zu ordnen und ihnen eine Organisationsstruktur aufzuprägen.

Strategievergleich

Während *Elaborationsstrategien* zu den tiefenorientierten Lernstrategien gezählt werden, handelt es sich bei *Wiederholungsstrategien* um oberflächenorientierte Lernstrategien, da hier kein tieferes Verständnis angestrebt oder realisiert wird. Wiederholungsstrategien sind vornehmlich in Lernsituationen funktional, die von Prüfungsvorbereitungen gekennzeichnet sind und bei denen die Schüler kein besonderes inhaltliches Interesse für die zu lernenden Wissensbestände aufbringen.

Organisationsstrategien weisen eine Mittelstellung zwischen Elaborations- und Wiederholungsstrategien auf: Sie können einerseits dazu dienen, unübersichtliche Strukturen durch Aufgliederung in wichtige Teilkomponenten besser zu verstehen; sie können aber auch dazu dienen, „verdaubare Häppchen" für das spätere Auswendiglernen vor konkreten Prüfungen vorzubereiten.

Für alle kognitiven Lernstrategien gilt, dass sie sich im konkreten Lernprozess nicht gegenseitig ausschließen, sondern sich je nach individuellem Lernverhalten und den speziellen Lernanforderungen unterschiedlich miteinander kombinieren lassen.

Verarbeitungstiefe — Speziell für die Elaborationsstrategien, aber auch für die Organisationsstrategien gilt, dass mit Hilfe dieser Vorgehensweisen die Verarbeitungstiefe der zu behaltenden Informationen gefördert wird: Es resultiert eine *verstärkte Anbindung an das Vorwissen*.

Transfer — Die Folge dieser verstärkten Verarbeitungstiefe durch den Einsatz von Lernstrategien ist nicht nur das bessere Behalten (größerer Umfang und längerer Zeitraum), sondern auch der verbesserte Transfer des erworbenen Wissens auf Situationen, die *nicht direkt* dem Kontext beim Einprägen entsprechen.

Lerntransfer beschreibt die Fähigkeit, eine gelernte Aufgabe auf eine andere, vergleichbare Situation zu übertragen.

Definition

Durch Lernen erworbenes Wissen über konkrete Gegenstände oder Zusammenhänge kann auf *ähnliche* Phänomene angewendet werden, indem es verallgemeinert oder abstrahiert wird. Dieses Übertragen von Wissen auf ähnliche Situationen wird als **Transfer** bezeichnet (lat.: transferre = hinübertragen, übertragen).

In der Lernpsychologie gelten solche Transferleistungen als Kennzeichen für erfolgreiche (elaborierte) Lernprozesse.

Zusammenfassung

Merkmale des Langzeitgedächtnisses sind ein unbegrenzter Behaltensumfang und eine unbegrenzte Behaltensdauer. Das Vergessen widerspricht dieser Position nicht, weil man davon ausgeht, dass es Unterschiede in der Abrufbarkeit von Informationen aus dem Gedächtnis gibt, die darauf zurückzuführen sind, dass diese unterschiedlich alt sind,

Neukonstruktion — Aus kognitionspsychologischer Sicht ist das Problemlösen dadurch gekennzeichnet, dass hierbei vorhandenes Wissen herangezogen wird, um neue Informationen bzw. neues Wissen zu generieren und zu behalten. Wir sprechen daher in diesem Zusammenhang auch von einem Prozess der *Neukonstruktion*, nachdem wir die Konstruktion und Rekonstruktion im Kontext der Wahrnehmung und des Gedächtnisses bereits kennengelernt haben.

So ist es etwa möglich, mittels Analogieschluss zu folgen, dass es ähnlich wie in der menschlichen Gesellschaft auch im Tierreich zu Formen des Zusammenlebens kommen kann, wenn hinreichend viele Artgenossen das Leben zusammen verbringen. Bienen bilden mit den Untergliederungen in Königinnen, Drohnen und Arbeiterinnen großartige Beispiele dafür.

Selbstständig generiertes Wissen zeichnet sich dadurch aus, dass es im semantischen Gedächtnis besser vernetzt ist (es wird nicht isoliert erworben) und dadurch besser zu behalten und flexibler einsetzbar ist (→ Kap. 2.4.4 und 2.4.5). In den folgenden Abschnitten wollen wir uns damit etwas näher beschäftigen.

2.5.1 Problemlösen

Zu Beginn besteht die Notwendigkeit, relevante Begriffe zu klären. Worum handelt es sich beim *Problemlösen*?

Begriffe

Definition

Unter **Problemlösen** versteht man das Bestreben, einen *gegebenen Zustand* (Ausgangszustand, Ist-Zustand) in einen anderen, *gewünschten Zustand* (Zielzustand, Soll-Zustand) zu überführen, wobei es gilt, eine Barriere (bzw. ein Hindernis) zu überwinden, die (bzw. das) sich zwischen Ausgangs- und Zielzustand befindet. Die Barriere verhindert dabei die unmittelbare Überführung des Ausgangs- in den Zielzustand. Erst durch die Verwendung von Fakten-, Veränderungs- und Bewertungswissen gelingt die Zielerreichung.

Beispiel

Besteht das Problem zum Beispiel darin, die Buchstaben $A\ B\ S\ N\ B\ E\ C\ T\ U\ H$ so anzuordnen, dass ein sinnvolles Wort entsteht (Anagramm-Problem), so ist eine Barriere gegeben, die Lösung gelingt nicht unmittelbar, son-

Problemlösen, Planen und Metakognition | 2.5
von Walter Hussy und Annemarie Fritz

Lernziele

- Verständnis für das Konzept des Problemlösens erwerben
- Problemlösen als einen Vorgang der „Neukonstruktion" begreifen lernen
- Den Problemlöseprozess auf dem Hintergrund des RIW-Modells verstehen können
- Erkennen können, welche Fixierungen das Problemlösen beeinträchtigen
- Fördernde und hemmende Einflussgrößen des Kontexts auf das Problemlösen erarbeiten können
- Den Zusammenhang von Problemlösen und metakognitiven Prozessen begreifen lernen

2.5.1   Problemlösen

2.5.2   Planen

2.5.3   Metakognition

Bisher haben wir uns mit fundamentalen Wahrnehmungs- und Aufmerksamkeitsprozessen sowie einfachen und zusammengesetzten Gedächtnisprozessen befasst. Wir kommen mit dem *Problemlösen*, dem *Planen* und der *Metakognition* in diesem Kapitel zur höchsten Komplexitätsstufe kognitiver Prozesse.

Aus bildungswissenschaftlicher Sicht werden Fähigkeiten zum Planen und Problemlösen als Schlüsselkompetenzen verstanden, die Schüler in die Lage versetzen, Wissen eigenständig zu erwerben und selbstgesteuert zu lernen. Da dies in einer Zeit der schnellen Wissensexplosion von besonderer Bedeutung ist, bildete die Erfassung des Problemlösens in der PISA-2003-Studie als sog. *fächerübergreifende Kompetenzen* (cross-curricular-competencies, CCC) einen eigenen Untersuchungsschwerpunkt. Die Ergebnisse weisen auf enge Zusammenhänge zwischen Leistungen im Problemlösen und den Leistungen in den schulischen Fertigkeiten hin.

fächerübergreifende Kompetenz

außerdem *aktive Komponenten*. So steuern sie bspw. das Explorationsverhalten, um weitere Informationen verfügbar zu machen.

Der Wissenserwerb entspricht einem Lernvorgang, dessen Verlaufsqualität von Ebbinghaus (1885) mit einer Lernkurve beschrieben wurde. Seine Vergessenskurve beschreibt den dazu umgekehrten Verlauf. Hinter dem Lernvorgang stehen die Prozesse der Übung und der Enkodierung (Elaboration und Organisation). Üben entspricht dem wiederholten Beschäftigen mit dem Lernmaterial, beim Enkodieren werden aus den Einzelinformationen möglichst sinnvolle, größere Einheiten gebildet. Das Elaborieren nimmt dabei verstärkt Bezug auf das im Langzeitgedächtnis vorhandene Vorwissen und erreicht damit eine größere Verarbeitungstiefe. Das Organisieren macht im Lernmaterial enthaltene Ordnungen sichtbar – ebenfalls unter Rückgriff auf das Vorwissen – und reduziert auf diese Weise den Informationsgehalt erheblich. Alle genannten Prozesse steigern den Umfang und die Dauer des Behaltens zum Teil erheblich. Auf der Basis dieser Unterscheidungen bewirken Lernstrategien eine besondere Verstärkung der Verarbeitungstiefe und der Transferierbarkeit beim Erwerb von Wissensbeständen. Dabei können sie sich in ihrer Wirkung ergänzen.

Übungsaufgaben

1 Beschreiben Sie die Merkmale des Langzeitgedächtnisses.
2 Wie wird die unterschiedlich leichte Verfügbarkeit von Informationen aus dem Langzeitgedächtnis erklärt?
3 Was versteht man unter „Selbstbezug"?
4 Beschreiben Sie das Dekodieren als Rekonstruktionsprozess beim Rückschaufehler.
5 Worin unterscheiden sich Information, Erfahrung und Wissen?
6 Erläutern Sie die Unterteilung in deklaratives und prozedurales Wissen.
7 Welche Merkmale hat das episodische Gedächtnis?
8 Was versteht man unter einem „Schema"?
9 Geben Sie Beispiele für den aktiven Aspekt eines Schemas.
10 Inwiefern hängen das Elaborieren und die Verarbeitungstiefe miteinander zusammen?
11 Mit welchen Lernstrategien erreicht man das besonders effektive Organisieren von Lernmaterialien?
12 Welche Effekte erzielen Lernstrategien generell?

verschieden häufig genutzt, werden und verschieden stark an das Selbstbild angebunden sind. Dass in Hypnose weit zurückliegende und vergessen geglaubte Informationen abgerufen werden können, unterstützt diese Position.

Informationen im Langzeitgedächtnis sind unbewusst. Dabei unterscheidet man zwischen vorbewussten, prinzipiell abrufbaren Informationen und solchen, die intentional nicht verfügbar sind, die als unterbewusst beschrieben werden.

Das Abrufen (Erinnern) von Informationen aus dem Gedächtnis entspricht dem Vorgang des Dekodierens. Überschreitet der Aktivationsgrad einer vorbewussten Information im Langzeitgedächtnis die Bewusstseinsschwelle, so wird diese Information durch Transfer in das Arbeitsgedächtnis bewusst. Der zweite Weg vom Langzeitgedächtnis ins Arbeitsgedächtnis erfolgt durch Rekonstruktion. Hierbei kommt es zu einem Bewusstmachen eines im Langzeitgedächtnis gespeicherten Sachverhalts unter Beteiligung des Erinnerungskontexts, der alternativen Gedächtnisspuren und des motivationalen und emotionalen Zustands des Individuums. Zeugenbefragungen und Rückschaufehler illustrieren exemplarisch diesen Rekonstruktionsprozess.

Es bestehen unterschiedliche Vorstellungen darüber, in welcher Form Informationen (Erfahrungen, Wissen) im Gedächtnis repräsentiert werden. Eine gängige Unterscheidung betrifft das sprachliche gegenüber dem bildhaften Repräsentationsformat, eine zweite Differenzierung bezieht sich auf das prozedurale gegenüber dem deklarativen Wissen. Drittens wird eine episodische von einer semantischen Repräsentation unterschieden. Episodisch werden Informationen dann repräsentiert, wenn ein bildhaftes, zeitlich und räumlich bestimmtes internes Abbild vorliegt (episodisches Gedächtnis). Dagegen enthält das semantische Gedächtnis Bedeutungsabstraktionen aus einer Vielzahl von Erfahrungen zum gleichen Gegenstand (Sachverhalt).

Die Modellvorstellungen zum semantischen Gedächtnis enthalten u. a. Netzwerk- bzw. Schemametaphern. In den Netzwerkmodellen wird von einem Begriffsnetz ausgegangen, in welchem die Begriffe die Knoten des Netzes darstellen und die Fäden des Netzes die Beziehungen des Begriffs zu seinen Merkmalen bzw. zu weiteren Begriffen. Diese Netzwerke sind hierarchisch und speicherökonomisch aufgebaut (Collins & Quillian 1972).

Schemata sind thematisch zusammenhängende Wissenseinheiten. Schemata sind nicht nur integrierte, veränderbare, wenngleich relativ stabile, hierarchisch geordnete Wissensstrukturen, sondern enthalten dern es muss zu Neukonstruktionen der in diesem Kontext sinnvollen Informationen kommen; sie müssen in einer neuen, bis dahin nicht vertrauten Weise kombiniert werden.

Die Lösung ist das Wort „Buchstaben", das dem Anagramm im vorliegenden Text unmittelbar vorausgeht. Der gesuchte Begriff ist also voraktiviert (*priming*, → Kap. 2.2.1), das heißt leichter auffindbar als für eine Person, die das Anagramm ohne den vorangehenden Text dargeboten bekommt. Es könnte folglich passieren, dass Leser des Buches die Lösung spontan finden. Dennoch bleibt es ein Problem, weil den Personen die erleichterte Lösungsfindung nicht bewusst ist.

In Abbildung 2.36 ist gemäß des RIW der relevante Struktur- und Prozessausschnitt hervorgehoben.

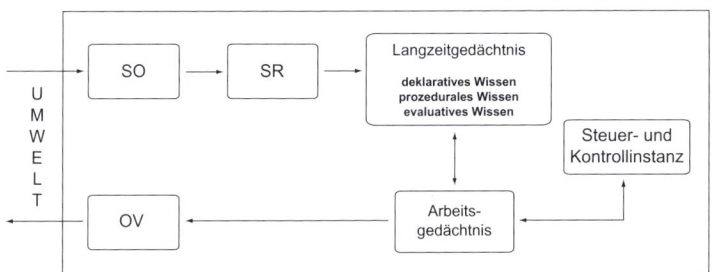

Abb. 2.36

Die nach dem RIW am Problemlöse- und Planungsprozess beteiligten Strukturen und Prozesse

Die Liste der beteiligten Substrukturen des Langzeitgedächtnisses enthält neben den bereits bekannten Wissensbeständen des *Faktenwissens* (*deklarativ*) und des *Veränderungswissens* (*prozedural*) noch das *Bewertungswissen* (*evaluativ*).

Ist es dagegen möglich, die Barriere durch den alleinigen Abruf aus dem Faktenwissen zielgerichtet zu überwinden, ohne dass es zu einer Neukombination von Informationen kommen muss, sondern eine Rekonstruktion ausreicht, so liegt kein Problem, sondern eine *Aufgabe* vor.

Aufgabe

Die Frage, was eine Gemeinsamkeit der Begriffe „Tier" und „Pflanze" darstellt, mag für 12-Jährige mit einem gut strukturierten und organisierten Faktenwissen direkt beantwortbar sein (→ Kap. 2.4.3). Für diese Kinder liegt damit eine Aufgabe vor. 6-jährige Kinder dagegen haben es bei dieser Frage meistens mit einem Problem zu tun. Sie müssen zunächst Gemeinsamkeiten und Unterschiede der Begriffe analysieren und synthetisieren, um sich einer Lösung zu nähern (*Veränderungswissen*, → Kap. 2.4.3).

Denken — Am Rande sei abschließend angemerkt, dass wir den Begriff **Denken** als Synonym für den Begriff Problemlösen verwenden. Natürlich stellt dieser Schritt eine Vereinfachung dar und man kann Abgrenzungen herausarbeiten. Im Kontext des vorliegenden Buches spielen solche Aspekte aber eine untergeordnete Rolle.

Problemlösen als Neukonstruktion

Neukonstruktion — Wie aber vollzieht sich diese zum Teil unbewusste *Neukonstruktion*. Ein weiteres Beispiel soll diesbezügliche Klarheit stiften.

Beispiel

Wir greifen auf eine Problemstellung zurück, die in Intelligenztestaufgaben häufig gestellt und *schlussfolgerndes Denken* genannt wird. Die Instruktion zur Problemstellung lautet: „Welche Zahl setzt die nachstehende Reihe eindeutig fort?":

5, 3, 4, 4, 5, 3, 6, ?

Zwischen den Zahlen der vorgegebenen Reihe werden Relationen gestiftet (durch die Anwendung von Operatoren; Teile des Veränderungswissens), die die geforderte Fortsetzung der Zahlenreihe ermöglichen. Diese Relationen eröffnen die Einsicht, dass im Wechsel subtrahiert bzw. addiert wird, wobei die zu addierende bzw. subtrahierende Zahl zunächst schrittweise kleiner (bis Null) und dann wieder größer wird (−2, +1, −0, +1, −2, +3, ?). Die Lösung lautet folglich *2*.

Definition

Neukonstruktion bedeutet also die angestrebte (bzw. gelungene), problemspezifische Verknüpfung der vorgegebenen Informationen mittels sogenannter Operatoren zum Zweck der Lösungsfindung (bzw. Zielerreichung), wobei das Auffinden und die Anwendung dieser Operatoren nicht voll bewusst sein muss.

Steuerungs- und Kontrollinstanz — Werfen wir einen Blick auf das RIW (→ Abb. 2.36), so zeigt sich die immer wichtiger werdende Bedeutung der Steuerungs- und Kontrollinstanz im Zusammenhang mit Problemen zunehmender Komplexität, also gerade auch im Zusammenhang mit dem Prozess des Problemlösens.

Operatoren steuern das Verstehen der Probleminstruktion, die Suche im Faktenwissen nach lösungsrelevanten Informationen sowie die Suche und den Einsatz von *Operationen*, die im Bedarfsfall *Neuverknüpfungen* stiften und zu Neukonstruktionen führen. Die Verarbeitungskapazität des Arbeitsgedächtnisses (→ Kap. 2.3) wird somit genutzt, um die bewussten Informationen zielgerichtet, d.h. lösungsorientiert, zu verarbeiten.

In einem letzten Schritt bleibt die Entscheidung, ob die eingesetzten Operatoren auch wirklich zielführend waren und das Problem gelöst haben. Auch hierbei regelt die Steuerungs- und Kontrollinstanz die sogenannten *Evaluationsprozesse*, d.h. die Suche und Anwendung der geeigneten *Bewertungsmaßstäbe*. War der Lösungsprozess nicht erfolgreich, so müssen weitere Lösungsversuche unternommen werden.

Operatoren

Evaluatoren

Beispiel

Greifen wir noch einmal das Zahlenreihenbeispiel auf: Hat ein Pb die Vermutung, dass die Differenz zwischen benachbarten Zahlen eine relevante Regel darstellt (2, 1, 0, 1, 2, 3), um das Problem zu lösen, so führt die Evaluation (Überprüfung, Bewertung) dieser Regel zu der Erkenntnis, dass damit die Zahlenreihe nicht korrekt abgebildet werden kann.

Das bedeutet, dass die Regel verworfen oder ergänzt werden muss. Folglich geht der Prozess der Neukonstruktion weiter. So könnte der Pb im zweiten Schritt neben der (absoluten) Differenz zusätzlich die Vorzeichen beachten. Die Überprüfung führt in diesem Fall zur vollständigen Übereinstimmung mit der Zahlenreihe und zum Ergebnis 2.

Fixationen

Der Problemlösevorgang läuft in der Regel sehr flexibel ab. Allerdings gibt es Größen, wie Fixationen, Kontext und Einstellungen, die das Lösungsverhalten und das Lösungsergebnis beeinflussen. Mit den *Fixationen* wollen wir uns im folgenden Abschnitt etwas intensiver beschäftigen.

Definition

Fixationen sind Festlegungen im Problemlösevorgang. Sie beziehen sich:

- auf das Faktenwissen (deklaratives Wissen) bzw.
- auf das Veränderungswissen (prozedurales Wissen).

Merkmalsfixierung | Festlegungen im Problemlösevorgang, die auf das Faktenwissen zurückgeführt werden können, beruhen darauf, dass die Merkmale eines Begriffs (Objekts), der an der Lösung beteiligt ist, teilweise nicht oder nur schwer verfügbar sind: Man spricht daher von *Merkmalsfixierung*.

Studie

Ein klassisches Experiment von Birch & Rabinowitch (1951) verdeutlicht diese Form der Fixation.

Die Autoren verwenden das *Seilproblem*, bei dem zwei Seile von der Decke hängen, die miteinander verknotet werden sollen. Die Barriere besteht darin, dass die Seile zu weit auseinander hängen, um sie gleichzeitig zu erfassen. Deshalb muss man ein Seil in Schwingung versetzen, um es erreichen zu können. Das Seil schwingt aber nur dann ausreichend, wenn man einen schweren Gegenstand am Ende befestigt hat. Im Untersuchungsraum stehen zu diesem Zweck zwei Gegenstände zur Verfügung, nämlich ein Schalter und ein Relais.

Die Autoren bildeten drei Versuchsgruppen. Die Teilnehmer der *Kontrollgruppe* werden sofort in den Untersuchungsraum geführt und bearbeiten das Problem so lange, bis die Lösung gelungen ist.

Zwei Experimentalgruppen bearbeiten dagegen vor dem Beginn des Problemlösevorgangs eine gesonderte Aufgabenstellung. Die *Relaisgruppe* soll einen Schaltkreis mit einem Relais bauen, die *Schaltergruppe* entsprechend einen Stromkreis mit einem Schalter. Danach gehen die Teilnehmer dieser Gruppen ebenfalls in den Untersuchungsraum, um das Seilproblem zu lösen. Die Ergebnisse sind in Tabelle 2.3 zusammengefasst.

Tab. 2.3 | **Häufigkeit der Wahl von Schalter bzw. Relais als Beschwerungsgegenstand in der Seilaufgabe (Birch & Rabinowitch 1951)**

Gruppe	Vpn-Zahl	Schalter	Relais
Schaltergruppe	9	2	7
Relaisgruppe	10	10	0
Kontrollgruppe	6	3	3

Die *abhängige Variable* (→ Kap. 1.2.2 und 1.3.2) war der Gegenstand, der zum Beschweren verwendet wurde, also das Relais oder der Schalter. Aus Tabelle 2.3 ist zu entnehmen, dass die Kontrollgruppe die beiden Gegenstände gleich häufig verwendete, während die Teilnehmer der Schaltergruppe vermehrt das Relais und die der Relaisgruppe ausschließlich den Schalter benutzten.

Die Autoren interpretieren dieses überraschende Ergebnis mit dem Effekt des Vorversuchs, bei welchem sich die Schaltergruppe mit der Funktion des Schalters als Teil eines Schaltkreises intensiv beschäftigen musste. Dadurch wurden die diesbezüglichen Merkmale aktiviert, aber andere Merkmale (z.B. „ist schwer") weniger leicht verfügbar. Somit stand in der eigentlichen Problemlösesituation der Schalter als Beschwerungsgegenstand nicht mehr zur Verfügung. Analog wird das Verhalten der Teilnehmer der Relaisgruppe interpretiert, die ausschließlich den Schalter wählten. Die Kontrollgruppe, die keine Vorerfahrung sammelte, verwendete die Gegenstände gleich häufig. Dieses Ergebnis zeigt, dass es von vornherein keine Präferenz für einen der beiden Gegenstände gab.

Bei der Merkmalsfixierung liegt also eine Festlegung auf ein wesentliches (funktionales) Merkmal vor. Mit den Überlegungen zum Reaktionsselektionsmodell (→ Kap. 2.2.1) könnte man auch von einem *priming-Effekt* sprechen: Die vorherige Beschäftigung mit dem Schalter bzw. Relais führte zur Voraktivierung der stromkreisrelevanten Merkmale und damit zum erschwerten Abruf der weiteren – so auch der für das Seilproblem relevanten – Merkmale.

Bei der *Verknüpfungsfixierung* ist, wie erwähnt, das Veränderungswissen (prozedurales Wissen) betroffen. Es handelt sich – genauer gesagt – um eine *verringerte Verfügbarkeit von Veränderungswissen*. Auch hier soll ein klassisches Experiment von Luchins & Luchins (1950) den Sachverhalt illustrieren.

Verknüpfungsfixierung

Studie

Beim sog. Wasserumschütt-Problem versuchen die Vpn gedanklich mit Hilfe von drei Gefäßen eine bestimmte Flüssigkeitsmenge zu erhalten. Tabelle 2.4 zeigt, wie der Versuch ablaufen soll.

In der ersten Problemstellung (→ Tab. 2.4) besitzen die drei Gefäße die Kapazitäten A = 21, B = 127 und C = 3. Gefordert ist die Herstellung einer Menge von 100. Der Vl erläutert die Lösung:

1. Gefäß B füllen,
2. Gefäß B abschütten in Gefäß A (bleiben 106),
3. Gefäß B abschütten in Gefäß C (bleiben 103) und C leeren,
4. Gefäß B nochmals abschütten in Gefäß C (bleiben die geforderten 100).

Tab. 2.4 | Der Aufbau der Untersuchung zum Umschüttproblem von Luchins & Luchins (1950)

Problem	Phase	Kapazität			geforderte Menge	Lösungsmuster
		A	B	C		
1	Übung	21	127	3	100	B–A–2C
2	Erwerb	14	163	25	99	B–A–2C
3		18	43	10	5	B–A–2C
4		9	42	6	21	B–A–2C
5		20	59	4	31	B–A–2C
6	Test	23	49	3	20	B–A–2C und A–C
7		15	39	3	18	B–A–2C und A+C
8		28	76	3	25	A–C

Das Lösungsmuster ist formal als B–A–2C darstellbar. Ab dem zweiten Problem arbeiten die Vpn selbstständig. Die Probleme 2 bis 5 sind alle nach dem gleichen Muster wie Problem 1 lösbar. Die Probleme 6 und 7 besitzen *zusätzlich* noch einen wesentlich einfacheren Lösungsweg (A–C bzw. A+C). Problem 8 schließlich ist nur nach dem einfachen Muster A–C lösbar.

Auch die Ergebnisse zu dieser Untersuchung überraschen. Die Probleme 1 bis 7 lösen die Pbn zunehmend schneller nach dem Vierschrittmuster. Das letzte (einfache) Problem lösen 90 Prozent der Probanden *nicht*! Das bis dahin bewährte Lösungsmuster führt nicht zum Ziel. Natürlich bemerken die Vpn diesen Sachverhalt, natürlich suchen sie nach einem neuen Weg, aber sie finden ihn nicht, denn *abstrakte Merkmale des alten Musters bestimmen die neue Lösungssuche.*

Das bedeutet, dass die Vpn nach Vierschrittlösungen suchen oder mit dem Gefäß B beginnen oder immer nur abschütten (subtrahieren) wollen. Die Verfügbarkeit des Veränderungswissens ist durch den vormals erfolgreichen Lösungsweg vermindert.

Sowohl bei der Merkmals- als auch bei der Verknüpfungsfixierung bestimmen Faktoren der Untersuchungssituation den Verlauf und das Ergebnis des Problemlöseprozesses mit. Die dem Problemlösen vorausgegangene oder während des Problemlösens gesammelte Erfahrung nimmt – in diesem Fall – negativen Einfluss in Form einer reduzierten Verfügbarkeit problemrelevanter Informationen. Natürlich kann auch der umgekehrte Fall eintreten, wenn förderliche Bedingungen vorliegen. Man sollte aber mögliche Fixierungseffekte nicht außer Acht lassen.

Durchbrechen der Fixierung

Gerade im schulischen Kontext – z. B. beim Üben von Rechenwegen im Mathematikunterricht – kommt es nicht selten zu diesen Effekten. Die Untersuchungen von Luchins & Luchins (1950) zeigen auch, dass man z. B. durch das Einstreuen eines einfacheren oder auch komplexeren Musters (etwa als Problem 3 in der *Phase des Erwerbs* des Lösungsmusters; → Tab. 2.4) den Fixierungseffekt entscheidend mindern kann.

Kontexteffekte

Die gleiche Problemstellung kann zu unterschiedlichen internen Repräsentationen (des Problemraums) und variierenden Lösungen führen, wenn das Problem in unterschiedlichen Kontexten oder Formaten vorgegeben wird.

Studie

Ein Experiment von Jülisch und Krause (1976) soll dazu beitragen, in dieser Frage mehr Klarheit zu erhalten. Die Vpn mussten das bekannte *Missionare-und-Kannibalen-Problem* bearbeiten.

Es besteht darin, dass sich fünf Kannibalen und fünf Missionare am linken Ufer eines Flusses treffen und an das andere Ufer gelangen wollen. Dazu steht ihnen ein Boot zur Verfügung, welches höchstens drei Personen fasst. Es kommt hinzu, dass die Kannibalen weder an den Ufern, noch im Boot in der Überzahl sein dürfen, weil sie ansonsten die Missionare fressen würden. Gesucht ist das Vorgehen, mit möglichst wenigen Bootsfahrten alle Personen lebend an das rechte Ufer zu bringen.

Das Problem wurde von drei Versuchspersonengruppen bearbeitet, die unterschiedliche Probleminstruktionen erhielten. Eine Gruppe erhielt die oben abgedruckte *inhaltliche Instruktion (iI)*. Die beiden anderen Gruppen wurden inhaltsfrei instruiert.

In der *mengentheoretisch instruierten Gruppe (mI)* war z. B. die Rede davon, dass es eine Menge gelber und eine Menge roter Chips gab (jeweils 5 Stück), die sich im Feld 1 befanden. Die gelben und roten Chips sollten mit möglichst wenigen Zügen in das Feld 2 transferiert werden. Das Transferfeld durfte dabei pro Zug maximal drei Chips enthalten. Außerdem durfte die (Teil-)Menge der roten Chips weder in Feld 1 noch in Feld 2 noch im Transferfeld kleiner sein als die der gelben Chips.

Die dritte Gruppe erhielt eine ebenfalls inhaltsfreie *vektor-algebraische Instruktion (vI)*. Alle drei Gruppen bearbeiteten das Problem sechs Mal in Folge.

objektiver und subjektiver Problemraum

Die objektive Problemstruktur bzw. der objektive Problemraum änderte sich durch diese drei Instruktionsvarianten in keiner Weise. Aber offensichtlich gab es Unterschiede im *subjektiven Problemraum*, den die Vpn aufgrund der unterschiedlichen Instruktionen konstruierten. Denn Abbildung 2.37 zeigt, dass die Anzahl der benötigten Fahrten/Züge als abhängige Variable, die von der Art der Instruktion abhing, stark variierte (→ Kap. 1.3.2).

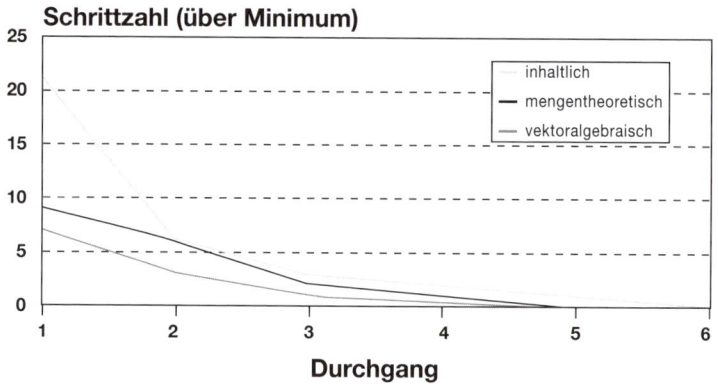

Abb. 2.37 | *Durchschnittliche Anzahl überflüssiger Fahrten/Züge bis zur Lösung in Abhängigkeit von der Instruktionsart für die sechs Durchgänge nach Jülisch & Krause (1976)*

Abbildung 2.37 ist zu entnehmen, dass die beiden inhaltsfrei instruierten Gruppen (mI und vI) deutlich weniger Züge machten (also weniger Irrwege beschritten) als die inhaltlich instruierte Gruppe (iI). Im zweiten Durchgang näherten sich die Leistungen einander an, wenngleich die vI-Gruppe noch Vorteile erkennen ließ. Im weiteren Verlauf wurden in allen Gruppen kaum noch Fehler gemacht.

Offensichtlich behinderte das im Zusammenhang mit den Begriffen Kannibalen und Missionare rekonstruierte Wissen das Auffinden des optimalen Lösungswegs. Das Wissen um die schwachen Missionare führte offensichtlich häufig dazu, diese möglichst beieinanderhalten zu wollen, was natürlich bei dem vorgegebenen Ziel nicht sinnvoll war.

So fanden Jülisch und Krause auch heraus, dass es auf dem optimalen Lösungsweg Zwischenziele gab, die in einer Trennung der Missionare bestanden. Genau diese Schritte taten viele Mitglieder der il-Gruppe aber nicht, sondern führten stattdessen Züge durch, die sie wieder vom Ziel entfernten. In den inhaltsfrei instruierten Gruppen wurde dieses hemmende Wissen nicht abgerufen.

Beispiel

Aus dem Umgang mit mathematischen Anforderungen sind ähnliche Beispiele bekannt. Besonders eindrucksvoll ist die Beschreibung von Carraher (1985) der brasilianischen Straßenkinder, die zwar umständlich, aber schnell und korrekt die Aufgaben lösen, die sie zum Verkauf ihrer Waren benötigen (z. B. den Preis für fünf Melonen und das entsprechende Wechselgeld). Stellt man ihnen die gleiche Aufgabe als Term oder als Sachaufgabe mit anderem Kontext, versagen sie.

Experimente mit Kunden in Supermärkten erbrachten ähnliche Ergebnisse. Die Kunden konnten mit großer Zuverlässigkeit Preise von Waren unterschiedlicher Packungsgrößen vergleichen und das günstigste Angebot auswählen, was die Durchführung einer Dreisatzrechnung erfordert. Die Lösung derselben Aufgabe als Dreisatz vorgegeben, gelang ihnen allerdings nicht.

Selbstverständlich kann der Kontext beim Lösen eines Problems auch hilfreich sein. Kommt es durch die Einbettung zu einer Annäherung des subjektiv konstruierten Problemraums an den objektiven Problemraum, so liegt eine *Erleichterung*, im umgekehrten Fall eine *Erschwerung* vor. Welcher Kontext welche Wirkung nach sich zieht, ist auch abhängig vom Umfang und der Vernetzung des benötigten Faktenwissens, auf welches der Kontext Bezug nimmt. Nachdem der Auf- und Ausbau des semantischen Gedächtnisses einen fortlaufenden Prozess darstellt, ist immer auch die Altersabhängigkeit der Kontexteffekte zu berücksichtigen.

behindernd vs. hilfreich

Der Prozess des Problemlösens kann allerdings auch in Sackgassen führen. Evaluationsprozesse führen zu der Feststellung, dass die Lösung nicht auf dem eingeschlagenen Lösungsweg zu finden ist. In dem Fall kommt es zum Abbruch der Bearbeitung oder es gelingt, das Problem aus einem neuen Blickwinkel zu betrachten und eine neue Problemre-

Sackgassen

präsentation aufzubauen. Auf diese Weise können neue Operatoren aktiviert werden, die eine Lösung des Problems möglich machen.

2.5.2 Planen

Nachfolgend betrachten wir noch das Planen als spezifische Form des Problemlösens. Planungsprozesse werden angeregt, wenn es darum geht, ein bestimmtes Ziel zu erreichen. Ist die Zielorientierung gegeben, besteht das Planen in der vorausschauenden, sequentiellen Organisation von Handlungsschritten. Nach Sydow (1990) handelt es sich beim Planen um eine *grundlegende Kulturtechnik*, die zur Steigerung der Leistungseffektivität beiträgt.

Planen als Teil des Problemlöseprozesses

Im Zuge eines Problemlöseprozesses den Ausgangszustand in den Zielzustand überführen zu wollen, kann unterschiedlich lange bzw. differenzierte Wege erfordern.

Das *Neun-Punkte-Problem* erfordert die Verbindung aller neun Punkte mit vier geraden Linien, ohne dabei abzusetzen (→ Abb. 2.38). Entscheidend ist die Idee, die Linien über den Rand des durch die Punkte scheinbar aufgespannten Quadrats hinausreichen zu lassen.

Gestaltpsychologen nennen diese Idee das *Aha-Erlebnis* in einem *Umstrukturierungsvorgang*. Das gleiche Phänomen haben wir im Rahmen der Informationsverarbeitungstheorie als Neukonstruktion in einem Problemlöseprozess kennengelernt.

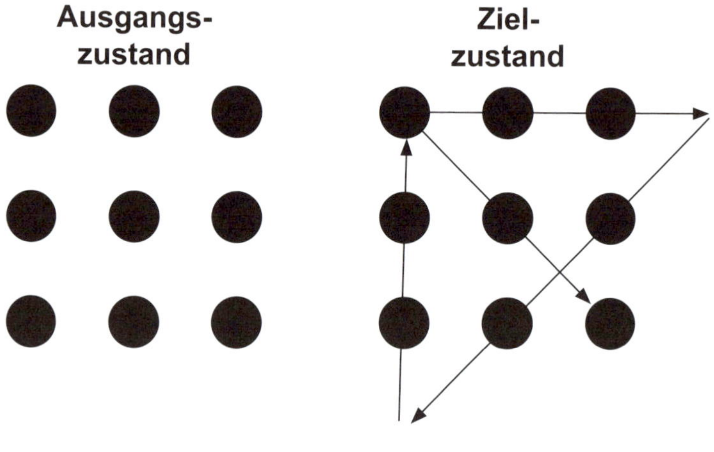

Abb. 2.38a, b
Das Neun-Punkte-Problem mit Ausgangs- und Zielzustand

Ausgangszustand

Zielzustand

Gänzlich anders ist beim Turm-von-Hanoi-Problem vorzugehen. Hier liegen auf dem Weg vom Ausgangszustand zum Zielzustand eine Reihe von Zwischenzielen, die es zu erreichen gilt, um von dort aus weitere Zwischenziele in Richtung Problemlösung anzustreben. Der Lösungsprozess ist in eine *Reihe von Teilschritten* untergliedert, weshalb man auch von sequentiellen Problemen spricht. Abbildung 2.39 zeigt den Ausgangszustand, ein Zwischenziel und den Zielzustand bei der einfachen Drei-Scheiben-Version des Problems.

sequentielles Problem

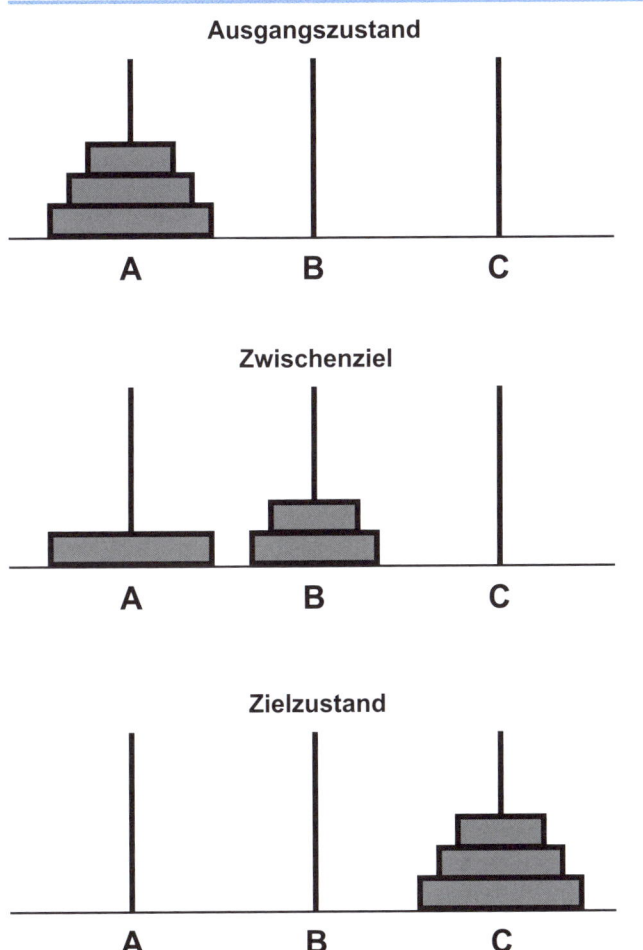

Abb. 2.39a–c

Ausgangszustand, Zwischenziel und Zielzustand beim Turm-von-Hanoi-Problem in der Drei-Scheiben-Version

Der sequentielle Lösungsweg wird durch die Regeln erzwungen, die besagen, dass:

▶ immer nur eine Scheibe bewegt werden darf und
▶ nie eine größere auf eine kleinere Scheibe gelegt werden darf.

Wenn eine Lösung mit möglichst wenigen Zügen gefordert wird, müssen die Pbn diese *vorausplanen*, also gedanklich den Lösungsweg vorweg nehmen. Wohin mit der kleinen Scheibe im ersten Zug (es gibt zwei Möglichkeiten)? Legt man sie auf das Feld B oder C? Außerdem muss man kontrollieren, ob der Gesamtplan noch stimmt oder ob er korrigiert werden muss. Legt man nämlich die kleinere Scheibe auf das mittlere Feld, so ist ein Umweg unvermeidlich, aber man kann ihn durch Korrekturen klein halten.

Definition

Planen stellt einen Teil des Problemlöseprozesses dar, der insbesondere bei sequentiellen (mehrschrittigen) Problemen einen hohen Stellenwert besitzt, da:

▶ vorab eine gedankliche Durchdringung von Vorteil ist, weil ein auf diese Weise erstellter *Plan* das Lösen beschleunigt und
▶ die Durchführung und Brauchbarkeit des Plans kontrolliert und ggf. korrigiert werden muss.

Studie

Klix & Rautenstrauch-Goede (1967) untersuchten mit dem *Turm-von-Hanoi-Problem* eine Gruppe von Psychologiestudenten in den Anfangssemestern sowie eine Gruppe von Gymnasiasten eines mathematischen Schulzweigs, um mehr über das Planen zu erfahren. Alle Vpn mussten die Sechs-Scheiben-Version zehnmal in Folge bearbeiten. Die Anzahl der Zugpaare bis zur Zielerreichung wurde registriert. Die Ergebnisse sind in Abbildung 2.40 dargestellt.

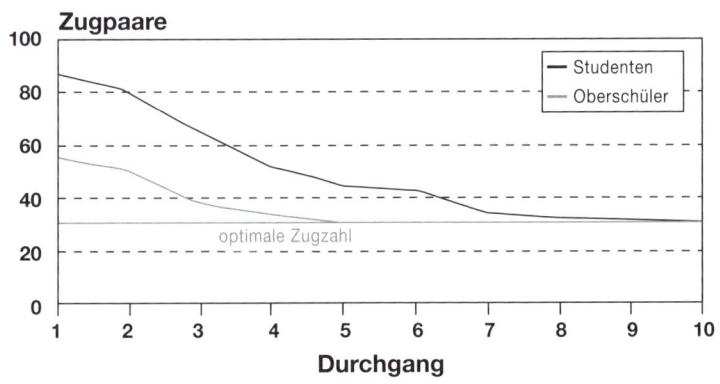

Abb. 2.40

Die Leistungen von Oberschülern eines mathematischen Zweigs und Psychologiestudenten aus den Anfangssemestern in der Sechs-Scheiben-Version des Turm-von-Hanoi-Problems nach Klix & Rautenstrauch-Goede (1967)

Es zeigte sich, dass die Oberschüler von Anfang an wesentlich weniger Zugpaare benötigten als die Psychologiestudenten (Paare deshalb, weil jeder zweite Zug durch die Regeln festgelegt war). Schon ab dem 5. Durchgang arbeiteten die Schüler fehlerfrei (minimal 32 Zugpaare), während dies den Studierenden erst im 10. Durchgang gelang.

Wie kam dieser Leistungsvorteil zustande? Die Autoren gehen davon aus, dass die in der Beweisführung geschulten Schüler des mathematischen Zweigs eine wesentliche *Problemlösestrategie* besser beherrschten und anwendeten als die Psychologiestudenten, nämlich die *Rückwärtsanalyse*. In dieser wird die Lösung vom Zielzustand aus durchdacht.

Rückwärtsanalyse

Wenn der Gesamtturm auf Feld C stehen soll, dann muss ein Zwischenziel erreicht werden, das in Abbildung 2.41 dargestellt ist und von dem aus die größte Scheibe auf Feld C gelegt werden kann. Das bedeutet, dass der Fünferturm auf Feld B stehen und Scheibe 6 auf Feld A frei liegen muss.

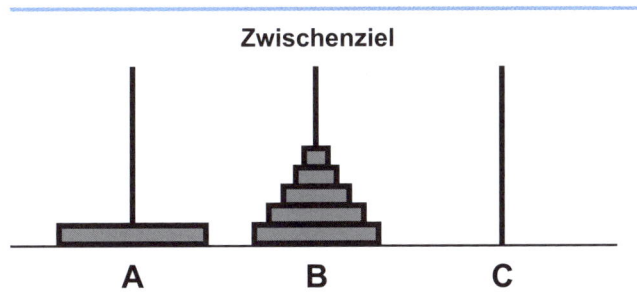

Abb. 2.41

Ein Zwischenziel im Turm-von-Hanoi-Problem

Analoge Überlegungen gelten für vorausgehende Zwischenziele: Der Viererturm muss auf Feld C stehen, damit Scheibe 5 auf Feld B gelegt werden kann usw. Man plant die notwendigen Schritte immer mit Blick auf den bekannten Zielzustand und orientiert sich dabei an Zwischenzielen.

Beispiel

7-Tore-Aufgabe nach Bruder & Collet (2008)
Aufgaben, die eine Rückwärtsanalyse erfordern, sind in der Mathematik wohlbekannt: Ein Mann geht Äpfel pflücken. Um mit seiner Ernte in die Stadt zu kommen, muss er 7 Tore passieren. An jedem Tor steht ein Wächter und verlangt von ihm die Hälfte seiner Äpfel und einen Apfel mehr. Am Schluss bleibt dem Mann nur ein Apfel übrig. Wie viele hatte er am Anfang?

Planen als Strategie

Die Rückwärtsanalyse stellt also eine *Strategie* zur Problemlösung dar.

Definition

Unter einer **Informationsverarbeitungsstrategie** (im Sinne des Problemlösens) versteht man ein regelhaftes, weitgehend bedingungsunabhängiges Vorgehen zur Erarbeitung und Durchführung eines Lösungsplans. Solche generellen Strategien werden auch Metapläne genannt.

heuristisch vs. algorithmisch

Greifen wir noch einmal die Anagrammprobleme auf, so können wir zwei weitere wesentliche Strategien veranschaulichen. Das Anagramm L, A, D, W kann man dadurch lösen, dass man sinnvolle Wörter mit vier Buchstaben bildet und dabei versucht, die beteiligten Buchstaben zu berücksichtigen. Diese Strategie wird *heuristisch* genannt, weil sie erfahrungsabhängig und eher unsystematisch operiert.

Dagegen kann man auch systematisch und erfahrungsunabhängig vorgehen, indem man die Buchstaben in einer festgelegten Reihenfolge umstellt und die entstandenen Wörter auf Sinnhaftigkeit prüft: LADW, LAWD, LDAW, LDWA usw. Diese Strategie nennt man *algorithmisch*. Diese Vorgehensweise führt immer zum Ziel, kann aber viel Zeit in Anspruch nehmen.

Das heuristische Vorgehen kann sehr schnell zum Ziel führen, bedarf aber eines guten Gedächtnisses, da man die Lösungsversuche im Kopf behalten muss, um Mehrfachprüfungen zu vermeiden.

Beim Planen – gerade auch mit Hilfe von Strategien – wird das Überprüfen und Bewerten der einzelnen Planungsschritte mit Hilfe des Bewertungswissens und unter der Regie der Steuerungs- und Kontrollinstanz besonders augenfällig, weil es sich zumeist um vielschrittige Lösungswege handelt.

Das Lösen *komplexer Probleme* ist ein passendes Beispiel für solche sequentiellen Steuerungs- und Bewertungsprozesse. Die wegbereitenden Arbeiten zu diesem relativ jungen Forschungsbereich stammen von Dörner und seinen Mitarbeitern.

In der bekannt gewordenen Lohhausenstudie (Dörner et al. 1983) schlüpften die Pbn in die Rolle des Bürgermeisters von Lohhausen und sollten für einen Zeitraum von 120 Monaten für das Wohlergehen der Stadt und seiner Bürger sorgen. Lohhausen wurde in einem Computermodell simuliert (über 2000 Variablen). Die Pbn trafen Maßnahmen, die von den Versuchsleitern in das System eingegeben wurden. In der nächsten Sitzung erfuhren sie die Auswirkungen ihrer Maßnahmen, trafen neue Entscheidungen usw., bis die 10 Jahre vorbei waren.

Es zeigte sich, dass die meisten Pbn überfordert waren und Lohhausen in den Ruin trieben. Sie waren nicht in der Lage, die Vielzahl an Informationen so zu verdichten, dass eine schrittweise koordinierte Weiterverarbeitung und Bewertung möglich wurde. Vielmehr flüchtete man sich in überschaubare Randaktivitäten (z. B. Schrebergärten ausbauen), die für das Wohlergehen der Stadt und seiner Bürger nur bedingt tauglich waren.

Dörner macht die Langsamkeit und die geringe Kapazität des bewussten Denkens für solche sog. *intellektuellen Notfallreaktionen* verantwortlich (→ Kap. 3.3).

komplexe Probleme

Metakognition

| 2.5.3

Ob Planungs- und Problemlöseprozesse wirklich zielführend sind und das Lösungsziel erfolgreich erreicht wird oder ob bei auftretenden Sackgassen der Lösungsweg korrigiert oder gar neu überlegt werden muss, dazu bedarf es beständiger Kontroll- und Überwachungsprozesse. Erst die begleitende Reflexion des Lösungsprozesses erlaubt es, Probleme effizient zu bearbeiten.

Effizientes Problemlösen bedarf also – über das fachspezifische Wissen hinaus – eines *Wissens über das eigene Wissen* und Kenntnisse darüber, wie der Einsatz dieses Wissens effizient geplant und gesteuert werden kann.

Wissen über das eigene Wissen

Damit wenden wir uns der *Metakognition* zu. Sie umfasst Strukturen und Prozesse, die sich auf das Wissen um eigene Gedächtnisprozesse beziehen und auf das Wissen um die Planung und Steuerung des eigenen Handelns (metakognitives Wissen, → Abb. 2.42).

Abb. 2.42

Die Integration des metakognitiven Wissens in das RIW

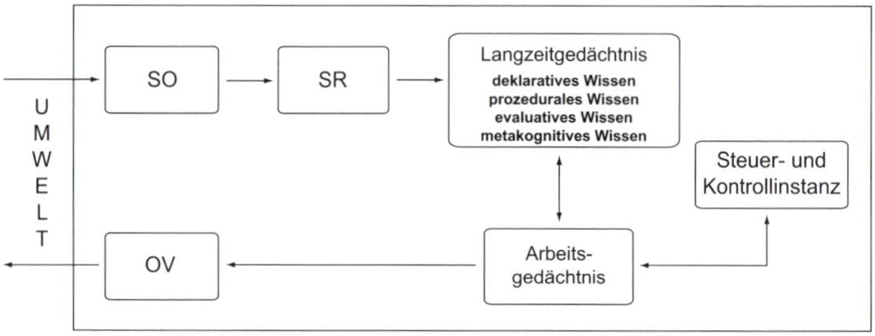

```
UMWELT → SO → SR → Langzeitgedächtnis
                    deklaratives Wissen
                    prozedurales Wissen
                    evaluatives Wissen
                    metakognitives Wissen
                                    ↕
         OV ← Arbeitsgedächtnis ↔ Steuer- und Kontrollinstanz
```

Die unter dem Begriff der Metakognition zusammengefasste Forschungsrichtung soll nachfolgend Erwähnung finden, da metakognitive Kompetenzen als Schlüsselqualifikationen gelten, die Schüler befähigen, zu lernen *wie man lernt* und wie das eigene Lernen *selbst zu regulieren* ist.

Zwei Aspekte der Metakognition

Metakognitionsforschung

Die sogenannte *Metakognitionsforschung* geht auf Flavell (1970) zurück, dem im Zusammenhang mit seinen Arbeiten über die kognitive Entwicklung von Kindern aufgefallen war, dass jüngere Kinder Strategien zum Einprägen von Informationen nicht spontan anwandten, obwohl sie diese kannten und auch erfolgreich anwenden konnten, wenn sie dazu aufgefordert oder ihnen entsprechende Hilfestellungen gegeben wurden. Die Kinder hatten also kein Wissensdefizit in dem Sinne, dass sie geeignete Strategien nicht kannten, sie setzten diese nur nicht gezielt ein (*Produktionsdefizit*).

Seine Beobachtungen und Befunde veranlassten ihn zu der Annahme, dass die Qualität der von den Kindern spontan eingesetzten Lern- und Erinnerungsstrategien abhängt von:

▶ der Kenntnis effektiver Speicher- und Abrufstrategien,
▶ dem Wissen über diese Strategien,
▶ dem Wissen darüber, bei welchen Anforderungen welche Strategien einzusetzen sind und
▶ der Überwachung während des Einsatzes.

Die Entwicklung der effizienten Nutzung des Gedächtnisses, so schlussfolgerte Flavell, beinhaltet demnach zwei Aspekte: erstens die kognitive Entwicklung mit der intelligenten Speicherung und dem geschickten Abruf des Wissens und zweitens die metakognitive Entwicklung mit dem Wissen über diese Speicher- und Abrufprozesse.

An dieser Stelle taucht zum ersten Mal in der Fachliteratur der Begriff des *Metagedächtnisses* auf, unter dem Flavell die beiden Aspekte des *Wissens um Strategien* und der *Überwachung der Strategieanwendung* zusammenfasst. Damit subsumierte er unter den Begriff der Metakognition zwei Aspekte:

Metagedächtnis

▶ das Wissen über die eigenen Kognitionen auf der einen Seite und
▶ die Vorgehensweise beim Bewältigen kognitiver Anforderungen auf der anderen Seite.

Definition

Bei der **deklarativen Komponente** geht es um das Wissen, das eine Person über die eigene Informationsspeicherung und -wiedergabe hat, sowie um das Wissen über Strategien und deren Wirksamkeit allgemein. Konkret sind dies folgende Aspekte (Flavell 1984):

▶ Wissen über *Personvariablen* (Wissen über das eigene Wissen und die eigenen Gedächtnisstärken),
▶ Wissen über *Problemvariablen* (Wissen über die Anforderungen, die mit einem Problem verbunden sind),
▶ Wissen über *Strategievariablen* (Kenntnisse über Strategien und darüber, wann welche Strategie effektiv ist).

Bei der **exekutiven Komponente** geht es um die Prozesse, die die aktuelle Informationsverarbeitung begleiten und steuern. Das bedeutet, das metakognitive Wissen um die Aufgabenanforderung zu nutzen, auf die Anforderung abzustimmen und den Prozess der Bearbeitung zu überwachen und zu kontrollieren.

Die exekutive Komponente umschließt das prozedurale Wissen zur Steuerung der Kognition. Wellman (1985) beschreibt dies als „eine Art innerer Dialog", den der Handelnde mit sich selbst führt und aus dem er sein Verhalten ableitet bzw. selbst steuert. Im Einzelnen gehören dazu die Fähigkeiten:

- Verhalten zu planen und unangemessene Reaktionen zu unterdrücken,
- das eigene Leistungshandeln im Hinblick auf die Zielerreichung zu überwachen und ggf. zu korrigieren und
- das Ergebnis zu kontrollieren.

Nach Brown & DeLoache (1978) stellen diese Steuerungs-, Überwachungs- und Kontrollprozesse die grundlegenden Merkmale effizienten Denkens dar, die wesentlich zu den Leistungsunterschieden zwischen Personen beitragen.

Bezogen auf das Lesen von Texten z. B. bedeutet dieser Aspekt, vorab einzuschätzen, wie schwierig der Text wohl ist, welche Strategien geeignet sind, den Text zu verstehen und zu behalten, Textstellen langsamer oder wiederholt zu lesen, wenn Verständnisschwierigkeiten auftreten und die Aufmerksamkeit auf jene Stellen zu richten, die noch nicht verstanden wurden. Im Einzelnen lassen sich hier folgende Prozesse im Handlungsablauf unterscheiden:

- Vor Beginn der Aufgabenbearbeitung muss die kognitive Anforderung erkannt und daraufhin geprüft werden, ob Handlungsroutinen oder geeignete Strategien vorhanden sind; sodann ist die Aufgabenbearbeitung zu planen und es sind Handlungsschritte festzulegen.
- Während der Handlungsausführung ist diese zu überwachen, um das Lösungsverhalten kontinuierlich auf das Ziel hin abzustimmen und ggf. zu korrigieren, dabei ist auch die Aufmerksamkeit aufrechtzuerhalten und zu verteilen.
- Nach Beendigung der Aufgabenbearbeitung ist die Zielerreichung zu kontrollieren und die Qualität der Bearbeitung zu evaluieren.

Die Ausführungen haben einen Eindruck vermittelt von der Komplexität des Konstrukts Metakognition, das sogleich nach der Einführung in die Psychologie eine große Faszination und Forschungstätigkeit auslöste.

Befunde

Metakognition und Leistung

Von Anfang an wurden große pädagogische Erwartungen an das Metakognitionskonzept geknüpft. Das Bewusstwerden der eigenen kognitiven Prozesse, d.h. die Entwicklung der Metakognition, wurde als entscheidender Mechanismus gesehen, durch den Kinder beginnen, Kenntnis über ihr eigenes Lernen zu erwerben (*learning to learn*) und ihr eigenes Lernen zu regulieren. Es wurde erwartet, dass sich gute metakognitive Kompetenzen positiv auf das Lern- und Leistungsverhalten auswirken.

Eine Metaanalyse über 60 Publikationen bestätigte den positiven Zusammenhang zwischen Metagedächtnis und Leistungen bei Gedächtnisaufgaben (Schneider & Pressley 1989). Insbesondere das Vorhandensein und der Einsatz der exekutiven Komponenten erwiesen sich als leistungssteigernd.

Flavell selbst berichtete von seinen Beobachtungen, dass sich intellektuell reifere Kinder von weniger weit entwickelten Kindern durch ihre Fähigkeit zur Selbstbeobachtung unterschieden.

positiver Zusammenhang

Ähnliches fanden Dörner et al. (1983) bei den Vpn, die Szenarien zum komplexen Problemlösen bearbeiteten: Gute Problemlöser zeichneten sich durch eine höhere Selbstreflexion, ein geplanteres Vorgehen und mehr Kontrollprozesse aus.

Positive Auswirkungen metakognitiver Prozesse der Planung, Überwachung und Kontrolle auf die Lernleistung sind inzwischen vielfach belegt (z.B. Pintrich et al. 1993) und gelten als fächerübergreifende Schlüsselqualifikationen.

Gezielt wurden daher in der Pisa-Untersuchung 2000 (Baumert et al. 2001) neben der Erfassung fertigkeitsspezifischer Kompetenzen (Lesekompetenz, mathematische und naturwissenschaftliche Kompetenzen) die 15-jährigen Schüler danach befragt, ob und welche Strategien sie benutzen. Die Daten belegen, dass die Schüler mit der höchsten Lesekompetenz auch signifikant häufiger angeben, effektive Lernstrategien einzusetzen, d.h. Strategien, die auf das Verstehen und Durchdringen des Textes abzielen, sowie Kontrollstrategien.

Lassen sich positive Auswirkungen durch den Einsatz metakognitiven Strategiewissens einerseits und durch Planungs-, Kontroll- und Überwachungsprozesse andererseits nachweisen, so werden umgekehrt fehlende oder unzureichende metakognitive Prozesse als wesentliches Kennzeichen geringer Leistungen (Pisa 2000; Baumert et al. 2001) und von lernschwachen Schülern allgemein gesehen (Schröder 2005).

Beispiel

Am Beispiel der Bearbeitung einer mathematischen Textaufgabe soll die Wirkweise metakognitiver Prozesse aufgezeigt werden. Dem kompetenten Rechner ist vermutlich die in der Textaufgabe geschilderte Situation unmittelbar klar, er kann sie in eine mathematische Aufgabe *übersetzen* und den entsprechenden Algorithmus bzw. eine geeignete Strategie zur Bearbeitung der Aufgabe abrufen.

Dieses Vorgehen lässt noch Arbeitsgedächtniskapazität, um während der Bearbeitung das eigene Vorgehen zu überwachen und, nachdem die

Lösung gefunden ist, diese nochmals zu kontrollieren. Der Schüler speichert bei einem derart bewussten und kontrollierten Vorgehen nicht nur Wissen über die Aufgabe ab, sondern auch über die spezifischen Anwendungsbedingungen und die Effektivität der Strategie.

Demgegenüber besteht das Vorgehen von Schülern, die nicht über ausreichendes aufgabenspezifisches Wissen verfügen, vor allem in der Suche nach geeigneten Algorithmen, die helfen, die Aufgabe zu lösen. Dabei bleibt keine Kapazität mehr, den Lösungsweg zu planen, die Bearbeitung bewusst zu überwachen und anschließend zu reflektieren. Entsprechend wird die Aufgabe nicht nur weniger effektiv bearbeitet, es werden auch keine unterstützenden metakognitiven Aspekte gelernt und gespeichert – eher wird die gegenteilige Metakognition verinnerlicht: „Das sind die Aufgaben, die ich nicht so gut kann."

wechselseitige Abhängigkeit

Das Beispiel verdeutlicht, dass sich die einzelnen metakognitiven Aspekte – Strategiewissen und prozedurale Komponenten – nicht klar voneinander abgrenzen lassen. Das Wissen um Strategien und deren Effektivität wird durch die reflektierte Anwendung der Strategien erworben. Umgekehrt fördern die exekutiven Kontrollprozesse auch den sicheren Erwerb von Wissen.

Lern- und metakognitive Strategien wirken sich auf den Umfang und die Tiefe des erarbeiteten Wissens aus. Insofern werden metakognitives und inhaltsspezifisches Wissen (oder Domänenwissen) in *wechselseitiger Abhängigkeit* voneinander erworben und sind daher je bereichsspezifisch ausgeprägt.

Vermittlung metakognitiver Kompetenzen

kombinierte Wissensvermittlung

Die Befunde zur Bedeutung metakognitiver Prozesse für die Lernleistung führten zu der Forderung, neben den Lerninhalten stärker die Lernformen in den Vordergrund zu rücken. Gerade die Aspekte der Selbstbeobachtung und Reflexion gelten als leistungssteigernd.

Allein die bloße Vermittlung metakognitiver und strategischer Prozesse garantiert allerdings noch keine Verbesserung der Lernleistung (Mähler & Hasselhorn 2001). Neue Strategien zu erlernen und anzuwenden, ist *harte Arbeit und erfordert große Anstrengung*. Sie werden nur eingesetzt, wenn sie als sinnvoll, lohnend und einträglich angesehen werden (Paris et al. 1983). Das bedeutet, motivationalen Prozessen kommt hier eine entscheidende Bedeutung zu.

Erfolgreiche Fördermaßnahmen kombinieren daher die Vermittlung bereichsspezifischer Fertigkeiten mit metakognitiven Selbststeuerungsstrategien und motivationalen Komponenten und unterstützen gezielt den Transfer auf neue Lernsituationen.

Eine Vermittlung metakognitiver und problemlösender Kompetenzen wird in Formen des Unterrichts gesehen, die auf die eigene Erarbeitung des Wissens abzielen. Während im traditionellen Frontalunterricht eine stringente Darbietung von Informationen und eine systematische Wissensvermittlung dominieren, verwendet *problemlösender Unterricht* Methoden, die die Lernenden zu Eigeninitiative und zum selbstständigen Denken anregen.

problemlösender Unterricht

Problemlösender Unterricht initiiert die Auseinandersetzung mit einem Thema durch eine kognitiv anspruchsvolle Problemstellung oder eine Fragestellung, die bei den Schülern einen Konflikt, eine Dissonanz oder einfach nur Neugierde erregt (*Signifikanz-* und *Pertinenzfilter*, → Kap. 2.2.2). Auf diese Weise sollen Problemlöseprozesse einerseits und metakognitive Prozesse der Überwachung und Kontrolle andererseits angeregt werden.

In Zusammenhang mit dem schlechten Abschneiden der deutschen Schüler in den TIMS- und Pisa-Studien wurden Merkmale des Unterrichts diskutiert. Ein Grund für die unbefriedigenden Leistungen der deutschen Schüler wurde in Unterrichtsformen gesehen, die kleinschrittig eher auf die Rezeption von Wissen angelegt sind, während z.B. in Japan, einem Land mit einem sehr hohen Leistungsstand, der Unterricht gekennzeichnet ist durch die Vorgabe kognitiver Herausforderungen, die Problemlösen, kognitive Schlussfolgerungen und ein konzeptuelles Verständnis erfordern.

Wenn auch das Zustandekommen von Schülerleistungen nicht allein auf Merkmale des Unterrichts zurückgeführt werden darf, so zeigen doch eine Reihe empirischer Untersuchungen inzwischen positive Zusammenhänge zwischen Merkmalen problemlösenden Unterrichts und den Schülerleistungen.

Lernumgebungen so zu gestalten, dass problemlösendes Lernen auch zu den gewünschten Leistungen führt, bedarf allerdings einer Balance zwischen instruktionalen Vorgaben von Seiten der Lehrenden und entdeckendem, problemlösendem Lernen auf Seiten der Schüler. Schließlich müssen die Schüler die Wissensstrukturen, die sie zur Lösung benötigen, im Prozess der Problembearbeitung erst aufbauen. Werden sie hierin nicht unterstützt, kann sich ein problemlösender Unterricht sogar negativ auf das Lernen und die Leistung der Schüler auswirken (Kirschner et al. 2006).

Zusammenfassung

Zum Abschluss der Analyse der kognitiven Determinanten des Unterrichtsgeschehens stehen die Prozesse des Problemlösens, des Planens und der Selbstreflexion (Metakognition) im Fokus der Betrachtung. Anknüpfungspunkte für den Unterricht bieten gerade auch die naturwissenschaftlichen Fächer und der Mathematikunterricht.

Unter Problemlösen versteht man den Vorgang der Überführung eines gegebenen Ausgangszustands (Ist-Zustand) in einen gesuchten Zielzustand (Soll-Zustand), wobei eine Barriere überwunden werden muss. Diese Überwindung erfordert den Einsatz von Operatoren (Veränderungswissen) und führt zu einer Neukonstruktion (Problemlösung). Wenn eine direkte Überführung des Ist-Zustands in den Soll-Zustand durch den Abruf von Faktenwissen (deklarativem Wissen) gelingt, so liegt eine Aufgabe vor.

Von besonderem Interesse sind Einflussgrößen auf den Problemlöseprozess, die zu Einengungen im Lösungsraum führen und somit den Lösungsvorgang erschweren bzw. unmöglich machen. Dazu zählen die Fixationseffekte, zu denen die Merkmals- und die Verknüpfungsfixierung zählen.

Bei der Merkmalsverknüpfung liegt ein priming-Effekt insofern vor, als dem Problemlösen vorausgehende Tätigkeiten das Auffinden von Merkmalen des problemrelevanten Faktenwissens erschweren. Bei der Verknüpfungsfixierung produziert der Lösungsprozess selber Ergebnisse (Handlungsmuster), die die nachfolgenden Lösungsversuche bei ähnlichen Problemstellungen dadurch behindern, dass bestimmte Operatorverknüpfungen nicht zur Verfügung stehen.

Als weitere Einflussgröße erweist sich der Problemkontext. Sowohl der inhaltliche als auch der situative Problemkontext können den Lösungsvorgang erleichtern oder behindern.

Beim Planen handelt es sich um einen Teilaspekt des Problemlösens, der vor allem bei mehrschrittigen (sequentiellen) Problemen Gewicht erhält. Die gedankliche Durchdringung des Problems im Vorhinein (Planerstellung) und die Kontrolle und ggf. Korrektur der gewählten Vorgehensweise (Plandurchführung und -korrektur) nehmen in diesen Fällen breiten Raum ein.

Informationsverarbeitungsstrategien im Sinne des Problemlösens liegen dann vor, wenn es sich um generelle Vorgehensweisen handelt, die auf ein breites Spektrum von Problemstellungen bezogen sind. Dabei unterscheidet sich das algorithmische vom heuristischen Vorgehen hinsichtlich der Systematik, Erfahrungsabhängigkeit und Gedächtnisbelastung. Auch die Rückwärtsanalyse, die den Lösungsvorgang verstärkt vom Ziel ausgehend steuert und kontrolliert, zählt zu den generellen Verarbeitungsstrategien, die man auch Metapläne nennt.

Wurden Problemlösen und Planen bislang als kognitive Prozesse vorgestellt, so kommt dem Planen darüber hinaus Bedeutung zu bei der Steuerung und Regulation des eigenen Lernhandelns.

Als metakognitive Prozesse werden all diejenigen Prozesse bezeichnet, bei denen es um das Wissen über das eigene Wissen und um die Planung, Steuerung und Überwachung des eigenen Handelns geht. Unter dem Begriff der Metakognition werden zwei unterschiedliche Aspekte subsumiert:

- das Wissen über die eigenen Kognitionen auf der einen Seite (deklarativer Aspekt) und
- die Vorgehensweise beim Bewältigen kognitiver Anforderungen auf der anderen Seite (prozeduraler Aspekt).

Ein positiver Zusammenhang zwischen Metakognition und kognitiven Leistungen gilt insbesondere für den prozeduralen Aspekt: Prozesse der Planung, Überwachung und Kontrolle erwiesen sich als leistungssteigernd. Die bloße Vermittlung metakognitiver Prozesse garantiert allerdings noch keine Verbesserung der Lernleistung. Hierzu bedarf es eines günstigen Zusammenwirkens kognitiver, metakognitiver und motivationaler Prozesse.

Übungsaufgaben

1. Worin besteht der Unterschied zwischen einer Aufgabe und einem Problem?
2. Was ist eine Neukonstruktion?
3. Nennen Sie ein Beispiel für einen priming-Effekt beim Problemlösen und erläutern Sie die dabei ablaufenden Vorgänge.
4. Analysieren Sie den Unterschied zwischen einer Merkmals- und einer Verknüpfungsfixierung.
5. Wann ist der Kontext für einen Problemlösevorgang hinderlich und wann begünstigend?
6. Welche Komponenten des Planens unterscheidet man?
7. Was versteht man unter einer Rückwärtsanalyse?
8. Was ist ein Metaplan?

9 Definieren Sie die deklarativen und exekutiven (prozeduralen) Komponenten des Konstrukts Metakognition.

10 Stellen Sie dar, in welcher Weise sich die exekutiven Komponenten der Metakognition leistungssteigernd auswirken.

Intelligenz, Motivation und Emotion als Determinanten des Lernerfolgs im Unterricht | 3

Intelligenz | 3.1
von Annemarie Fritz und David Tobinski

Lernziele

- Kennenlernen des geschichtlichen Hintergrunds der Intelligenzforschung
- verschiedene Definitionen und Modelle des Konstrukts der Intelligenz vergleichen können
- die Konzepte Intelligenz und Informationsverarbeitung aufeinander beziehen und integrieren können
- messtheoretische Grundlagen der IQ-Berechnung kennenlernen
- Befunde zu Zusammenhängen zwischen Intelligenz und Schulleistung kennenlernen

3.1.1 Gegenstand und Geschichte der Intelligenzforschung
3.1.2 Intelligenzmodelle – oder was versteht man unter dem Generalfaktor der Intelligenz?
3.1.3 Intelligenz und das Konzept Informationsverarbeitung
3.1.4 Was ist ein Intelligenzquotient?
3.1.5 Intelligenz und Schulleistung

Gegenstand und Geschichte der Intelligenzforschung | 3.1.1

Lange bevor sich die kognitive Psychologie mit Fragen der Qualität von Informationsverarbeitungsprozessen beschäftigte, ging es in der differentiellen Psychologie darum, kognitive Fähigkeiten und Leistungen zu messen, um individuelle Unterschiede zwischen Menschen erfassen und erklären zu können. Kognitive Fähigkeiten, zum Konstrukt der Intelligenz zusammengefasst, wurden als Persönlichkeitseigenschaften betrachtet, mit denen jemand mehr oder weniger ausgestattet ist bzw. über die jemand mehr oder weniger verfügt.

Können diese Fähigkeiten nun genau bestimmt und gemessen werden und sind sie über die Lebensspanne hinweg relativ stabil, dann kann das Leistungsverhalten einer Person vorhergesagt werden. Mit der Messung von Intelligenz sollte also ein Schlüssel gefunden sein, schulische Leistungen, Erfolg im Studium und berufliche Eignung vorherzusagen. Wie aber lässt sich Intelligenz messen?

erste Sinnesprüfungen   Erste „Tests" zur Erfassung psychischer Funktionsabläufe wurden von Sir Francis Galton (1822–1911) entwickelt. Ausgehend von der Überlegung, dass alle Informationen über die Sinnesorgane aufgenommen werden, hielt er die Fähigkeit der Sinnesorgane für die Grundlage der Intelligenz. Intelligentere mussten sich demnach durch ein feineres sensorisches Unterscheidungsvermögen auszeichnen. Infolgedessen zielten seine Untersuchungen auf die Erfassung der *Seh- und Hörfähigkeit* ab und enthielten Aufgaben zur *Sinnesprüfung* und *Reaktionszeitmessungen*.

Da letztlich keine Zusammenhänge zwischen den elementaren kognitiven Leistungen und der Intelligenz festgestellt werden konnten, wurde dieser Forschungsansatz nicht weiter verfolgt. Erst in jüngerer Zeit wird die Geschwindigkeit der Informationsverarbeitung als ein Merkmal von Intelligenz wieder aufgegriffen.

erster Intelligenztest   Den ersten Intelligenztest der Welt entwickelten Binet & Simon 1905. Binet, Direktor des experimentalpsychologischen Labors an der Sorbonne, hatte vom französischen Erziehungsministerium den Auftrag erhalten, ein Verfahren zu entwickeln, das es gestattet, *lernschwache Kinder* „objektiv" zu *erkennen*. Im Anschluss daran sollten diese Kinder besondere schulische Maßnahmen erhalten, die mehr ihren Fähigkeiten und ihrem Lerntempo entsprachen.

Anders als Galton vermutete Binet, dass Intelligenzunterschiede zwischen Personen durch die bis dahin wenig untersuchten Bereiche der höheren geistigen Tätigkeiten bedingt seien. Ihm erschienen Urteilsfähigkeit, gesunder Menschenverstand und Anpassungsfähigkeit als wesentliche Kennzeichen von Intelligenz.

Infolgedessen entwickelten Binet und Simon ein Set von Aufgaben, von dem sie annahmen, dass es typische Fähigkeiten von Kindern aus bestimmten Altersgruppen erfasse. Die Zusammenstellung der Aufgaben stützte sich weniger auf eine differenzierte Definition von Intelligenz als vielmehr auf ihre langjährige Beobachtung von Kindern in ihren Alltagsumgebungen.

Die Skala enthielt 30 Aufgaben mit steigendem Schwierigkeitsgrad, die möglichst objektiv bewertbar sein sollten und eher logisches Denken und Gedächtnisleistungen erforderten als Auswendiglernen. Die leichteste Aufgabe konnte auch von Kindern mit geistiger Behinderung ausgeführt werden (dem Versuchsleiter die Hand schütteln, einem Lichtpunkt mit den Augen folgen, Nase und Mund zeigen). Es schlossen sich Aufgaben zum Alltagsverständnis der Kinder an, zur Erfassung sprachlicher und schulnaher Leistungen sowie einzelner kognitiver Funktionen wie Merkfähigkeit, Raumvorstellung, Aufmerksamkeit, aber auch moralische Urteilsfähigkeit.

Mit dieser Aufgabensammlung testeten sie zunächst 50 Kinder, je 10 pro Altersgruppe, die von ihren Lehrern im Vergleich zu den Kindern ihres Alters als durchschnittlich begabt eingeschätzt worden waren. Ihr Ziel war es, *alterstypische Aufgaben* zu bestimmen, d. h. Aufgaben, die von 75 % der Kinder einer Altersgruppe gelöst werden konnten.

Intelligenzalter

Kindern, die die Aufgaben ihrer Altersstufe fehlerfrei lösen konnten, wurde ein ihrem Alter entsprechendes Intelligenzalter zugeschrieben. Lagen die Leistungen darüber, konnte z. B. ein 10-jähriges Kind alle Aufgaben der 11- oder 12-jährigen lösen, dann erhielt es ein entsprechend höheres Intelligenzalter. Wenn nur die Aufgaben der ein, zwei oder mehr Jahre jüngeren Altersgruppe gelöst werden konnten, erhielten die Kinder ein entsprechend niedrigeres Intelligenzalter. Auf diese Weise wurde durch den Vergleich der gelösten Aufgaben mit den Aufgaben der Altersgruppe das Intelligenzalter des Kindes festgestellt.

Das von Binet und Simon vorgelegte Testverfahren wurde von ihnen mehrfach überarbeitet und an einer Vielzahl von Kindern geeicht. Heutzutage würde man von Standardisierung sprechen. Als Stanford-Binet-Test wurde der Test über viele Jahre in der psychometrischen Diagnostik (vierte Revision des Verfahrens: 1985) eingesetzt.

Obwohl Binet davon ausgegangen war, dass Intelligenz sich aus mehreren Komponenten wie schlussfolgerndem Denken, Urteilsfähigkeit, Merkfähigkeit und Abstraktionsfähigkeit zusammensetzt, betrachtete er Intelligenz doch als *eine* allgemeine Fähigkeit. Entsprechend war sein Intelligenztest eindimensional konzipiert. Das bedeutet, die Beantwortung jeder Frage, unabhängig davon, welche kognitive Leistung jeweils verlangt wurde, ging gleichwertig in den Punktwert zur Bestimmung des Intelligenzalters ein.

3.1.2 Intelligenzmodelle – oder was versteht man unter dem Generalfaktor der Intelligenz?

Mit der ersten Testentwicklung von Binet begann eine intensive Forschungstätigkeit mit Fragen danach, wie das Konstrukt Intelligenz zu definieren und mit Hilfe welcher Verfahren eine exakte Messung gestattet sei. Wenn auch letztlich – trotz einer inzwischen 100-jährigen Forschungstradition – keine allgemein gültige Definition vorliegt, sollen nachfolgend zwei Definitionen zitiert werden, in denen die grundlegenden Unterschiede zwischen den Forschungsansätzen zum Ausdruck kommen:

Definition

Intelligenz ist die

„allgemeine Fähigkeit eines Individuums, sein Denken bewusst auf neue Forderungen einzustellen; sie ist die allgemeine geistige Anpassungsfähigkeit an neue Aufgaben und Bedingungen des Lebens" (Stern 1912, 19).

„Intelligenz ist ein hypothetisches Konstrukt, ist die zusammengesetzte oder globale Fähigkeit des Individuums zielgerichtet zu handeln, rational zu denken und sich wirkungsvoll mit seiner Umwelt auseinanderzusetzen. Sie ist zusammengesetzt oder global, weil sie aus Elementen oder Fähigkeiten besteht, die, obwohl nicht völlig unabhängig, qualitativ unterscheidbar sind."
(Wechsler 1964, 13)

Die Definitionen enthalten zwei wichtige Merkmale die in nahezu allen Definitionen der Intelligenz enthalten sind:

▶ die Anpassungsfähigkeit der Person an neue Problem- oder Aufgabensituationen bzw. Umweltbedingungen und
▶ die Effektivität und Ökonomie der Mittel, dies zu tun.

globale vs. zusammengesetzte Fähigkeit

Bei aller Ähnlichkeit unterscheiden sich die beiden Definitionen der Intelligenz allerdings darin, dass sie ein Mal als ganzheitliche, homogene Fähigkeit und ein Mal als Zusammenwirken mehrerer, voneinander unabhängiger Faktoren gesehen wird.

Wird die Intelligenz – wie von Binet & Simon (1916) und von Stern (1912) angenommen – als *eine allgemeine Leistungsfähigkeit* angesehen, bedeutet das, dass Menschen mit guten Leistungen in einem kognitiven Bereich (z. B. Auffassungsgeschwindigkeit) auch in allen anderen kognitiven Bereichen gute Leistungen erbringen und umgekehrt Menschen mit schwachen Leistungen in einem kognitiven Bereich auch in allen anderen kognitiven Bereichen schwache Leistungen erbringen.

Wird dagegen angenommen, dass sich Intelligenz aus *verschiedenen, voneinander unabhängigen Fähigkeiten* zusammensetzt, kann sich die Leistungsfähigkeit einer Person in unterschiedlichen Stärken und Schwächen zeigen.

Bereits 1904 hat sich Spearman mit diesen Fragen beschäftigt und zu deren Überprüfung die Korrelationsrechnung in die Psychologie eingeführt. Spearman startete Untersuchungen, in denen er seinen Testpersonen eine Vielzahl von Aufgaben vorgab, die aus unterschiedlichen Anforderungsbereichen stammten. Sollten die Testpersonen bei mehreren Aufgabenstellungen überzufällig häufig vergleichbare Leistungen zeigen, das heißt, ihre *Testleistungen in den unterschiedlichen Anforderungsbereichen signifikant miteinander korrelieren*, dann konnte nach Spearman davon ausgegangen werden, dass den Aufgaben ein gemeinsamer Faktor („g" für generell) zugrunde liegt, der so etwas wie *allgemeine Intelligenz* bedeutet.

g-Faktor

An dieser Stelle soll nicht die Diskussion um unterschiedliche Intelligenzmodelle nachvollzogen werden. Nur so viel: In der aktuellen Intelligenzdiagnostik stehen mehrere Modelle nebeneinander, die entsprechend zu unterschiedlichen Testkonstruktionen geführt haben. Einen wichtigen Anteil bilden dabei Verfahren, die *Intelligenz als zusammengesetzte Fähigkeit* betrachten und entsprechend mehrere Untertests zu unterschiedlichen Fähigkeiten enthalten.

aktuelle Intelligenzdiagnostik

Beispiel

Ein Beispiel dafür ist der HAWIVA (Ricken et al. 2007), der für die Altersgruppe 4;0–6;11 Jahre 14 Untertests enthält (z. B. allgemeines Wissen, Verarbeitung von Abstraktionen und logischen Beziehungen, Verarbeitungsgeschwindigkeit, sprachliche Leistungen, räumliche Vorstellung etc.).

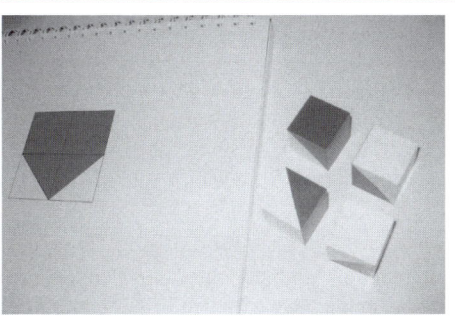

Abb. 3.0

Der Mosaik-Test

Ein Untertest zur Überprüfung des *verbalen Verständnisses* ist das „Begriffe erkennen". Hier werden Merkmale genannt und das Kind soll den entsprechenden Begriff sagen: z. B. „Diese Person bringt Briefe zu den Menschen". Ein weiterer Untertest, der Mosaik-Test (→ Abb. 3.0) prüft die Fähigkeit, abstrakte visuelle Muster, die als Bilder vorgegeben sind, mit Würfeln nachzubauen.

Demgegenüber erfordert die Erfassung von *Intelligenz als globaler Fähigkeit (g-Faktor)* Messverfahren, in deren Zentrum Anforderungen zum schlussfolgernden Denken stehen, die auf einer eindimensionalen Skala abgebildet sind.

Beispiel

Ein Beispiel sind die *Progressiven Matrizen* von Raven (1938), ein Testverfahren, das mehrfach neu normiert bis heute aktuell ist. Aufgabe der Versuchsperson ist es, das vorgegebene Muster zu analysieren und aus den vorgegebenen Alternativen diejenige auszuwählen, die das Muster ergänzt.

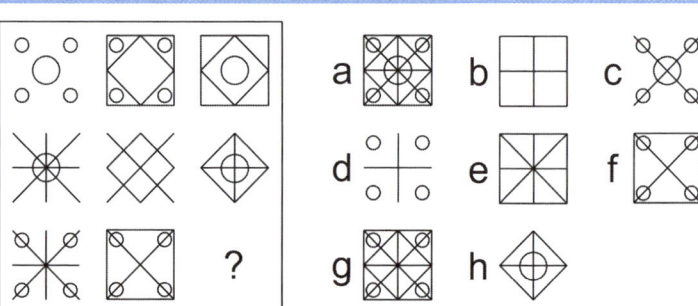

Abb. 3.1

Aufgabe aus dem Advanced Progressive Matrices Test von Raven

fluide vs. kristalline Intelligenz

Eine weitere Theorie von nachhaltiger Bedeutung wurde bereits 1957 von Cattell formuliert, sie ist vereinbar mit aktuellen Gedächtnismodellen der kognitiven Psychologie. Cattell geht in seiner Theorie von zwei voneinander abhängigen g-Faktoren aus: der fluiden und der kristallinen Intelligenz.

Die genetisch bedingte *fluide Intelligenz* steht für die Fähigkeit zur Anpassung an neuartige Situationen durch schlussfolgerndes Denken, Problemlösen und Verarbeitungsgeschwindigkeit. Zu den bisher genannten

Aspekten der allgemeinen Intelligenz, kommt hier noch die Verarbeitungsgeschwindigkeit hinzu.

Die erworbene *kristalline Intelligenz* umfasst dagegen das gesamte, in bisherigen Lernprozessen erworbene Wissen einer Person. „Die kristalline Intelligenz ist gewissermaßen das Endprodukt dessen, was flüssige Intelligenz und Schulleistung gemeinsam hervorgebracht haben" (Cattell 1973, 268).

Die fluide Intelligenz wird mit Verfahren erfasst, wie sie oben dargestellt wurden (Raven-Test), wobei hier noch Zeitbegrenzungen eine Rolle spielen (Informationsverarbeitungsgeschwindigkeit).

Testverfahren

Zur Erfassung der kristallinen Intelligenz gibt es keine spezifischen Messverfahren. Hier könnten Wissenstests, Schulleistungstests etc. zum Einsatz kommen.

Dass die fluide Intelligenz auf die kristalline Intelligenz einwirkt, wird unmittelbar einsichtig. Der Erwerb von Wissen bzw. von Lernerfahrungen, die sich zu Wissen „kristallisieren", wird von der Qualität der fluiden Intelligenz bestimmt. Umfangreiches und gut strukturiertes Wissen wird schneller erworben und in kürzerer Zeit tiefer erarbeitet werden, wenn eine hohe fluide Intelligenz besteht und – selbstverständlich – die entsprechenden Lernangebote bestehen.

Entsprechend wird in dem Bereich, der für die Person von besonderem Interesse ist oder der besonders gefördert wird, mehr und besser vernetztes Wissen aufgebaut (Expertenwissen). In diesem Sinne werden Leistungsunterschiede zwischen verschiedenen Wissensbereichen, trotz der Annahme des g-Faktors, erklärbar. Bezogen auf das Modell der Informationsverarbeitung werden hier Wissenskomponenten einerseits und Verarbeitungskomponenten andererseits unterschieden.

Für die Betrachtung kognitiver Entwicklung über die Lebensspanne hinweg hat dieses Modell darüber hinaus Bedeutung erlangt, da hier aufgezeigt wird, dass selbst dann, wenn die fluide Intelligenz durch verlangsamte Verarbeitungsprozesse geringer wird, die kristalline Intelligenz bis ins hohe Alter beibehalten und sogar weiter ausgebaut werden kann.

Intelligenz und das Konzept der Informationsverarbeitung | 3.1.3

Die Ansätze der differentiellen Psychologie, Intelligenz auf der Grundlage des Vergleichs mit anderen Menschen zu messen, und der Ansatz der modernen Kognitionspsychologie, *Informationsverarbeitungsprozesse* zu erfassen, schienen zunächst unvereinbar. Beschränkt sich die Intelligenzdiagnostik darauf, Antworten auf Fragen bzw. Lösungen zu Aufgaben rein resultatorientiert zu vermerken und die Anzahl gelöster Aufgaben in einem IQ-Wert auszudrücken, zielt die Informationsverarbeitungstheorie darauf ab, die an kognitiven Prozessen beteiligten Strukturen und Prozesse eingehend zu analysieren.

Misst ein Intelligenztest jedoch, was er zu messen vorgibt, nämlich die Fähigkeit(en) zum schnellen Erfassen einer Situation und zum Problemlösen, dann sollten Leistungen in Intelligenztests mit Leistungen beim Problemlösen hoch korrelieren.

Intelligenz und Problemlösen

Untersuchungsbefunde hierzu fielen jedoch – überraschenderweise – sehr widersprüchlich aus. Gründe hierfür wurden darin vermutet, dass in Intelligenztests Aufgaben zum schlussfolgernden Denken vorgegeben werden, die durch den Vergleich von Gemeinsamkeiten und Unterschieden und das Herstellen von Beziehungen eindeutig lösbar sind (→ Abb. 3.0), wohingegen Probleme nicht immer eindeutig lösbar sind (→ Kap. 2.5) und den Einsatz unterschiedlicher kognitiver Prozesse erfordern.

Es bleibt daher die Frage, welche der im Intelligenztest erfassten kognitiven Fähigkeiten beim Lösen unterschiedlicher Probleme relevant sind. Und wie umgekehrt das Intelligenztestkonzept mit den Modellvorstellungen zu den Prozessen des Denkens und Problemlösens vereinbar ist. Dies führte innerhalb der kognitiven Psychologie soweit, dass bei Problemlöseprozessen von *operativer Intelligenz* gesprochen wird, welche quasi eine eigene Form darstellt und über klassische Ansätze der Diagnostik nicht zu erfassen wäre.

Berliner Intelligenzstrukturmodell

Die neuere Intelligenztestforschung blieb nicht unbeeinflusst von den Erkenntnissen der kognitiven Psychologie, und in die Erarbeitung von Modellvorstellungen und Testkonstruktionen flossen deren Ergebnisse mit ein. Nachfolgend soll das Berliner Intelligenzstrukturmodell (BIS) von Jäger und Mitarbeitern (1997) vorgestellt werden, ein *aktuelles Mehr-Faktoren-Modell*, das etablierte Modelle der Intelligenzdiagnostik mit Aspekten der Informationsverarbeitung kombiniert.

Um die kontroversen Fragen nach der Struktur der Intelligenz zu klären, trugen Jäger und seine Kollegen alle bis zur Mitte der siebziger Jahre in Intelligenztests eingesetzten Aufgaben zusammen und inventarisierten diese (insgesamt mehr als 2000). Das berechnete Modell basiert auf den Grundannahmen, dass:

▶ an jeder Intelligenzleistung alle intellektuellen Fähigkeiten beteiligt sind, allerdings mit deutlich unterschiedlichen Gewichten und
▶ die Fähigkeitskonstrukte hierarchisch strukturiert sind (Jäger et al. 1997).

Im Einzelnen unterschieden Jäger und seine Mitarbeiter folgende Fähigkeitskonstrukte:

Operative Fähigkeiten
- *Verarbeitungskapazität:* Verarbeitung komplexer Informationen bei Aufgaben, die nicht auf Anhieb zu lösen sind,
- *Einfallsreichtum:* flexible Ideenproduktion, Reichtum an Vorstellungen, Sehen verschiedener Seiten,
- *Merkfähigkeit:* aktives Einprägen und kurzfristiges Behalten und
- *Bearbeitungsgeschwindigkeit:* Arbeitstempo, Auffassungsgeschwindigkeit.

Zusätzlich unterschieden Jäger und seine Mitarbeiter 3 Inhaltsbereiche, in denen Anforderungen präsentiert werden können:

- sprachgebundenes Denken (verbal),
- zahlengebundenes Denken (numerisch) und
- anschauungsgebundenes, figural-bildhaftes Denken.

An der Spitze der Fähigkeitshierarchie steht der allen Komponenten gemeinsame g-Faktor der allgemeinen Intelligenz.

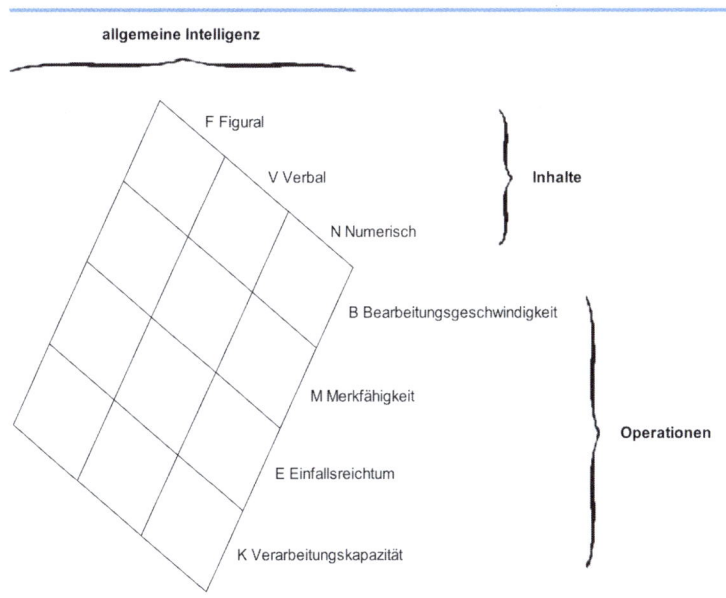

Abb. 3.2

Das Berliner Intelligenzstruktur-Modell (BIS) nach Jäger und Kollegen (1997) – Inhalte und Operationen

Betrachten wir die operativen Fähigkeiten – abgesehen von der *Kreativität* –, fällt hierbei die Nähe zum Konzept des Arbeitsgedächtnisses auf (→ Kap. 2.3). Mit *Merkfähigkeit* und *Bearbeitungsgeschwindigkeit* werden Umfang und Geschwindigkeit der Informationsverarbeitung erfasst; die *Verarbeitungskapazität* weist eine Nähe zum Konzept der zentralen Exekutive auf, deren Aufgabe es ist, die aktuelle Informationsverarbeitung zu steuern und mit dem Wissensabruf aus dem Langzeitgedächtnis zu koordinieren.

Entsprechende Untersuchungen weisen auch hohe Korrelationen zwischen Arbeitsgedächtnisleistungen und Maßen der Intelligenz (fluide Intelligenz) auf, wenn es um die Geschwindigkeit der Informationsverarbeitung und um die Erfassung von Leistungen zum schlussfolgernden Denken geht.

Die inhaltsgebundenen Fähigkeiten dagegen stehen für unterschiedliche Modalitäten der Verarbeitung und Repräsentationsformate des Langzeitgedächtnisses.

Mit diesem Ansatz gelingt es, Strukturen der Intelligenz mit Strukturen und Prozessen der Informationsverarbeitung zu integrieren. Entscheidende Bedingungen für effektive und effiziente kognitive Leistungen sind demnach die Verarbeitungskapazität, die Geschwindigkeit der Informationsverarbeitung und die Merkfähigkeit. Werden Intelligenzleistungen in dieser Weise operationalisiert, lassen sich auch Korrelationen mit Problemlöseleistungen feststellen.

CHC-Modell   Ähnlich ist auch das in der internationalen Forschung aktuell diskutierte CHC-Modell (*Cattell-Horn-Carroll-Modell*) aufgebaut, das eine Weiterentwicklung des Ansatzes von Cattell ist (vgl. McGrew 2005). Auch hier wird eine oberste Ebene eingezogen, auf der alle kognitiven Fähigkeiten zu einem g-Faktor zusammengefasst werden; dieser wiederum unterteilt sich in 10 Fähigkeitsbereiche (z.B. fluide Intelligenz, kristalline Intelligenz, Kurzzeitgedächtnis, Verarbeitungsgeschwindigkeit, visuellräumliche Prozesse etc.). Jeder dieser Bereiche wird durch weitere Fähigkeiten untergliedert, so dass insgesamt 69 verschiedene Fähigkeiten unterschieden werden.

In der Entwicklung neuerer diagnostischer Verfahren wird auf das CHC-Modell zurückgegriffen, um Fähigkeiten und Prozesskomponenten der Verarbeitung systematisch differenzierter zu erfassen (z.B. *HAWIVA-III*: Ricken et al. 2007).

Was ist ein Intelligenzquotient? | 3.1.4

Binet hatte in seinen Verfahren das Intelligenzalter der Kinder nach der Altersstufe bestimmt, auf der die Kinder Aufgaben erfolgreich bearbeiten konnten. Dieses Vorgehen barg Probleme insoweit, als ein Altersvorsprung von 2 Jahren für ein 5-jähriges Kind bedeutsamer ist als für einen 13-jährigen Jugendlichen. Für die Messung der Intelligenz von Erwachsenen ist das Verfahren gänzlich ungeeignet.

Schon 1932 führte David Wechsler die heute übliche Messung von Intelligenz als *Intelligenzquotient (IQ)* ein. Danach werden die Testleistungen einer Person mit den Leistungen einer Normstichprobe Gleichaltriger verglichen. Ein Kind im Alter von 12 Jahren bearbeitet z.B. einen Test, der für Kinder im Alter von 6 bis 15 Jahren normiert ist. Die Normierung wird je nach Testform in Jahres- oder Halbjahresabständen vorgenommen. Bei jüngeren Kindern werden sogar Normen in Vierteljahresabständen angegeben. Bei Erwachsenen sind die Altersabstände entsprechend größer.

Messung des IQs

Die Kinder aller Altersgruppen bearbeiten dieselben Aufgaben, wobei ältere Kinder erwartungsgemäß mehr Aufgaben lösen als jüngere. Die Anzahl korrekt gelöster Aufgaben wird ermittelt und zu einem Punktwert (Rohwert) aufaddiert. Je nach Testverfahren werden Punktwerte pro Untertest oder für den Gesamttest errechnet. In Normtabellen können sodann die Leistungen der Person in Bezug zur Normstichprobe ermittelt werden, wobei der Abstand der individuellen Leistung vom Gruppendurchschnitt den Intelligenzwert angibt.

Um die Messwerte vergleichbar zu machen, wurde der IQ auf die Normalverteilung (Gauß'sche Glockenkurve) normiert. Für jede Altersgruppe wird der Durchschnitt mit 100 angesetzt und die Standardabweichung mit 15. Auf diese Weise sind die Abweichungen vom Mittelwert über verschiedene Altersgruppen hinweg vergleichbar.

Normalverteilung

Dieser Abweichungs-IQ ist heute die Skala in allen gebräuchlichen Intelligenztests, die einen IQ angeben. Nach dieser Einteilung entspricht ein **IQ von 100 einer durchschnittlichen Intelligenz** und per definitionem liegen rund 68 Prozent der Bevölkerung im Bereich plus/minus eine Standardabweichung, d.h. *im Durchschnittsbereich* zwischen den Messwerten 85 und 115 (→ Abb. 3.3). Leistungen, die zwischen 1–2 Standardabweichungen unter oder über dem Mittelwert liegen, werden als unterdurchschnittlich (IQ zwischen 85 und 70) bzw. als überdurchschnittlich (IQ zwischen 115 und 130) eingestuft. Personen mit einem IQ über 130 gelten als hochbegabt und Personen mit einem IQ kleiner 70 als geistig behindert.

Wie ist nun ein IQ-Wert zu interpretieren? Ist ein IQ-Wert von 105 größer als ein IQ-Wert von 104?

Abb. 3.3

Normalverteilung der Intelligenz

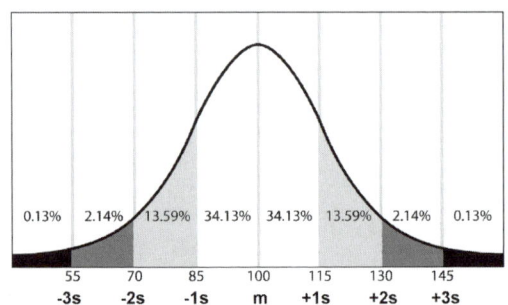

Messfehler

Bei einem Test wird aufgrund der Testwerte, die eine Person erreicht, auf die Fähigkeit bzw. Eigenschaft (hier: Intelligenz) geschlossen, die der Test messen möchte. Dabei ist die Annahme leitend, dass die Aufgaben (Items) diese Fähigkeit abbilden können.

Eine solche Messung ist mit Fehlern unterschiedlicher Art behaftet. Diese betreffen die Zuverlässigkeit, mit der die Aufgaben die Fähigkeit tatsächlich messen oder die unterschiedlichen Einflüsse verschiedener Versuchsleiter. Um diese *Fehlereffekte* zu berücksichtigen, gilt die Formel, dass sich ein Testwert zusammensetzt aus dem „wahren Wert" + Messfehlern.

Um den Messfehler zu berücksichtigen, wird für jeden Test ein sogenanntes *Konfidenzintervall* berechnet. Dieses gibt an, mit welcher Wahrscheinlichkeit der ermittelte Testwert in einem bestimmten Bereich liegt. Nehmen wir an, es wurde ein IQ = 98 ermittelt. Bei einem Konfidenzintervall von 95 % liegt der Wert aufgrund des Messfehlers von etwa ± 5 zwischen 93–103. Das heißt, mit einer Wahrscheinlichkeit von 95 % liegt der wirkliche IQ zwischen 93 und 103. Konkretere Aussagen können aufgrund einer IQ-Messung nicht vorgenommen werden.

3.1.5 | Intelligenz und Schulleistung

Ob und inwieweit schulischer Erfolg mit der Höhe der Intelligenz zusammenhängt, wird immer wieder kontrovers diskutiert. Der erste Intelligenztest wurde mit dem Ziel entwickelt, kognitive Leistungsbeeinträchtigungen festzustellen und retardierte Kinder besonderen schulischen Maßnahmen zuzuführen.

In den 70er-Jahren des letzten Jahrhunderts wurde die Legitimation von Intelligenztests im Zusammenhang mit Schullaufbahnentscheidungen (Feststellung von sonderpädagogischem Förderbedarf) hinterfragt. In den Vordergrund gestellt wurde die Analyse der individuellen Lernvoraussetzungen in den Fächern, weniger die allgemeine Intelligenz.

Wie eng hängen nun Intelligenz und Schulleistung tatsächlich zusammen?

Korrelationen zwischen Intelligenztest und Schulleistungen erreichen mittlere bedeutsame Werte zwischen r = .50 – .60 (Jensen 1998) und bestätigen den deutlichen Zusammenhang zwischen den Leistungen. Korrelationsstudien beschreiben allerdings nur Zusammenhänge, sie geben weder Auskunft über die Richtung des Zusammenhangs (trägt eine hohe Intelligenz zum Zustandekommen guter Schulleistungen bei oder steigert das schulische Lernen die Intelligenz?), noch gestatten sie die Erklärung des Zusammenhangs.

Korrelationen Intelligenz und Schulleistung

In Pfadanalysen, eine besondere Form der statistischen Auswertung, werden verschiedene Variablen (z. B. Intelligenz, Motivation, Schulbildung der Eltern etc.) daraufhin untersucht, wie stark sie ein Kriterium (hier: Schulleistung) determinieren. Auch in solchen Analysen erwies sich der Faktor Intelligenz stets als hochbedeutsam. Er gilt als einer der besten Prädiktoren zur Vorhersage schulischer Leistungsfähigkeit im Grundschulalter (Helmke 1997).

Die Höhe der Werte in den Studien zeigt aber auch an, dass neben der Intelligenz noch mehrere andere Faktoren – z. B. Motivation, spezifische Kenntnisse, schulische Bedingungen, häusliche Unterstützung etc. – am Zustandekommen von Schulleistungen beteiligt sind.

Greift man nun aber die Intelligenz als einen hochbedeutsamen Faktor heraus, stellt sich die Frage, wie der Zusammenhang zwischen intellektuellen Fähigkeiten und schulischen Leistungen erklärt werden kann und durch welche Prozesse er zustande kommt.

Die entwicklungspsychologischen Studien der letzten 20 Jahre zeigen, dass das Gehirn der Säuglinge mit unterschiedlichen Lernpotentialen (Vorbereitung auf die Sprache, Unterscheidung von Mengen, Verständnis physikalischer Zusammenhänge) ausgestattet ist, die sie auf die Umwelt vorbereiten und ihnen eine schnelle Anpassung an diese ermöglichen.

Intelligenz und Wissenserwerb

Bei aller Gleichheit in der „Grundausstattung" unterscheiden sich die Kinder hinsichtlich der Geschwindigkeit und der Qualität ihrer Lernprozesse (fluide Intelligenz), mit denen, aufbauend auf den vorhandenen Lernpotentialen, kognitive Kompetenzen erworben werden (Weinert 1999). Wird Lernen als aktive Auseinandersetzung mit der Umwelt verstanden, durch die Wissen erworben und miteinander verknüpft wird, dann kommt der Geschwindigkeit der Lern- bzw. Informationsverarbeitungsprozesse Bedeutung zu, da in kürzerer Zeit mehr Informationen aufgenommen und verarbeitet werden können.

Unterschiede in der Qualität ergeben sich insofern, als Informationen mehr oder weniger tief erarbeitet und das so erworbene Wissen mehr oder weniger stark vernetzt wird. Entsprechend kann auch flexibler auf das Wissen zugegriffen werden. Diesen Zusammenhang formulieren Helmke & Weinert (1997) in folgender Weise:

▶ Intelligentere sind im Vergleich zu weniger intelligenten Menschen besser in der Lage, sich auf neue Aufgaben einzustellen, effektive Problemlösungsstrategien zu entwickeln und lösungsrelevante Regeln zu erkennen.
▶ Intelligentere haben im Vergleich zu weniger intelligenten Menschen in kumulativen Lernsequenzen unter vergleichbaren Zeit- und Instruktionsbedingungen mit einer gewissen Wahrscheinlichkeit in der Vergangenheit mehr und intelligenter organisiertes (tiefer verstandenes, vernetztes, multipel repräsentiertes und flexibel nutzbares) Wissen erworben. Diese bereichsspezifischen Vorkenntnisse erleichtern die darauf aufbauenden weiteren Lernprozesse.

So ist die genetische Grundausstattung als eine Art Motor zu verstehen, der die Kraft und Geschwindigkeit des Wissenserwerbs steuert. Ein gutes intellektuelles Potential allein reicht aber nicht aus, um Lernen und Wissensaufbau voranzubringen. Das genetische Potential entfaltet sich in jedem Fall erst durch Lernprozesse.

Notwendig sind daher anregende Lernumgebungen einerseits und die Motivation und das Interesse der Person andererseits. Entsprechend wirken sich Lernumgebungen, die den Aufbau vernetzten Wissens fördern, positiv auf die Entwicklung des IQs aus, genauso wie sich Lernumgebungen, in denen Anregung und Unterstützung fehlen, oder Schulunterbrechungen, negativ auf die Entwicklung des IQs auswirken.

Selbst hochbegabte Menschen bedürfen fördernder Lernumgebungen und der gezielten Unterweisung, um ihr gutes intellektuelles Potential in exzellente Leistungen umwandeln zu können.

Stabilität des IQs Ungefähr ab dem 10. Lebensjahr ist der individuelle IQ-Wert der Person stabil und schwankt nur noch innerhalb des Messfehlers. Das bedeutet für das schulische Lernen, dass zwischen Schülern einer Klasse relativ stabile Intelligenzunterschiede bestehen, die ihr Lernen unterschiedlich voranbringen. Abbildung 3.4 zeigt die Lernkurven dreier unterschiedlich intelligenter Schüler. Die Kurven verlaufen nicht parallel zueinander, bei höherer Intelligenz hebt sich der Anstieg schneller ab.

Wie die Ausführungen zur fluiden und kristallinen Intelligenz aber auch deutlich gemacht haben, bedeutet die Verfügbarkeit über eine hohe (fluide) Intelligenz nicht, dass Personen mit „gleicher" Intelligenz in allen Wissensbereichen gleich viel und gleich gutes Wissen erwerben. Außer von der Intelligenz wird der Wissenserwerb eben gesteuert von

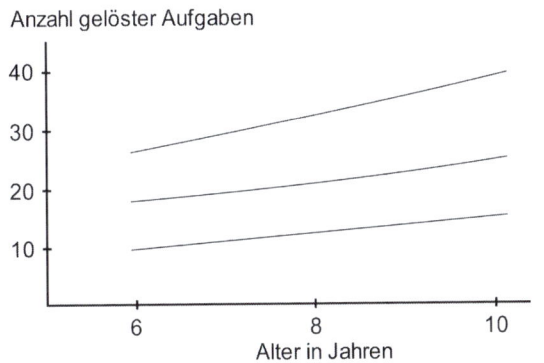

Abb. 3.4

Die Lernkurven dreier unterschiedlich intelligenter Schüler

individuellen Leistungsstärken, Interessen, den Lernangeboten, der Lernunterstützung etc. in diesem Bereich. Daher bilden Personen mit gleichem IQ unterschiedliches „Expertenwissen" (bereichsspezifisches Wissen) aus.

Das individuell erworbene Wissen wird für den Schulerfolg immer bedeutsamer und determiniert den weiteren Wissensaufbau. Korrelationen zwischen Intelligenz und Schulleistungen werden daher über die Schuljahre hinweg geringer und Korrelationen zwischen dem Vorwissen im jeweiligen Fach und dem Schulerfolg größer.

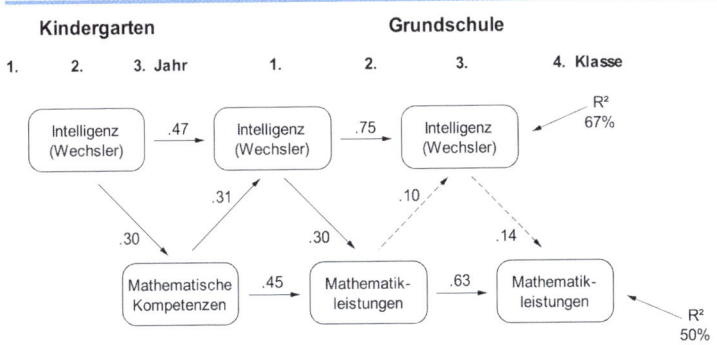

Abb. 3.5

Korrelationen zwischen Rechenleistungen und Intelligenz vom Vorschulalter bis zum 3. Schuljahr

In der Scholastik-Studie (Weinert & Helmke 1997) wurden Kinder vom Vorschulalter bis zum vierten Schuljahr mehrfach untersucht. Die Abbildung zeigt die Zusammenhänge zwischen Testleistungen zu drei Messzeitpunkten (Vorschulalter, 1. Schuljahr, 3. Schuljahr). Gemessen wurden jeweils die Intelligenz- und die Rechenleistungen. Aus der Abbildung ist zu ersehen, dass die Korrelationen zwischen den Intelligenztestmessungen höher werden.

Dieser Befund bestätigt die weiter oben getroffene Aussage, dass sich der IQ zwischen dem 7. und dem 10. Lebensjahr stabilisiert. Ebenso werden die Korrelationen zwischen den Rechenleistungen höher, wohingegen die Korrelationen zwischen den Rechenleistungen und der Intelligenz geringer werden.

Dieser Befund macht deutlich, dass für den Schulerfolg im Rechnen das gute Vorwissen im Rechnen immer bedeutsamer wird, wesentlich bedeutsamer als die Intelligenz.

Weinert & Stefanek (1997) nehmen allerdings an, dass dieser Zusammenhang vor allem für den curricular organisierten schulischen Fertigkeitenerwerb gilt. Sind Strategien und Regeln zu erwerben und flexibel anzuwenden, sind Fähigkeiten im Sinne von Intelligenz wieder von größerer Bedeutung.

Zusammenfassend unterstreichen auch die Befunde zur Intelligenzentwicklung die Bedeutung des sinnvollen Lernens, d. h. die Anbindung und Integration neuen Wissens an vorhandene Vorwissensinhalte, um tief erarbeitetes Wissen zu erwerben. Die Förderung schwacher Schüler zielt daher auch weniger auf die Steigerung des Intelligenzquotienten ab als auf eine Unterstützung ihres fertigkeitsspezifischen Wissens, auf das Verständnis schulspezifischer Inhalte und deren tiefe Erarbeitung und Vernetzung.

Zusammenfassung

Von Anfang an zielte die Intelligenzforschung darauf ab, die kognitiven Fähigkeiten von Menschen zu messen, um individuelle kognitive Unterschiede zwischen Menschen erfassen und erklären zu können.

Den ersten Intelligenztest der Welt entwickelten Binet & Simon (1905). Ziel des Tests war es, Kinder mit kognitiven Verzögerungen und Lernschwächen zu identifizieren, um sie besonderen pädagogischen Maßnahmen zuzuführen. Binet & Simon nannten als wesentliche Kennzeichen von Intelligenz Urteilsfähigkeit, gesunden Menschenverstand und Anpassungsfähigkeit.

Bis heute existiert keine einheitliche Definition von Intelligenz, die verschiedenen Autoren stimmen aber dahingehend überein, dass Intelligenz die Anpassungsfähigkeit der Person an neue Problem- oder Aufgabensituationen bzw. Umweltbedingungen beinhaltet und die Effektivität und Ökonomie der Mittel, dies zu tun.

Grundsätzlich unterscheiden sich Definitionen danach, ob Intelligenz als eine allgemeine Fähigkeit (g-Faktor) betrachtet wird oder als zusammengesetzt aus mehreren einzelnen Fähigkeiten. Neuere Modelle gehen davon aus, dass alle kognitiven Fähigkeiten gemeinsam einen g-Faktor bilden. Dieser wiederum unterteilt sich in einzelne Fähigkeiten wie: Merkfähigkeit, visuelle Verarbeitung, auditive Verarbeitung etc.

Lange Zeit entwickelten sich die Intelligenzforschung und die kognitive Psychologie mit dem Paradigma der Informationsverarbeitung nebeneinander her. Die Ansätze, kognitive Fähigkeiten zu messen vs. Strukturen und Prozesse der Informationsverarbeitung zu analysieren und zu modellieren, wiesen wenige Gemeinsamkeiten auf.

Die neuere Intelligenztestforschung blieb allerdings nicht unbeeinflusst von den Erkenntnissen der kognitiven Psychologie. So weist das (in Deutschland) neueste Intelligenzstrukturmodell von Jäger et al. (1997) unter einem allgemeinen g-Faktor der Intelligenz vier operative Fähigkeiten auf: Verarbeitungskapazität, Einfallsreichtum, Merkfähigkeit und Bearbeitungsgeschwindigkeit. Mit Merkfähigkeit und Bearbeitungsgeschwindigkeit werden Umfang und Geschwindigkeit der Informationsverarbeitung erfasst. Die Aufgaben der zentralen Exekutive entsprechen dem, was hier als Fähigkeit zur Verarbeitungskapazität definiert wird.

Die Leistungen in einem Intelligenztest werden mit den Leistungen einer gleichaltrigen Normstichprobe verglichen. Der Abstand der individuellen Leistung zum Gruppendurchschnitt der Normstichprobe gibt den Intelligenzwert an, der als IQ (Intelligenzquotient) bezeichnet wird. Um die Messwerte vergleichbar zu machen, wird der IQ auf die Normalverteilung (Gauß'sche Glockenkurve) normiert. Für jede Altersgruppe wird der Durchschnitt mit 100 angesetzt und die Standardabweichung mit 15. Nach dieser Einteilung entspricht ein IQ von 100 einer durchschnittlichen Intelligenz und per definitionem liegen rund 68 Prozent der Bevölkerung im Bereich plus/minus eine Standardabweichung, d.h. im Durchschnittsbereich zwischen den Messwerten 85 und 115.

Korrelationsstudien haben gezeigt, dass Intelligenz und Schulerfolg bedeutsam zusammenhängen (r = .50–.60). Die Höhe der Korrelation zeigt aber auch an, dass zwar die Intelligenz ein bedeutsamer Faktor ist, daneben aber noch mehrere andere Faktoren – z.B. Motivation, spezifische Kenntnisse, schulische Bedingungen, häusliche Unterstützung etc. – am Zustandekommen von Schulleistungen beteiligt sind.

Wie lässt sich der Zusammenhang zwischen intellektuellen Fähigkeiten und schulischen Leistungen erklären? Nimmt man als zentrales Merkmal der (fluiden) Intelligenz die Geschwindigkeit und Qualität der

Informationsverarbeitung an, dann können Kinder mit höherer Intelligenz in kürzerer Zeit mehr Informationen aufnehmen und diese tiefer verarbeiten und miteinander vernetzen als Kinder mit geringerer Intelligenz.

Ein gutes intellektuelles Potential allein reicht aber nicht aus, um Lernen und Wissensaufbau voranzubringen. Das genetische Potential entfaltet sich in jedem Fall erst durch Lernprozesse, die durch anregende Lernumgebungen einerseits und die Motivation und das Interesse der Person andererseits unterstützt werden. So wird für den Schulerfolg über die Jahre hinweg das erworbene Wissen immer bedeutsamer. Das jeweilige Vorwissen in einem Fach entscheidet mehr über die Leistungsgüte in diesem Fach als die Intelligenz.

Entsprechend werden schwache Schüler auch fertigkeitsspezifisch gefördert, damit sie schulspezifische Inhalte verstehen, tief erarbeiten und ihr Wissen vernetzen.

Literatur

Amelang, M. & Bartussek, D. (2001). *Differentielle Psychologie und Persönlichkeitsforschung.* Stuttgart: Kohlhammer.

Eysenck, H. J. (1998). *Intelligence. A New Look.* London: Transaction Publishers.

Übungsaufgaben

1 Zu welchem Zweck wurde der erste Intelligenztest konstruiert?
2 Was sind Kernelemente jeder Intelligenzdefinition?
3 Was bedeutet ein g-Faktor der Intelligenz?
4 Wie werden fluide und kristalline Intelligenz unterschieden?
5 Wie verteilt sich der IQ in der Bevölkerung?
6 Erklären Sie den Zusammenhang zwischen dem Intelligenzstrukturmodell von Jäger und Prozessen der Informationsverarbeitung.
7 In welchem Ausmaß hängen Intelligenz und Schulleistungen zusammen?
8 Wie werden schwache Schüler am besten gefördert?

Motivation | 3.2

von Annemarie Fritz und David Tobinski

Lernziele

- Kennenlernen von empirischen Befunden zum Zusammenhang von Motivation und Schulleistung
- Kennenlernen wesentlicher Definitionsmerkmale des komplexen Konstrukts Leistungsmotivation
- Wesentliche Aspekte des Prozessmodells leistungsmotivierten Handelns kennenlernen
- Wirkweise eines Erfolgs- bzw. Misserfolgskreislaufes verstehen
- Bedeutung von Kausalattributionen für Erfolgszuversicht bzw. Misserfolgsangst verstehen lernen
- Befunde zur Wechselwirkung von fähigkeitsbezogenem Selbstkonzept und Leistung kennenlernen

3.2.1 Zusammenhang von Motivation und Schulerfolg
3.2.2 Definitionsmerkmale von Leistungsmotivation
3.2.3 Der Kreislauf von Erfolgszuversicht und Misserfolgsangst
3.2.4 Eigene Wirksamkeit erfahren

Zusammenhang von Motivation und Schulerfolg | 3.2.1

In den vorangegangenen Kapiteln wurden Aspekte der Informationsverarbeitung, des Erwerbs, Aufbaus und Abrufs von Wissen ausschließlich aus der Perspektive kognitiver Prozesse betrachtet. Prozesse des Lernens kommen jedoch nicht ohne die Beteiligung motivationaler und emotionaler Prozesse zustande. Bereits im 1. Kapitel wurde deutlich gemacht, dass alle menschlichen Handlungen kognitiv und emotional reguliert und durch Motivation gesteuert werden.

> **Beispiel**
>
> Zwei Studenten befinden sich im selben Raum und lesen zur Vorbereitung auf eine Prüfung in wenigen Tagen einen identischen Prüfungstext. Trotz dieser äußerlich gleichen Bedingungen sind die individuellen Voraussetzungen der beiden sehr unterschiedlich. Für Student A handelt es sich um sein Lieblingsfach, er hat gute Vorkenntnisse, interessiert sich für den neuen Text, das Lesen bereitet ihm Freude und er liest schnell und zügig. Er unterstreicht zentrale Stellen im Text, überfliegt diese abschließend noch einmal und beendet seine Vorbereitung für den Tag mit dem guten Gefühl, ein Stück weiter gekommen zu sein.
>
> Für Student B hingegen ist es ein Angstfach. Er ist hier schon einmal durchgefallen und fürchtet sich vor der Wiederholungsprüfung. Er kann sich nur schlecht auf den Text konzentrieren, da er dauernd an die Prüfung denken muss. So muss er Textstellen immer wieder lesen, ohne alles zu verstehen. Der Kommilitone neben ihm ist schon fertig und geht. Er selbst will den Text noch zwei Mal durchlesen, bevor er mit der Vorbereitung für den Tag aufhört. Er hofft inständig, die Prüfung wenigstens zu bestehen.

Die Ausführungen beschreiben zwei Studenten in Lernsituationen, anhand derer deutlich werden soll, dass emotionale und motivationale Prozesse jeden Teilprozess der Informationsverarbeitung beeinflussen. Art und Stärke von Emotionen, das Zutrauen in die eigene Leistungsfähigkeit, Interessen, eigene Zielsetzungen – alle diese Komponenten tragen zur Steuerung der Aufmerksamkeit bei der Informationsaufnahme bei – und sind ein wichtiger Faktor dafür, wie tief Wissen erarbeitet und miteinander vernetzt wird.

In den Lernsituationen wird also nicht nur fachspezifisches Wissen erworben und im semantischen Gedächtnis gespeichert, sondern auch die spezifischen Merkmale der Situation und die emotionalen Begleitumstände des Lernens. Entsprechend werden mit dem Abruf des Wissens auch die jeweiligen emotionalen Dimensionen der Lernsituation aufgerufen. Lernprozesse bilden daher stets eine Dreifach-Allianz aus Kognition, Emotion und Motivation.

Motivation und Schulerfolg

In diesem Kapitel soll der Fokus auf die Leistungsmotivation in schulischen Lern- und Leistungsprozessen gelegt werden.

Dass gute Fähigkeiten (Intelligenz) und Vorkenntnisse zwar notwendige, aber nicht hinreichende Bedingungen für schulischen Erfolg sind, und auf Seiten der individuellen Faktoren den motivationalen Komponenten wie Anstrengung, Selbstkonzept etc. eine hohe Relevanz für das

Zustandekommen guter schulischer Leistungen zukommt, ist in einer Vielzahl empirischer Untersuchungen belegt worden.

Genauere Analysen darüber, in welchem Ausmaß kognitive und motivationale Variablen jeweils das Zustandekommen von Schulleistungen erklären, deuten an, dass der Anteil der motivationalen Variablen mit dem Alter zunimmt (Rheinberg 1996).

Während im Grundschulalter den kognitiven Variablen ein überragender Stellenwert zukommt (Helmke 1998), lag in einer Studie mit älteren Schülern (Hauptschülern der 5. und 6. Klasse) der Prognosewert der motivationalen Variablen für die Mathematiktestleistung mit 49.4 % nur noch knapp unter dem der kognitiven Variablen (54.1 %). Für die Vorhersage der Mathematiknote war sogar der Anteil der motivationalen Variablen (72.7 %) deutlich stärker ausgeprägt als der der kognitiven Variablen (45 %). Lehrer scheinen die Anstrengungsbereitschaft und das Interesse ihrer Schüler am Fach zu honorieren. Die Werte beziehen sich jedoch nicht auf spezifische kognitive oder motivationale Anteile. Wie die Abbildung 3.6 zeigt, dominiert die konfundierte Varianz, also die Varianzanteile, die sich nicht klar einem der beiden Bereiche zuordnen lassen.

Studie

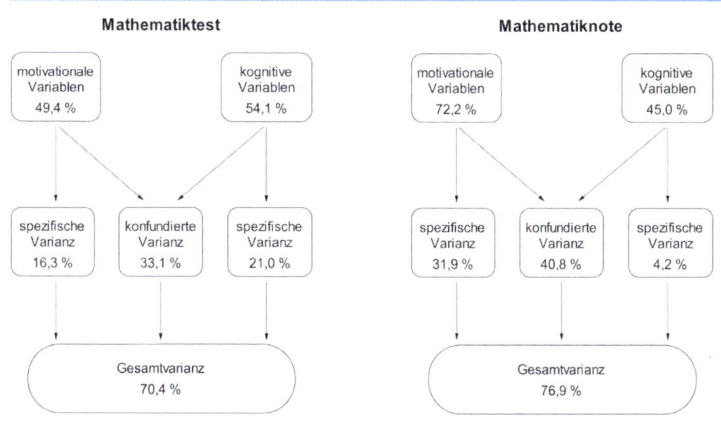

Abb. 3.6

Varianzaufklärung der Mathematikleistung (Test und Noten) durch Motivations- und Fähigkeitsvariablen (Helmke 1992, 152)

Wie lässt sich dieser Befund des über die Schuljahre hinweg steigenden Einflusses motivationaler Prozesse für den Schulerfolg erklären?

In den vorangegangenen Kapiteln (zur Wissensrepräsentation und Intelligenz) wurde die kognitive Entwicklung als allmählicher Aufbau von Sachkenntnis und Kompetenz verstanden, die gekennzeichnet ist durch *umfängliches, vernetztes und strukturiertes Wissen*. Im Entwicklungsverlauf kommt nun dem (Vor-)Wissen eine immer bedeutendere Rolle für den Lernerfolg zu, zumal curricular organisiertes, schulisches Wissen systematisch aufeinander aufbaut.

Da Lernen ein Prozess der aktiven Auseinandersetzung des Individuums mit der Umwelt ist, wird Wissen vor allem da erworben, tief erarbeitet und vernetzt, wo Interesse am Lerngegenstand besteht und die Person motiviert ist, sich damit auseinanderzusetzen. *Kumulative Lernprozesse* wirken sich somit tatsächlich auch auf die Fähigkeit der Person aus und Schulleistungen können letztlich nur noch zusammengesetzt aus *kognitiven* und *motivationalen Variablen* betrachtet werden (Rheinberg 1996).

motivationale Variablen

Wenn grundsätzlich davon ausgegangen werden kann, dass den *motivationalen Variablen* ein bedeutsamer Einfluss auf das Zustandekommen von Lernleistungen zukommt, so soll nun der Frage nachgegangen werden, was genau „motivationale Variablen" sind und über welche „Wirkungspfade" Lernleistungen durch Motivation beeinflusst werden (Rheinberg 1996).

Nachfolgend soll zunächst das Konstrukt *Motivation* erläutert werden, bevor wir einzelne Aspekte motivationaler Prozesse genauer betrachten.

3.2.2 | Definitionsmerkmale von Leistungsmotivation

kognitiv-handlungstheoretischer Ansatz

Abhängig von der zugrunde gelegten Entwicklungs- oder Lerntheorie (biologisch-physiologische Ansätze, tiefenpsychologisch-triebtheoretische Ansätze, behavioristisch-lerntheoretische Ansätze) wird das Konstrukt Motivation durchaus unterschiedlich definiert.

Leitend für die nachfolgende Definition von Motivation wird – entsprechend der bisherigen Ausführungen – ein *kognitiv-handlungstheoretischer Ansatz* vorgestellt. Hierin wird der Mensch als aktiv Handelnder betrachtet, der sich zielgerichtet mit der sozialen und gegenständlichen Umwelt auseinandersetzt. Bereits der Säugling versucht angenehme Wahrnehmungserlebnisse herbeizuführen, die mit angenehmen Erlebnissen verknüpft sind (z. B. das Strampeln mit den Beinchen versetzt die Holzkette mit den bunten Püppchen in Bewegung).

Definition

Unter dem Begriff der **Motivation** werden alle jene Prozesse zusammengefasst, die:

▶ die Intentionalität des Handelns steuern,
▶ die das Handeln auf einen erwünschten Zielzustand hin ausrichten und

▶ in deren Folge Handlungen geplant und mit bestimmter Intensität und Ausdauer so lange ausgeführt werden, bis das Ziel erreicht oder ein anderes Ziel vorrangig geworden ist.

In diesem Sinne werden als Motivation alle jene Vorgänge bezeichnet, die an der Zielausrichtung des Verhaltens beteiligt sind.

Gegenstand der **Motivationspsychologie** ist entsprechend die Frage nach dem Warum und Wozu des menschlichen Handelns. Da die Motivation viele verschiedene Aspekte und Teilprozesse umfasst, ist es Aufgabe der Motivationspsychologie, diese Teilprozesse zu analysieren und in ihrem Zusammenwirken zu modellieren.

Frühe Motivationstheorien sahen menschliches Handeln vor allem durch Triebe und Bedürfnisse gesteuert. In neueren Ansätzen wird nicht mehr von Bedürfnissen gesprochen, sondern von Motiven. *Motive* sind Beweggründe für ein Verhalten, die bei verschiedenen Menschen unterschiedlich stark ausgeprägt sind. | Motive

So wird nicht bei allen Teilnehmern einer Vorlesung durch die Prüfungssituation der abschließenden Klausur ein Leistungsmotiv gleicher Stärke aufgerufen. Obwohl sich die Studierenden zum Zeitpunkt der Klausur alle in derselben Situation befinden (Hörsaal, Klausurfragen), ist die Ausprägung und Richtung ihrer Leistungsmotivation unterschiedlich.

Individuell sind Motive durchaus zeit- und situationsüberdauernd, so dass die bei Klausuren hochmotivierten Studenten wahrscheinlich auch in anderen Leistungssituationen hochmotiviert sind. Die aktuelle Motivation, die eine Person in einer spezifischen Situation hat, folgt jedoch nicht nur den individuell ausgeprägten Motiven. Nicht jede Leistungssituation ruft bei derselben Person eine Leistungsmotivation gleicher Stärke hervor. | aktuelle Motivation

Auch wenn eine Person eher leistungsmotiviert ist, fließt ebenso die Einschätzung und Bewertung der jeweiligen Situation (wie wichtig ist die Klausur, wie sehen die Lernbedingungen aus, diese zu schaffen, welche Konsequenzen hat ein Bestehen bzw. ein Nicht-Bestehen?) in die Ausprägung der aktuellen Motivierung mit ein. Diesem Gedanken folgend setzt sich die aktuelle Motivation einer Person aus den persönlichen Motiven und der Einschätzung der situativen Umweltbedingungen zusammen.

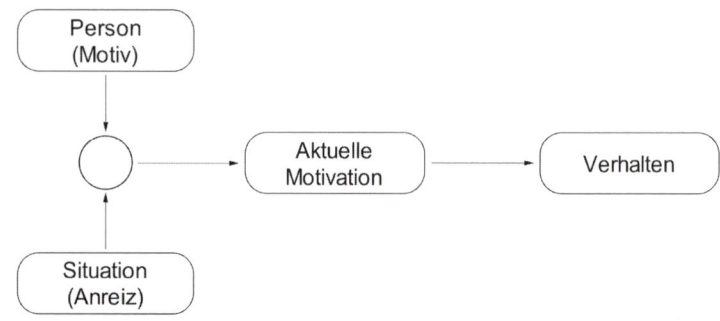

Abb. 3.7

Zusammenwirken von Motivation und Situation (Rheinberg 1996, 70)

Leistungsmotivation

Als Wegbereiter der modernen Leistungsmotivationsforschung kann Murray gesehen werden, der sich als erster Psychologe mit der Leistungsmotivation beschäftigte. Gestützt auf die Theorien seiner Zeit, erstellte er eine *Taxonomie menschlicher Bedürfnisse* (Murray 1938) und erwähnte dabei das **Bedürfnis nach Leistung** (need for achievement). Dieses definierte er in folgender Weise:

> „Das Bestreben, etwas Schwieriges zustande zu bringen, physikalische Objekte, Menschen oder Ideen zu beherrschen, zu manipulieren oder zu organisieren; dies so schnell und so selbstständig wie möglich zu tun; Hindernisse zu überwinden und einen hohen Leistungsstandard zu erreichen; über sich selbst hinauszuwachsen; mit anderen zu konkurrieren und sie zu übertreffen; seine Selbstachtung durch die erfolgreiche Ausübung seiner Fähigkeiten zu steigern." (Murray 1938, 164; übers. A. F. u. D. T.)

Dieses Streben sollte, so Murray, mit Zielstrebigkeit, Ausdauer und großer Anstrengung verfolgt werden. Wesentliches Element der Leistungsmotivation ist demnach der Anspruch, individuell schwierige Anforderungen zu bewältigen und auch im Vergleich zu anderen erfolgreich zu sein, um auf diese Weise das eigene Selbstkonzept zu stärken.

Auch in modernen Motivationstheorien wird das Leistungsmotiv als eines der zentralen Motive menschlichen Handelns gesehen. Dabei wird die Leistungsmotivation kaum anders definiert.

Definition

Nach Heckhausen (1965, 604) gilt Leistungsmotivation als das „Bestreben, die eigene Tüchtigkeit in allen jenen Tätigkeiten zu steigern oder möglichst hochzuhalten, in denen man einen Gütemaßstab für verbindlich hält, und deren Ausführung deshalb gelingen oder mißlingen kann.

Erfolg und Mißerfolg sind deshalb Kriterien jedes leistungsbezogenen Verhaltens, Hoffnung auf Erfolg und Furcht vor Misserfolg die begleitenden Emotionen."

Über die Definition von Murray hinausgehend wird hier darauf hingewiesen, dass die erbrachten Leistungshandlungen mit einem Gütemaßstab (z. B. Noten) verglichen werden und entsprechend diesem Gütemaßstab zu Erfolg oder Misserfolg führen. Verbunden mit dem Erleben von Erfolg und Misserfolg sind Emotionen an allen Leistungshandlungen beteiligt.

Ist nun jedes Handeln in einer Leistungssituation leistungsmotiviert? Nachfolgend werden 3 Schüler beschrieben, die sich alle in der gleichen Leistungssituation (Klassenarbeit) befinden. Beurteilen Sie, ob alle Schüler tatsächlich leistungsmotiviert sind.

Beispiel

Situation: Die Mathematiklehrerin einer 4. Klasse teilt ihren Schülern mit, dass am folgenden Tag eine Klassenarbeit geschrieben wird.

Schülerin A ist gut in Mathematik und erwartet, auch dieses Mal eine gute Arbeit zu schreiben. Sie arbeitet den Stoff am Nachmittag nochmals durch und ist sich sicher, alles verstanden zu haben.
Die Arbeit ist anspruchsvoll, sie kann aber alle Aufgaben lösen. Als die Arbeit zurückgegeben wird, hat sie eine 1, die beste Arbeit der Klasse. Sie ist stolz auf ihre Leistung.

Schüler B ist nicht sehr gut in der Schule und leidet darunter. Er beneidet Schülerin A, der alles leicht fällt.
Die Ankündigung der Arbeit beunruhigt ihn sehr. Am Nachmittag geht er noch mal alle Aufgaben durch und übt lange. Er würde gern eine 2 in der Arbeit schaffen.
Die Mathearbeit erweist sich als sehr schwer. Einige Aufgaben kann er gar nicht. Er bearbeitet alles so gut er kann. Als die Arbeit zurückgegeben wird, hat er eine 4+. Er ist enttäuscht.

Schülerin C ist sehr schlecht in Mathematik. Von Anfang an hatte sie Schwierigkeiten mit Zahlen und hat am liebsten alles vermieden, was mit Zahlen zusammenhängt. In den anderen Fächern ist sie ganz gut, die machen ihr auch Spaß.
Die Ankündigung der Arbeit ruft bei ihr ein Gefühl des Unmuts hervor: „Schon wieder eine?" Sie weiß, dass Üben nichts nützt, daher übt sie

nicht. Sie verlässt sich auf ihre beste Freundin, die neben ihr sitzt und gut in Mathe ist. So hofft sie, eine 5 zu vermeiden.

Die Arbeit ist erwartungsgemäß sehr schwer, sie findet keinen Zugang zu den Aufgaben. Die Freundin lässt sie abschreiben so gut es geht, da die Lehrerin aber aufpasst, gelingt das nur bei einem Teil der Aufgaben.

Schülerin C hat eine 4 in der Arbeit, sie hat ihr Ziel erreicht.

Die drei Beispiele zeigen Schüler, deren Leistungsmotivation unterschiedlich ausgeprägt ist:

▶ **Schülerin A** erlebt die Klassenarbeit als positive Herausforderung (Anreiz), ihr Können unter Beweis zu stellen. Sie ist zuversichtlich, eine gute Note zu schreiben (**Hoffnung auf Erfolg**). Sie interessiert sich für das Fach und weiß, dass sie hierin über hohe Kompetenzen verfügt. Das Schwierigkeitsniveau der Aufgaben entspricht ihrem Können. Ihre sehr gute Leistung stärkt ihr Selbstkonzept und erfüllt sie mit Stolz über ihre Leistung.

▶ Für **Schüler B** dagegen ist die Ankündigung der Klassenarbeit kein positiver Anreiz, sie löst ganz im Gegenteil **Furcht vor Misserfolg** aus. Obwohl er seine Fähigkeiten für das Fach Mathematik nicht sehr hoch einschätzt, ist es sein Ziel, eine 2 zu schaffen (**unrealistisches Anspruchsniveau**). Im Vergleich zu seinen Lernvoraussetzungen sind die Aufgaben sehr schwierig. Er schafft eine 4+, was bezogen auf sein individuelles Anspruchsniveau ein Misserfolg ist und ihn entsprechend enttäuscht.

▶ Bei **Schülerin C** löst die Ankündigung der Arbeit **keine Leistungsmotivation** in dem Sinne aus, dass sie ihre Leistungen unter Beweis stellen will. Die Schülerin will weder ihre Kompetenzen verbessern, noch ihre Leistungen mit denen anderer vergleichen. Ihr Ziel, die Vermeidung einer 5, soll nicht aufgrund eigener Anstrengungen, sondern mit Hilfe der Freundin erreicht werden.

Bevor wir uns im weiteren Text mit einzelnen Aspekten und Teilprozessen der Leistungsmotivation beschäftigen, sollen zusammenfassend die Bedingungen aufgeführt werden, die erfüllt sein müssen, um von **leistungsmotiviertem Handeln** zu sprechen (Heckhausen 1965):

(1) Das *Ergebnis* der Handlung muss objektivierbar bzw. *objektiv* bewertbar sein.

(2) Das Handlungsergebnis muss auf einen *Gütemaßstab* beziehbar sein. Ein Gütemaßstab kann:

- *sachbezogen*: an bestimmten Kriterien orientiert (Noten),
- *individuumbezogen*: an der eigenen früheren Leistung orientiert oder
- *sozialbezogen*: am Handlungsergebnis der Bezugsgruppe (z. B. Klassendurchschnitt) orientiert sein.

(3) Vor dem Hintergrund des Gütemaßstabes werden Aufgaben als mehr oder weniger schwierig eingeschätzt (*Schwierigkeitsmaßstab*) und können gelingen oder misslingen.
(4) Leistungsmotiviert ist Handeln nur dann, wenn ein Gütemaßstab als *verbindlich* an das eigene Handeln angelegt wird.
(5) Der Handelnde muss das Handlungsergebnis als *selbst verursacht* wahrnehmen.

Die drei Fallbeispiele haben die unterschiedliche Wirkweise motivationaler Prozesse deutlich gemacht. Welche motivationalen Prozesse im Einzelnen leistungssteigernd und welche eher leistungshemmend wirken, soll nachfolgend betrachtet werden.

Der Kreislauf von Erfolgszuversicht und Misserfolgsängstlichkeit | 3.2.3

Nachfolgend sollen einzelne Prozesse leistungsmotivierten Handelns in ihrem Ablauf beschrieben und deren gegenseitige Beziehungen zueinander analysiert werden.

Individuelles Anspruchsniveau

Leistungssituationen sind dadurch gekennzeichnet, dass sie gelingen oder misslingen können, d. h. zu Erfolg oder Misserfolg führen. Ob eine Leistung jedoch als Erfolg oder Misserfolg erlebt wird, hängt – wie die Fallbeispiele gezeigt haben – nicht nur vom Vergleich mit einem vorgegebenen Gütemaßstab wie Schulnoten zusammen, sondern auch vom eigenen Anspruchsniveau. Wird dieses erreicht oder gar übertroffen, wird das Leistungsergebnis als Erfolg bewertet; wird es hingegen verfehlt, wird dies als Misserfolg erlebt.

Schülerin A hatte den Anspruch, eine gute Leistung zu erbringen, die Note 2. Da sie zuvor stets gute Mathematiknoten geschrieben hatte und den aktuellen Stoff beherrschte, ist ihr Leistungsanspruch realistisch. Die tatsächlich erreichte sehr gute Note kann sie als Erfolg werten. Ebenso gut können natürlich auch die Noten 3 oder 4 ein Erfolg sein, wenn unter Berücksichtigung der individuellen Leistungsvoraussetzungen diese Noten als Ziel gesetzt werden.

Demgegenüber ist **Schüler B** ein eher schwacher Schüler mit den Vornoten zwischen 4 und 5. Er schätzt seine Kompetenzen in Mathematik nicht hoch ein, setzt sich jedoch ein unrealistisch hohes Ziel. Verglichen mit seinen früheren Leistungen könnte die 4+ ein Erfolg sein, bezogen auf sein Anspruchsniveau ist sie jedoch ein Misserfolg.

Erfolgsanreiz

Mit dem **Risiko-Wahl-Modell** hat Atkinson (1957) versucht, Antworten darauf zu finden, wovon die individuelle Anspruchsniveausetzung jeweils abhängen kann. Dazu stellt er folgende Zusammenhänge her: Ausgangspunkt des Motivationsprozesses sind die Anreize, die mit einer Aufgabe verbunden sind. Eine sehr schwierige Aufgabe zu schaffen hat einen hohen Erfolgsanreiz, eine leichte Aufgabe zu erledigen dagegen nur einen geringen bzw. keinen. Was eine schwierige bzw. leichte Aufgabe ist, hängt von den individuellen Leistungsvoraussetzungen ab und wird daher immer subjektiv eingeschätzt.

Erfolgswahrscheinlichkeit

Ob eine Aufgabe in Angriff genommen wird und mit welcher Leistungserwartung dies geschieht, hängt neben dem Erfolgsanreiz auch von der *Wahrscheinlichkeit der Zielerreichung* ab. Sind Aufgaben leicht, ist die Erfolgswahrscheinlichkeit hoch, sind sie schwer, ist sie eher gering.

Aus Erfolgsanreiz und Erfolgswahrscheinlichkeit ergibt sich nun eine *reziproke Beziehung*: Eine sehr leichte Aufgabe zu schaffen, hat eine hohe Erfolgswahrscheinlichkeit, der Anreiz, dies zu tun, ist aber gering. Ein *Erfolg* bei leichten Aufgaben löst auch kaum Stolz auf die eigene Leistung aus. Demgegenüber ist der Anreiz, eine sehr schwierige Aufgabe zu schaffen, sehr hoch, die Wahrscheinlichkeit, dass dies gelingt, aber gering, so dass auch hier kaum Leistungsmotivation entsteht. Sollte eine so herausfordernde Leistung allerdings gelingen, wäre auch der Stolz auf das Erreichte sehr groß.

Für den *Misserfolg* gilt das Umgekehrte: ein Misserfolg bei sehr schweren Aufgaben beeinträchtigt das Selbstwertgefühl kaum, ein Misserfolg bei leichten Aufgaben wirkt dagegen beschämend. Für das Erfolgserleben ist es daher nicht beliebig, welche Aufgabe geschafft wurde.

realistisches Anspruchsniveau

Nach dem Risiko-Wahl-Modell von Atkinson ist die Leistungsmotivation dann am höchsten, wenn eine Person eine Aufgabe für sich als mittelschwer einschätzt bzw. sich ein Leistungsziel setzt, das sie mit Anstrengung gerade noch erreichen kann (*realistisches Anspruchsniveau*).

Hoffnung auf Erfolg vs. Furcht vor Misserfolg

Das bedeutet, die Wahl von Aufgaben oder die Setzung eines Anspruchsniveaus können zu Erfolg oder zu Misserfolg führen. Die aktuelle Leistungsmotivation einer Person – als Resultat von Kalkulationsprozessen zwischen dem Anreiz der Aufgabe und deren Erfolgswahrscheinlichkeit – wird von Atkinson daher als Gratwanderung zwischen der *Hoffnung auf Erfolg* und der *Furcht vor Misserfolg* gesehen.

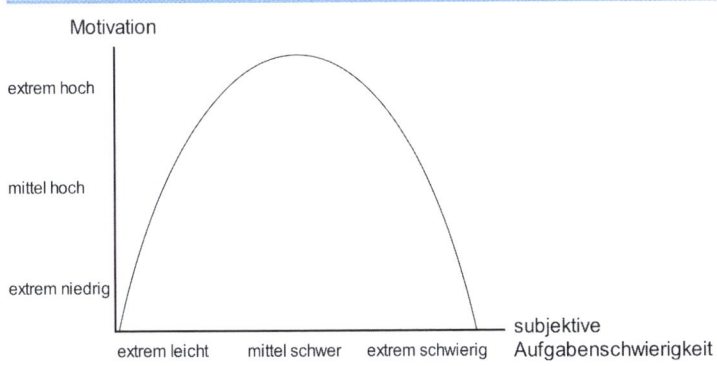

Abb. 3.8

Umgekehrte U-Funktion von Aufgabenschwierigkeit und Motivation (Rheinberg 2002, 72)

Letztlich werden nach diesem Modell Kosten und Nutzen gegeneinander abgewogen: Ist der *Erfolgsanreiz* (Nutzen) hoch und besteht eine Wahrscheinlichkeit, das Leistungsziel mit einem bestimmten Aufwand (Kosten) zu erreichen, dann wird gehandelt.

Ist hingegen die *Furcht vor Versagen*, Bloßstellung etc. größer als der Wert des Handlungsziels, dann kommt es nicht zur Leistungshandlung. Übertragen auf unsere Begrifflichkeit bedeutet das: Dominiert die Hoffnung auf Erfolg, ergibt sich eine positive Handlungstendenz, überwiegt die Furcht vor Misserfolg, dann ergibt sich eine negative Handlungstendenz.

Erfolgszuversicht versus Misserfolgsängstlichkeit

Offensichtlich erwerben Menschen im Laufe der individuellen Entwicklung aufgrund eigener Erfahrungen von Erfolg und Misserfolg bestimmte, durchaus zeitstabile Tendenzen, mit Leistungsanforderungen umzugehen. Nach Atkinson (1957) unterscheiden sich Menschen in ihrer Neigung, Anforderungssituationen erfolgszuversichtlich anzugehen, um mit der Zielerreichung positive Rückmeldungen zu erhalten oder eher zu versuchen, Misserfolge und damit verbundene negative Affekte zu vermeiden. Entsprechend nahm er eine Unterteilung des Leistungsmotivs in die beiden Typen: Erfolgsmotivierte bzw. Erfolgszuversichtliche und Misserfolgsmotivierte bzw. Misserfolgsängstliche vor.

Inzwischen liegt eine Fülle empirischer Untersuchungen zur *Leistungsmotivationskurve* erfolgszuversichtlicher versus misserfolgsängstlicher Personen vor. Konsens besteht insoweit, als dass sich diese Motivausprägungen tatsächlich finden lassen.

Demnach trifft die oben beschriebene umgekehrte U-Kurve der Leistungsmotivation für *erfolgszuversichtliche Personen* auch zu. Diese setzen

Leistungsmotivationskurve

Erfolgszuversichtliche

sich ein realistisches Anspruchsniveau, bzw. wenn sie Aufgaben frei wählen können, wählen sie solche Aufgaben, von denen sie annehmen, diese aufgrund ihrer Fähigkeiten und mit dem Einsatz von Anstrengung und einem Quäntchen Glück noch schaffen zu können. Das heißt, die Erfolgswahrscheinlichkeit für die gewählten Aufgaben liegt nicht bei 50 %, sondern mit 30–40 % noch ein wenig darunter. Erfolgszuversichtliche sind offensichtlich bereit, Herausforderungen anzunehmen und dabei sogar etwas zu riskieren. Bei derartig schwierigen Aufgaben zeigen sie die höchste Ausdauer. Weniger Ausdauer zeigten sie hingegen bei Aufgaben, die von Anfang an als schwierig bezeichnet wurden und bei denen dann ein Misserfolg zurückgemeldet wurde. Dies spricht für einen effizienten Umgang mit der eigenen Anstrengung.

Der Theorie von Atkinson zufolge ist der Bereich der *mittleren Aufgabenschwierigkeit* eher bedrohlich für misserfolgsängstliche Personen. Vor allem Aufgaben mit mittlerem Schwierigkeitsgrad, bei denen Erfolg und Misserfolg gleichermaßen möglich sind, fordern eigene Kompetenzen heraus und enthüllen vorhandene Lücken. Es wurde daher erwartet, dass misserfolgsängstliche Personen eher leichte Aufgaben auswählen, bei denen ein Misserfolg auf jeden Fall vermieden wird.

Misserfolgsängstliche   Die Annahmen von Atkinson konnten nur teilweise bestätigt werden. Grundsätzlich bevorzugen auch Misserfolgsorientierte Aufgaben mittlerer Schwierigkeit. Im Vergleich zu den Erfolgsmotivierten wählen sie allerdings häufiger leichte oder sehr schwierige Aufgaben. Die letztere Wahl mag auf den ersten Blick paradox anmuten – allerdings gestattet sie es den Personen, ihren Misserfolg damit zu erklären, dass diese Aufgaben auch für alle anderen zu schwer sind.

Misserfolgsorientierte haben nicht zwingend schlechtere Leistungen. Ein Misserfolg bedrückt sie allerdings stärker und wirkt nachhaltiger als ein Erfolg. Warum das so ist, wie es dazu kommt, dass Erfolgs- bzw. Misserfolgsorientierung relativ stabile Verhaltenstendenzen sind, kann das Risiko-Wahl-Modell von Atkinson nicht erklären. Hier sind weitere Vermittlungsprozesse anzunehmen. Als eine der wichtigsten Theorien gilt hier die Ursachenerklärung für das Zustandekommen von Erfolgs- und Misserfolgsorientierung.

Ursachenerklärungen für das Zustandekommen von Leistungen (Attributionen)

Lehrerkommentare   Vertraut sind uns Ursachenerklärungen von Lehrern bei der Rückgabe von Klassenarbeiten. Haben Schüler z. B. eine – für den Lehrer – unerwartet gute Leistung gezeigt, wird dies vielleicht damit kommentiert, dass der Schüler sich wirklich gut vorbereitet habe und man nun sehe, dass sich Anstrengung lohne.

Umgekehrt wird eine unerwartet schlechte Leistung möglicherweise mit mangelnder Anstrengung begründet. Je nachdem, um welchen Schüler es sich handelt und wie die vorherigen Arbeiten ausgefallen sind, wird aber vielleicht auch nur darauf hingewiesen, dass man auch mal Pech haben könne und die nächste Arbeit sicher wieder besser werde.

Indem Lehrer die Leistungsergebnisse ihrer Schüler kommentieren, erklären sie deren Zustandekommen und treffen zugleich Vorhersagen über zukünftige Leistungen: „Wenn Du Dich weiter anstrengst, wirst Du auch beim nächsten Mal eine gute Note schreiben".

Definition

Attributionen sind subjektive Annahmen über das Zustandekommen und die Erklärung von Ereignissen und Sachverhalten. Sie dienen dazu, Vorgänge in der Umwelt zu beschreiben, zu erklären und vorherzusagen.

Schüler begründen auch selbst ihr Abschneiden bei Klassenarbeiten, obgleich nicht immer aktiv und bewusst, da eine erwartete Leistung nicht besonderer Erklärungen bedarf. Bei Nachfrage könnten aber Gründe dafür genannt werden. Anders ist dies bei unerwarteten Ereignissen, insbesondere nach Misserfolgen. Hier entsteht ein Bedürfnis nach Erklärungen. Misserfolgsorientierte Schüler scheinen grundsätzlich mehr über ihre Leistungsergebnisse nachzudenken.

Schülerbegründungen

Befragungen von Schülern zu ihrer Attribuierung von Leistungsergebnissen, erbrachte eine Vielzahl an Gründen. Nach Weiner (1974) lassen sich die einzelnen Gründe umfassenden Dimensionen zuordnen. Die jeweiligen Dimensionen enthalten nicht unterschiedliche Gründe, sondern sind eher Perspektiven auf Gründe, die sich in bestimmter Weise auf das Verhalten und Handeln auswirken. Im Einzelnen werden folgende Dimensionen unterschieden:

- ▶ **Personabhängigkeit (internal vs. external):**
  Mit dieser Dimension wird erfasst, ob man Gründe für das Zustandekommen der Leistung eher in sich selbst (internal) oder in Umweltbedingungen (external) sieht. Als *internale Faktoren* gelten die eigenen Fähigkeiten einerseits und das Ausmaß der eigenen Anstrengung andererseits. *Externale Faktoren* sind z. B. die Aufgabenschwierigkeiten (in Klassenarbeiten gewöhnlich vom Lehrer vorgegeben) und Merkmale wie Glück, Pech, Zufall.
- ▶ **Zeitstabilität (stabil vs. variabel):**
  Unter dieser Perspektive wird betrachtet, ob die Ursachen in der Leis-

tungssituation immer wirksam sind und auch zukünftige Ereignisse in gleicher Weise beeinflussen oder ob sie nur zeitweise, vielleicht nur aktuell wirken. Als stabil in diesem Sinne gelten die eigene Fähigkeit, ebenso die Aufgabenschwierigkeit bzw. die Schwierigkeit des Faches. Obwohl sich Fähigkeiten ändern können, ist davon auszugehen, dass gute Fähigkeiten z. B. im Fach Mathematik auch zukünftige mathematische Anforderungen positiv beeinflussen werden. Problematischer ist es, die Aufgabenschwierigkeit als stabilen Faktor zu kennzeichnen. Hier ist anzunehmen, dass ausgehend von den eigenen Fähigkeiten die Schwierigkeiten stabil zu hoch, zu niedrig oder angemessen sind. Variabel sind dagegen die Anstrengung sowie Pech bzw. Glück.

▶ **Kontrollierbarkeit (kontrollierbar vs. unkontrollierbar):**
Die dritte Dimension bezieht sich darauf, inwieweit Ursachen von der Person beeinflusst und kontrolliert werden können. Werden Leistungsergebnisse als unbefriedigend erlebt und sollen verändert werden, so kann nur an den Ursachen angesetzt werden, die auch veränderbar und beeinflussbar sind. Bei den internalen Ursachen gilt dies vor allem für die Anstrengung, auf externaler Seite kann die Veränderung der Umgebungsbedingungen (gezielte Suche nach Hilfe, z. B. Nachhilfe) oder – falls das möglich ist – die Wahl anderer Aufgaben genannt werden.

Tab. 3.1 | **Dimensionen der Kausalattribuierung**

	internal		external	
	stabil	variabel	stabil	variabel
kontrollierbar	Wissen	Anstrengung	Lernumgebung	Umgebungsbedingungen
nichtkontrollierbar	Fähigkeiten	Krankheit	Aufgabenschwierigkeit	Glück/Pech

internale Attribuierungen

Ob eine Leistung als Erfolg oder Misserfolg erlebt wird und welche Gefühle dabei ausgelöst werden, hängt demnach nicht nur davon ab, welche Leistung „objektiv" (z. B. Note) erreicht wurde, sondern wesentlich davon, ob sie dem zuvor gesetzten Anspruchsniveau entspricht und welche Attributionen für das Zustandekommen der Leistung gefunden werden. So löst eine Leistung, die dem eigenen Anspruchsniveau entspricht oder gar besser ist, Freude und Zufriedenheit aus, wenn dafür eigene Fähigkeiten und Anstrengung (internale Ursachen) verantwortlich gemacht werden (Schülerin A).

Zwar führt auch Erfolg nach großer Anstrengung zu Freude und Stolz auf die eigene Leistung, das eigene Selbstkonzept wird aber mehr durch die Attribution auf die eigenen guten Fähigkeiten gestützt. *Gute Fähigkeiten* sind das eigene Potential, das letztlich für den Lernfortschritt in einem Fach entscheidend ist.

Anstrengung kann immer nur hinzukommen, um Fähigkeiten weiter zu unterstützen. Auch wenn immer ausreichend viel Anstrengung aufgebracht werden kann, ist dies mit Unsicherheit verbunden, wenn Leistung allein durch diese erbracht werden soll. Wenn zusätzlich auch bei leichten oder mittelschweren Aufgaben sehr viel Anstrengung investiert werden muss, spricht dies eher für geringere Fähigkeiten (Schüler B). Je mehr Anstrengung für das Erbringen einer Leistung erforderlich ist, desto weniger lässt sie sich mit guten Fähigkeiten erklären (Heckhausen 1978).

Wird ein Erfolg dagegen auf *externale Ursachen* wie Glück, leichte Aufgaben, Lernumgebung (Möglichkeit, abschreiben zu können) zurückgeführt, dann mag das Ergebnis durchaus Erleichterung auslösen (Schülerin C), erlaubt aber keine Vorhersage über den Erfolg bei der nächsten Anforderung (Klassenarbeit). Da diese Ursachenerklärung auch mit dem Gefühl verbunden ist, es nicht selbst herbeigeführt zu haben, hat der Erfolg letztlich keine positiven Auswirkungen auf das Selbstkonzept.

externale Attribuierungen

Grundsätzlich ist davon auszugehen, dass Menschen das Bedürfnis haben, ihr Selbstkonzept zu stärken oder zu bewahren. Treten Misserfolge auf, gilt es daher, das Selbstkonzept zu schützen. Mit der *Annahme externaler Ursachen*, wie z. B. Pech, Störungen in der Lernumgebung etc., wird das Selbstkonzept nicht gefährdet. Diese Attributionen haben allerdings den Nachteil, dass sie nicht kontrollierbar oder beeinflussbar sind.

Kontrollierbar und von der Person beeinflussbar ist dagegen der Faktor Anstrengung (*internal*). Wird eine schlechte Leistung auf mangelnde Anstrengung zurückgeführt, wirkt sich dies nicht negativ auf das eigene Selbstkonzept aus. Die Person ist auch nicht äußeren Umständen „ausgeliefert", da sie weiß, wie sie Leistungsziele eigenständig herbeiführen kann. Anders ist dies bei der Attribuierung auf mangelnde Fähigkeiten, die das eigene Selbstkonzept gefährdet und emotional belastet.

Die Ausführungen verdeutlichen das komplexe Zusammenwirken der Teilprozesse der Leistungsmotivation. Heckhausen (1975) sieht darin ein *sich selbst stabilisierendes System der Selbstbewertung* (Selbstbewertungsmodell), das er aus drei Teilprozessen bestehend modelliert:

- ▶ dem individuellen Anspruchsniveau,
  - ▶ den erlebten Leistungsursachen (Kausalattributionen) und
  - ▶ den damit verbundenen Emotionen (Selbstbewertung).

Attribuierungsmuster von Erfolgszuversichtlichen und Misserfolgsängstlichen

Eine Vielzahl von Untersuchungen erbrachte in Bezug auf diese drei Komponenten wesentliche Unterschiede zwischen Erfolgsmotivierten und Misserfolgsmotivierten.

Studie

In einem Experiment untersuchte Meyer (1976) den Umgang mit Misserfolg bei Schülern. Diese schätzten zunächst ihre Fähigkeit für die anschließende Anforderung ein, führten diese dann durch, wobei experimentell Misserfolg rückgemeldet wurde, und attribuierten sodann das Zustandekommen des Misserfolgs.

Schüler, die ihre Fähigkeiten zu Beginn als gering eingeschätzt hatten, führten den Misserfolg vermehrt auf die mangelnde eigene Begabung zurück.

Ein signifikant anderes Attribuierungsmuster zeigten dagegen die Schüler, die ihre Fähigkeiten zu Beginn als hoch eingeschätzt hatten. Sie erklärten das Zustandekommen des Misserfolgs überwiegend durch Zufall (Pech).

Aufgrund weiterer ähnlicher Befunde in der Literatur scheinen sich Erfolgsorientierte von Misserfolgsorientierten offensichtlich in ihren Attributionen zu unterscheiden. Da sich Attributionen und Selbstbewertungen wechselseitig beeinflussen, ergibt sich ein Kreislauf, der sich selbst aufrechterhält. Auf dieser Grundlage konzipierte Heckhausen (1975) das *Leistungsmotiv als Selbstbekräftigungssystem*, in dem sich die erfolgszuversichtliche oder misserfolgsorientierte Motivausprägung durch die drei Prozesse der **Zielsetzung**, der **Attribution** und der **Selbstbewertung** selber aufrechterhalten. Nachfolgende Abbildungen 3.9a und b verdeutlichen, wie dieser Kreislauf sich selbst stabilisiert.

Erfolgsorientierte

Erfolgsmotivierte erleben die Leistungsanforderung (Situation) als Anreiz, ihre eigene Tüchtigkeit unter Beweis zu stellen. Sie erwarten, Erfolg zu haben und setzen sich ein anspruchsvolles, jedoch realistisches Ziel. Erfolg führen sie auf ihre guten Fähigkeiten zurück, Misserfolg auf Anstrengungsmangel.

Selbst wenn sie genauso häufig Misserfolg wie Erfolg erzielen, bleibt die Selbstbewertungsbilanz bei diesem Attribuierungsmuster insgesamt positiv. Sie erleben intensiver Freude und Stolz über ihre Erfolge als Ent-

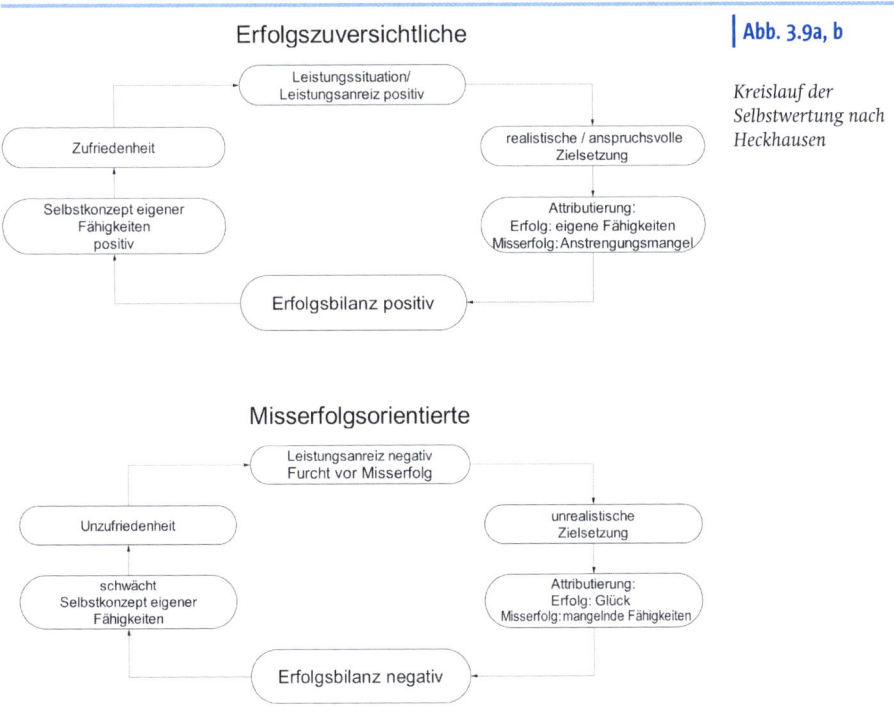

Abb. 3.9a, b

Kreislauf der Selbstwertung nach Heckhausen

täuschung oder gar Scham über ihre Misserfolge. Diese positive Bilanz lässt sie Leistungssituationen weiter als anziehend erleben, so dass sie sich weiter *realistische Ziele* setzen, diese durch die eigenen Fähigkeiten und Anstrengungen erreichen und so ihre Kompetenzen stetig verbessern. Diese Erfahrungen stabilisieren die erfolgszuversichtliche Leistungsmotivation.

Ganz anders gestaltet sich dagegen das Zusammenwirken der drei Teilprozesse bei *Misserfolgsorientierten*. Hier löst die Leistungsanforderung eher negative Gefühle aus. Da sie Erfolge vermehrt auf externale Faktoren (Aufgabenleichtigkeit, Glück) und Misserfolge auf den internalen Faktor der geringen Fähigkeiten zurückführen, überwiegt selbst bei gleich häufigem Erfolgs- wie Misserfolgserleben eine negative Selbstbewertungsbilanz.

Sie erfahren intensiver Enttäuschungen und Scham über Misserfolge als Freude und Stolz über ihre Erfolge. Entsprechend bestätigt jeder Misserfolg das *schlechte Selbstkonzept*. Da sie realistische Zielsetzungen fürchten und daher zu vermeiden suchen, wählen sie nicht angemessene Aufgaben bzw. setzen sich nicht angemessene Ziele (*unrealistisches An-*

Misserfolgsorientierte

spruchsniveau), was den Kreislauf der negativen Selbstbewertung weiter stabilisiert.

<small>Lern- vs. Leistungsziele</small> Eine Differenzierung dieses Modells nahmen Heckhausen & Kuhl (1985) vor, indem sie die Zielorientierung der Personen danach unterschieden, ob diese auf die Aufgabe selbst oder auf die mit dem Ergebnis verbundenen Folgen gerichtet ist. Diese Differenzierung ist pädagogisch bedeutsam, da sich Personen mit unterschiedlicher Zielorientierung in ihrem Umgang mit Misserfolg unterscheiden. Dweck & Legett (1988) sprechen hier von der *Orientierung an den Lernzielen* (learning goals) oder den *Leistungszielen* (performance goals).

<small>Orientierung an Lernzielen</small> Im ersten Fall richtet sich das Interesse der Person auf die Aufgabe selbst. Es geht ihr um einen Kompetenzzuwachs durch die Ausführung der Anforderung, darum, das eigene Können durch die Bearbeitung der Aufgabe zu verbessern oder vielleicht einfach nur um die Freude an der Aufgabe. Im Vordergrund der Selbstbewertung steht daher die Ausführung der Handlung.

Bei Misserfolg wird entsprechend auch nicht nur auf das Handlungsergebnis geblickt, sondern eine Auseinandersetzung mit dem Handlungsverlauf angeregt. Was ist dort „schief" gegangen, was beim nächsten Mal besser gemacht werden kann? Mit der Orientierung an den Lernzielen wird eine Bewältigung des Misserfolgs aufgrund eigener Ressourcen auch dann für möglich gehalten, wenn das eigene Selbstkonzept gering ist.

<small>Orientierung an Leistungszielen</small> Bei der *Orientierung an den Leistungszielen* steht nicht die Handlung, sondern die Folgen der Handlung im Vordergrund: die im Vergleich zu anderen bessere Note, die mit der Leistung verbundene Belohnung, der Sieg.

Die mehr auf den sozialen Vergleich und auf Wettbewerb ausgerichtete Orientierung ist dann besonders problematisch, wenn die eigenen Fähigkeiten für gering gehalten werden. Da sich die Person nicht mit der Aufgabe und den Bedingungen beschäftigt, die zum Misserfolg geführt haben, sondern nur mit dem eigenen Scheitern, weiß sie nicht, wie sie die nächste Anforderung besser bewältigen kann.

Ein Misserfolg wirkt sich hier besonders nachteilig und sogar selbstwertgefährdend für die Person aus. Sie erkennt keine eigenen Kompetenzen, Erfolg herbeizuführen und Misserfolg zu vermeiden, d.h., sie erlebt keine Kontrolle über ihr Leistungshandeln. Misserfolg löst daher hilfloses Verhalten aus (Stiensmeier-Pelster & Schlangen 1996).

Wechselwirkung von Selbstkonzept und Leistung

Selbstkonzept, Leistungsmotivation und Leistung sind offensichtlich Prozesse, die sich wechselseitig beeinflussen.

Dabei kann ein *gutes Selbstkonzept* als positive Ressource für die kognitive und emotionale Entwicklung verstanden werden: Anforderungen werden zuversichtlich in Angriff genommen, Misserfolgserfahrungen werden gemindert, Erfolge und damit verbundene Freude werden intensiv erlebt.

positives vs. negatives Selbstkonzept

Entsprechend kann ein *negatives Selbstkonzept* als Risiko für die kognitive und emotionale Entwicklung gelten, da Leistungsherausforderungen möglichst vermieden, Misserfolge als eigenverantwortet und die damit verbundenen negativen Emotionen nachhaltig erlebt werden.

Jerusalem & Schwarzer (1989) führen diese Aussage anhand einer Längsschnittstudie mit Jugendlichen zum Belastungserleben und zur Problembewältigung weiter aus. Hier zeigten Jugendliche mit einem starken Selbstkonzept eine problemorientierte Auseinandersetzung. Hingegen traten bei einem schwachen Selbstkonzept eher emotionsbezogene Formen der Problembewältigung auf. Die Entwicklung eines positiven und realistischen Selbstkonzepts eigener Fähigkeiten und eines positiven Selbstwertgefühls gelten daher als bedeutsame Entwicklungsziele.

Längsschnittstudie

Was genau unter dem Konstrukt *Selbstkonzept* verstanden wird und wie es sich entwickelt, soll nachfolgend noch genauer betrachtet werden. Allgemein besteht Konsens darüber, dass das Selbstkonzept das gesamte organisierte Wissen über die eigene Person umfasst, bzw. wie Jopt (1978, 24) es formuliert: „die über das Bewußtsein vermittelte Reflexion individueller Kompetenz."

Aspekte des Selbstkonzepts

Dabei ist das Selbstkonzept kein einheitliches Konzept, sondern setzt sich aus unterschiedlichen Aspekten zusammen. Neben leistungsbezogenen Aspekten sind dies soziale und körperliche Aspekte. Aber auch das leistungsbezogene Selbstkonzept wird weiter untergliedert in bereichsspezifische (fächerspezifische) Selbstkonzepte, da aufgrund unterschiedlicher Leistungserfahrungen in den verschiedenen Fächern durchaus unterschiedliche Selbstkonzepte gebildet werden.

Empirische Untersuchungen zum *Zusammenhang von Selbstkonzept und Schulnoten* zeigen einen mittleren Zusammenhang (r = .40), was die Bedeutung des Selbstkonzepts für das Zustandekommen von Schulleistungen unterstreicht. Neben der Intelligenz und dem Vorwissen gehört das Selbstkonzept eigener Fähigkeiten damit zu den wichtigsten Bedingungen für den Schulerfolg (Köller & Baumert 2001). Wie der kausale Zusammenhang von Selbstkonzept und Leistung im Einzelnen zu modellieren ist, wird kontrovers diskutiert.

Schulnoten und Selbstkonzept

Im **skill-development-Ansatz** wird davon ausgegangen, dass das Selbstkonzept Folge vorangegangener Leistungen ist. Im **self-enhancement-Ansatz** dagegen wird die umgekehrte Wirkrichtung vermutet: Leistungen werden als abhängig gesehen vom bestehenden Selbstkonzept.

Empirisch ist die Befundlage uneinheitlich. Tendenziell scheinen die Auswirkungen von Leistungen auf das Selbstkonzept größer zu sein als umgekehrt. Grundsätzlich ist hier jedoch von einer Wechselwirkung auszugehen (Marsh et al. 2005).

Unabhängig von der Wirkrichtung konnte in einer Vielzahl von Befunden die starke leistungsbeeinträchtigende Auswirkung eines geringen Selbstkonzepts belegt werden. Insbesondere leistungsschwache Schüler sind hier gefährdet, einen Kreislauf negativer Entwicklung zu erleben.

Nachfolgend soll es daher darum gehen, solche Ansätze zu betrachten, die auf das Erleben eigener Kontrolle und Wirksamkeit abzielen und Anhaltspunkte liefern, eine erfolgszuversichtliche Motivationslage zu schaffen.

3.2.4 Eigene Wirksamkeit erfahren

Bezugsnormen

Obwohl das Selbstkonzept als relativ stabiles Persönlichkeitsmerkmal gilt, zeigen Studien einen *typischen Entwicklungsverlauf*: Junge Kinder (ab 3 Jahren) neigen zu unrealistischen Überschätzungen der eigenen Kompetenzen und glauben, durch Anstrengung alles schaffen zu können. Im Verlauf der Grundschulzeit bildet sich ein differenziertes Selbstkonzept, wobei die eigene Leistungseinschätzung zunehmend an die Leistungsbeurteilungen durch die Lehrer angeglichen wird (Helmke 1998). Mit dem Übergang auf die weiterführende Schule sinkt die Korrelation wieder, was darauf hinweist, dass Anpassungen an das neue Schulsystem und die neue Klasse vorgenommen werden müssen.

Betrachten wir, wovon Entstehung und Veränderung des Selbstkonzepts abhängen, so geschieht dies im schulischen Rahmen durch die erzielten Leistungen (z. B. Noten, Anzahl erreichter Punkte etc.) und in der Auseinandersetzung mit den sozialen Umweltbedingungen (Lehrerurteil, Klassenleistungen). Leistungen sind nicht per se gut oder schlecht, die subjektive Bewertung der eigenen Leistung erfolgt immer auf dem Hintergrund anderer Leistungen, die als Basis für einen Vergleich herangezogen werden. Mit anderen Worten: Leistungsbeurteilung setzt eine Bezugsnorm voraus. Folgende Bezugsnormen werden unterschieden:

▶ **Soziale Bezugsnorm**: Die Leistungen des Einzelnen werden mit der Durchschnittsleistung der Bezugsgruppe (Klassendurchschnitt) verglichen.

▶ **Individuelle Bezugsnorm**: Die Leistung wird mit den eigenen früheren Leistungen verglichen.
▶ **Sachliche oder kriteriale Bezugsnorm**: Hier wird die Leistung des Einzelnen daran gemessen, ob ein vorher festgelegtes Kriterium (Sprung vom 5 m-Brett, 80 % der Vokabeln) erreicht wird.

Auch wenn in unserem Schulsystem die *soziale Bezugsnormorientierung* überwiegt, so ist sie doch – insbesondere für schwache Schüler – mit einer Reihe von Nachteilen verbunden. Dazu gehört, dass die Leistung des Einzelnen nur im Vergleich zu den Leistungen der eigenen Klasse gesehen wird. Individuelle Leistungsverbesserungen, die nicht deutlich über den Klassendurchschnitt hinausgehen, werden nicht sichtbar. Auch kann eine letztlich gleiche Leistung zu unterschiedlichen Selbsteinschätzungen führen, je nachdem, mit welcher Bezugsgruppe diese Leistung verglichen wird.

Dieses als **„big-fish-little-pond"-Effekt** (Marsh 1987) bekannte Phänomen besagt, dass Schüler A, der in einer schwachen Klasse eine vergleichsweise gute Leistung erbringt ein besseres Selbstkonzept („big fish in little pond") erwirbt als Schüler B, der zwar eine gleich gute Leistung erbringt wie Schüler A, dies jedoch im Rahmen einer guten Klasse, in der seine Leistung nur mittelmäßig ist (little fish in big pond) (Köller 2004).

soziale Bezugsnorm

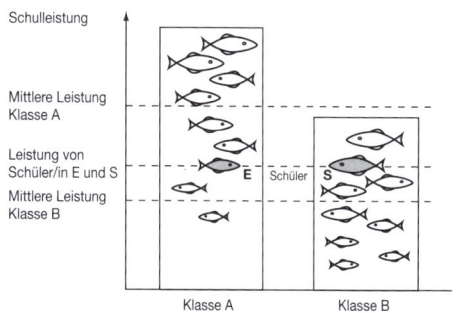

Abb. 3.10

„big-fish-little-pond"-Effekt nach Köller (2004, 2)

Wird dagegen eine *individuelle Bezugsnormorientierung* für die Leistungsrückmeldung zugrunde gelegt, kann der Zusammenhang zwischen Anstrengung und Leistungsresultat verdeutlicht werden (internale Attribuierung). Weiter erlaubt der individuelle Vergleich der erzielten Leistungen eine realistische Zielsetzung, die auch beim Sichtbarwerden von Lernzuwächsen eine erfolgszuversichtliche Sicht auf die eigenen Lernpotentiale erlaubt.

individuelle Bezugsnorm

Positive Effekte einer individuellen Bezugsnormorientierung wurden in einer Reihe von Untersuchungen berichtet (Überblick bei Mischo & Rheinberg 1995). Diese belegten:

▶ geringere Furcht vor Misserfolg und höhere Hoffnung auf Erfolg
▶ realistischere Zielsetzungen; eher internale Attribuierungen
▶ besseres Selbstkonzept eigener Fähigkeiten, mehr Selbstwirksamkeitserwartungen und weniger hilfloses Verhalten

Selbstwirksamkeit

Außer auf die Bewertung des Handlungsergebnisses ist der Blick auch auf die Antizipation und die Ausführung der Handlung selbst zu richten. So geht ein positives Selbstkonzept auch einher mit der subjektiven Einschätzung, ein Handlungsergebnis durch eigenes Handeln herbeiführen zu können. Nach Bandura (1995) handelt es sich hierbei um das Gefühl der Selbstwirksamkeit.

Definition

Unter **Selbstwirksamkeit** wird die Überzeugung in die eigenen Fähigkeiten verstanden, eine bestimmte Situation meistern zu können. Menschen mit hoher Selbstwirksamkeitserwartung:

▶ begreifen herausfordernde Probleme als Aufgaben, die sie meistern können,
▶ entwickeln ein tieferes Interesse an den Aktivitäten, an denen sie teilnehmen und
▶ erholen sich schneller von Rückschlägen und Enttäuschungen.

Grundbedürfnis nach Selbstbestimmung

Deci & Ryan (1985) gehen noch darüber hinaus, indem sie das Vertrauen in die Wirksamkeit des eigenen Handelns als *Grundbedürfnis des Menschen nach Selbstbestimmung und Kompetenz* beschreiben. In dem Ausmaß, in dem eine Handlung frei gewählt werden darf, gilt sie als selbstbestimmt. In dem Ausmaß, in dem sie als aufgezwungen erlebt wird, gilt sie als kontrolliert.

Studien

Wie Gefühle der Autonomie und Selbstbestimmung im schulischen Kontext vermittelt werden können und inwieweit das Ausmaß der Selbststimmung tatsächlich Auswirkungen auf den Lernprozess der Schüler hat, untersuchten Deci & Ryan in mehreren Studien. Zusammenfassen lassen sich die Befunde dahingehend, dass Schüler in Lernumgebungen, in denen *Leistungskontrolle und Benotung* in den Vordergrund gestellt wurden, vergleichsweise geringere Leistungen erzielten und eine höhere Vergessensrate aufwiesen.

Dagegen zeigten Schüler in *autonomiegestützten Lernumgebungen*, in denen ihnen Wahlmöglichkeiten eingeräumt wurden, Lehrer ihnen ihr persönliches Interesse am Lernerfolg darlegten und ihnen informatives Feedback über ihre Aufgabenbearbeitung anboten, eine bessere Lernleistung und insbesondere eine tiefere Erarbeitung des Lernstoffs.

Interesse

In neuerer Zeit wird als ein weiterer wesentlicher Aspekt zur Steigerung der Lernmotivation und Erhöhung des Selbstkonzepts, das Interesse am Gegenstand diskutiert. Das Bedeutsame an diesem Konstrukt ist, dass hier Motivation nicht – wie bislang dargestellt – das Resultat von Kalkulationsprozessen ist, sondern unmittelbar durch die Beziehung zum Gegenstand entsteht.

Interesse an einem Gegenstand bedeutet, dass eine Person eine kognitive, emotionale und motivationale Beziehung zu diesem Gegenstand hat.

Definition

Mit dem Konstrukt **Interesse** wird die Beziehung der Person zum Gegenstand thematisiert. Diese Beziehung ist durch vier charakteristische Merkmale gekennzeichnet (Krapp 2001):

- *gefühlsbezogene Valenz* (Lerngegenstand wird mit positiven Gefühlen assoziiert)
- *wertbezogene Valenz* (Interessensgegenstand wird besondere – subjektive Bedeutung beigemessen)
- *Selbstintentionalität* (Lerner fühlt sich frei von Zwängen)
- *epistemische Orientierung* (subjektiver Impuls zur Wissenserweiterung).

Mit dem Interesse am Gegenstand geht eine positive Zuwendung zu diesem einher, die die Aufmerksamkeit auf den Gegenstand hin ausrichtet und ablenkende Reize ausblendet. Die Person möchte mehr Wissen über diesen Bereich erwerben und ihre Kompetenzen darin verbessern. Es geht nicht vorrangig um die Leistungserbringung, sondern um die Beschäftigung mit dem Gegenstand (Orientierung an Lernzielen). Interessierende Themengebiete werden intensiver erarbeitet und vertieft, so dass ein umfangreicheres Wissen entsteht. Eine Reihe quasi-experimenteller Untersuchungen belegen positive Zusammenhänge zwischen Interesse und:

▶ Behaltensleistung,
▶ Verwendung von Tiefenstrategien,
▶ Wissenserwerb,
▶ Textverständnis (im Überblick: Schiefele 1996).

Beispielhaft sollen die Ergebnisse der Pisa-Studien 2001 und 2003 genannt werden. Hier zeigte sich im Textverstehen ein signifikanter Kompetenzvorsprung der Mädchen vor den Jungen (Zimmer et al. 2004). Jedoch zogen die Jungen bei gleichem Interesse am Lesen wie die Mädchen auch hinsichtlich der Lesekompetenz mit diesen gleich.

Zusammenfassung

In diesem Kapitel geht es um den *Einfluss motivationaler Prozesse* auf die Schulleistung. In empirischen Untersuchungen konnte der starke Einfluss motivationaler Variablen auf das Zustandekommen von Schulleistungen nachgewiesen werden. Dieser scheint im Verlauf der Schulzeit größer zu werden, was daran liegt, dass Wissen vor allem da erworben, tief erarbeitet und vernetzt wird, wo Interesse am Lerngegenstand besteht und der Schüler motiviert ist, sich damit auseinanderzusetzen. So können Schulleistungen letztlich nur noch als zusammengesetzt aus kognitiven und motivationalen Variablen betrachtet werden.

Was genau nun ist unter Motivation zu verstehen? Zur Definition wird ein kognitiv-handlungstheoretischer Ansatz gewählt. Demnach werden unter dem *Begriff der Motivation* alle jene Prozesse zusammengefasst, die die Zielausrichtung (Intentionalität) des Handelns steuern und in deren Folge Handlungen geplant und mit bestimmter Intensität und Ausdauer so lange ausgeführt werden, bis das Ziel erreicht oder ein anderes Ziel vorrangiger geworden ist.

Verschiedene Motive, die individuell ganz unterschiedlich ausgeprägt sind, steuern das menschliche Handeln. Eines dieser Motive ist das *Leistungsmotiv*. Wesentliche Merkmale sind:

▶ der Anspruch, individuell schwierige Anforderungen zu bewältigen,
▶ auch im Vergleich zu anderen erfolgreich zu sein,
▶ um auf diese Weise das eigene Selbstkonzept zu stärken.

Leistungshandlungen können gelingen oder misslingen, daher sind sie mit Erfolg oder Misserfolg verbunden. Damit von **leistungsmotiviertem Handeln** gesprochen werden kann, müssen fünf Kriterien erfüllt sein:

(1) Das *Ergebnis* der Handlung muss *objektiv* bewertbar sein.
(2) Das Handlungsergebnis muss auf einen *Gütemaßstab* (z. B. Noten, Leistungskriterien etc.) beziehbar sein.
(3) Vor dem Hintergrund des Gütemaßstabes werden Aufgaben als mehr oder weniger schwierig eingeschätzt (*Schwierigkeitsmaßstab*) und können gelingen oder misslingen.
(4) Der Gütemaßstab muss als *verbindlich* für das eigene Handeln gelten.
(5) Der Handelnde muss das Handlungsergebnis als *selbst verursacht* wahrnehmen.

In der Literatur wird *Leistungsmotivation als Prozess* definiert, an dem mehrere Prozessmerkmale beteiligt sind, die sich gegenseitig beeinflussen. In diesem Zusammenwirken können motivationale Prozesse *leistungssteigernd*, aber auch *leistungshemmend* wirken. Zu den Prozessmerkmalen gehört zunächst das individuelle Anspruchsniveau, d. h. das Leistungsziel, das jemand erreichen möchte.

Im Laufe ihrer individuellen Entwicklung erwerben Menschen aufgrund eigener Erfahrungen von Erfolg und Misserfolg bestimmte Tendenzen, mit Leistungsanforderungen umzugehen. *Erfolgsorientierte* neigen dazu, Anforderungssituationen erfolgszuversichtlich anzugehen, um mit der Zielerreichung positive Rückmeldungen zu erhalten, *Misserfolgsängstliche* versuchen, Misserfolge und damit verbundene negative Affekte zu vermeiden.

Erfolgszuversicht bzw. Misserfolgsängstlichkeit hängen mit den *Ursachenerklärungen* (Attributionen) zusammen, die Menschen für das Zustandekommen von Erfolg oder Misserfolg heranziehen. In der Literatur werden verschiedene Ursachenerklärungen unterschieden:

- *internal vs. external*: Gründe liegen in der Person oder außerhalb,
- *stabil vs. variabel*: Gründe sind immer oder nur zeitweise wirksam,
- *kontrollierbar vs. unkontrollierbar*: Bedingungen werden für beeinflussbar gehalten oder nicht.

Erfolgsorientierte und Misserfolgsängstliche unterscheiden sich darin, welche Attribuierungen sie für das Zustandekommen von Erfolg und Misserfolg heranziehen. *Erfolgsorientierte* erklären Erfolg eher *selbstwert-*

dienlich mit den eigenen guten Fähigkeiten und machen für Misserfolg externale Gründe verantwortlich.

Demgegenüber tendieren *Misserfolgsorientierte* umgekehrt dazu, den Misserfolg mit den *eigenen geringen Fähigkeiten* zu begründen.

Da sich Attributionen und Selbstbewertungen wechselseitig beeinflussen, ergibt sich damit ein Kreislauf, der sich selbst aufrechterhält. Dieser Kreislauf ist weniger bedrohlich, wenn nach Misserfolg eine Auseinandersetzung mit dem Verlauf der Aufgabenbearbeitung erfolgt. Besonders negativ ist Misserfolg, wenn die eigenen Fähigkeiten für gering gehalten werden und dieser nur vom Ergebnis her als persönliches Scheitern betrachtet wird.

Selbstkonzept, Leistungsmotivation und Leistung sind offensichtlich Prozesse, die sich wechselseitig beeinflussen.

Dabei kann ein *gutes Selbstkonzept* als positive Ressource für die kognitive und emotionale Entwicklung verstanden werden, wohingegen ein *negatives Selbstkonzept* als Risiko für die kognitive und emotionale Entwicklung gelten kann.

Im letzten Kapitel werden Ansätze vorgestellt, die darauf abzielen, eigene Wirksamkeit und Kontrolle zu erfahren und dadurch eine *erfolgszuversichtliche Motivationslage* zu schaffen. In erster Linie ist hier die individuelle Bezugsnorm zu nennen. Ein Leistungsergebnis wird nicht nur auf der Grundlage des eigenen Anspruchsniveaus interpretiert, sondern auch im Vergleich zu einer Bezugsnorm. Dies kann eine

- *soziale Bezugsnorm* sein (Vergleich der eigenen Leistung mit einer Vergleichsgruppe),
- *individuelle Bezugsnorm* (Vergleich der eigenen Leistungen mit den eigenen früheren Leistungen),
- *kriteriale Bezugsnorm* (Vergleich der eigenen Leistungen mit einem vorher festgelegten Kriterium).

Untersuchungen belegen positive Effekte einer *individuellen Bezugsnormorientierung* im Hinblick auf eine erfolgszuversichtlichere Motivationslage, ein besseres Selbstkonzept und ein realistischeres Anspruchsniveau.

Neben dem Blick auf die Bewertung des Handlungsergebnisses sollte man die Aufmerksamkeit auch auf die Antizipation und die Ausführung der Handlung selbst richten: Traut sich der Schüler zu, Leistungen selbst herbeiführen zu können? Durch die Unterstützung von *Autonomie und Selbstbestimmung*, verbunden mit persönlicher Wertschätzung des Schülers, kann auch im schulischen Rahmen das Vertrauen in die Wirksamkeit des eigenen Handelns unterstützt werden.

Ein letzter Aspekt ist das *Interesse*. Besteht Interesse an einem Gegenstand, führt dies zu einer kognitiv intensiven, motivierten und emotional positiv gestimmten Beschäftigung mit einem Gegenstand.

Literatur

Rheinberg, F. (2004). *Motivation*. Stuttgart: Kohlhammer.

Möller, J. & Köller, O. (1996). *Emotionen, Kognitionen und Schulleistung*. Weinheim: Beltz.

Übungsaufgaben

1 Nennen Sie wichtige Bestandteile einer Definition von Leistungsmotivation.
2 In welcher Beziehung stehen die Erfolgswahrscheinlichkeit und der Erfolgsanreiz im Risiko-Wahl-Modell von Atkinson zueinander?
3 Was versteht man unter Kausalattribution?
4 Anhand welcher Dimensionen lassen sich Ursachen von Leistungshandlungen klassifizieren?
5 Durch welche habituellen Attributionsmuster sind Misserfolgsängstliche gekennzeichnet?
6 Durch welche schulischen Maßnahmen kann das Selbstkonzept eigener Fähigkeiten unterstützt werden?
7 Wie lassen sich die Wirkungen der sozialen, individuellen und kriterialen Bezugsnorm gegeneinander abgrenzen?

3.3 Emotion

von David Tobinski und Annemarie Fritz

Lernziele

- Komponenten des Konstrukts der Emotion kennenlernen
- Zusammenhänge zwischen Emotionen, Gedächtnisstrukturen und -prozessen analysieren können
- Auswirkungen von Emotionen auf das Denken reflektieren
- Einflüsse von Emotionen auf die Lernleistung verstehen
- Emotionen im Unterricht berücksichtigen können

3.3.1 Komponenten der Emotion
3.3.2 Emotion und Lernen
3.3.3 Anwendungsaspekte

In den vorangegangenen Kapiteln hat sich der *Informationsverarbeitungsprozess* als zentrales Konstrukt herauskristallisiert. Die allgemeine Psychologie befasst sich mit zwei weiteren großen Konstrukten: der *Motivation* (→ Kap. 3.2) und der *Emotion*, welche wir in diesem Kapitel näher betrachten werden.

Es gilt zunächst die Emotion von der Kognition und der Motivation zu unterscheiden. Da diese drei Konstrukte besonders im Lernprozess sehr stark ineinandergreifen, werden wir auf diese Zusammenhänge anschließend vertiefend eingehen. Viele Forschungsergebnisse der pädagogischen Psychologie zeigen hier bedeutende Wechselbeziehungen auf.

Beispiel

Schüler A lernt am Nachmittag mit seinem Nachhilfelehrer Latein. Anfänglich konnten sich beide gut leiden. Als Schüler A seine Noten nicht verbessert, sieht es der Nachhilfelehrer, ein Student der alten Sprachen, zwar zum Teil als sein Verschulden an, ist aber auch über seinen Schüler verärgert. Obwohl er dies nicht zeigen will, klingt seine Stimme während der Nachhilfestunde manchmal verärgert.

Schüler A bekommt seit einiger Zeit Bauchschmerzen und feuchte Hände, wenn ihn seine Mutter mit dem Auto zur Nachhilfe fährt. Er ist in seiner Klasse nicht sehr beliebt, viele finden ihn zu langweilig, darüber ist er sehr traurig.

Schüler B lernt am Nachmittag mit Hilfe seines Computers Latein. Sein Vater hat ihm hierzu extra ein kleines Lernprogramm programmiert. Der Vater ärgerte sich beim Programmieren oft über die Abstürze des Computers, dennoch gab er beim Lösen der anstehenden Probleme selten auf. Seinem Sohn gab er die Software erst, als sie perfekt funktionierte.

Schüler B lernt gerne am Computer. Aber auch wenn das Lernen mit der Software gut läuft, wird ihm manchmal etwas langweilig dabei.

In seiner Klasse ist Schüler B wegen seiner Streiche unter den Jungen sehr beliebt, was ihm sehr wichtig ist. Die Lehrer reagieren hierauf eher verärgert.

Schülerin C bekommt von einer Latein-Studentin am Nachmittag Förderunterricht. Sie bewundert ihre Förderlehrerin, da diese so begeistert von den alten Sprachen ist, und strengt sich besonders an, um ihrem großen Vorbild zu gefallen.

In ihrer Klasse ist Schülerin C nicht sehr beliebt, viele bezeichnen sie als „Streberin". Das macht ihr aber nicht viel aus und sie fühlt sich trotzdem wohl, da sie einige gute Freunde hat und sie von den Lehrern gemocht wird.

Die Beispiele zeigen, wie sehr Lernprozesse und pädagogischer Alltag mit Emotionen verknüpft sind. Neben den lernprozessbezogenen Emotionen spielen auch die sozialen Emotionen eine Rolle. Bevor wir uns der Dimension *Emotion und Lernen* widmen, müssen wir zunächst klären, was man unter dem Phänomen der Emotion versteht. Was sind Emotionen?

Komponenten der Emotion | 3.3.1

> *„It is not that we see a bear, fear it, and run. We see a bear and run, consequently we fear the bear. Our mind's perception of the higher adrenaline level, heartbeat, etc., is the emotion." (James 1884b, 194)*

Mit diesem Satz revolutionierte der Psychologe William James bereits um 1880 die Ansicht über Emotionen. James scheint die Dinge auf den Kopf zu stellen: Ein Mensch sieht einen Bären und läuft los, erst dann nimmt er wahr, dass er Angst hat. Man ist geneigt, James zu widersprechen und anzunehmen, dass man, wenn man einen Bären sieht, zunächst Angst verspürt und erst daraufhin schleunigst die Beine in die Hand nimmt.

James' revolutionierende Ansicht war der Beginn einer langen Forschungsdiskussion über das Konstrukt der Emotion. Der Kern dieser Diskussion bestand in der Frage, ob eine emotionsauslösende Situation bzw. Information unmittelbar zu den Gefühlszuständen und dem entsprechenden Verhalten führt oder ob zusätzlich vermittelnde Informationsverarbeitungsprozesse, also kognitive Prozesse in Form von Bewertungsprozessen (appraisal), beteiligt sind.

James-Lange-Theorie

Da die Ansicht von William James zeitgleich von dem dänischen Physiologen Carl Lange vertreten wurde, ging dieser Ansatz als *James-Lange-Theorie* in die „Literatur" ein. Nach dieser Theorie folgen unmittelbar auf bedeutsame situative Reize *emotionsspezifische*, körperliche Erregungszustände, die je nach Emotion anhand von *physiologischen Aktivitätsmustern* (z. B. bestimmter Blutdruck und bestimmte Atemfrequenz) eindeutig voneinander unterscheidbar sind. Nahezu automatisch kommt es zu emotionsspezifischen Verhaltensprogrammen. Der Person wird erst im Anschluss eine emotionale Erfahrung bewusst. Nach dieser Theorie sind Emotion und Situation also sehr eng aneinandergekoppelt.

Schauen wir uns nun an, von welchen physiologischen Reaktionen bei einer Emotion ausgegangen werden kann.

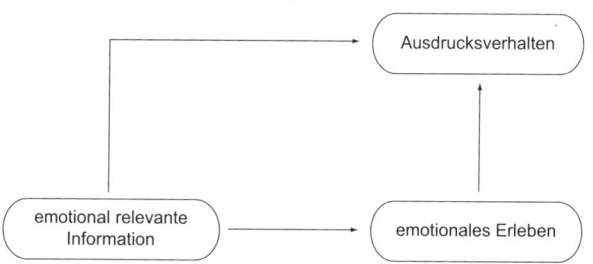

Abb. 3.11

Ablauf einer Emotionsepisode nach der James-Lange-Theorie

Physiologische Reaktionen

Die physiologischen Reaktionen einer Emotion finden sich in unterschiedlichen Systemen des menschlichen Körpers wieder. Es ist anzunehmen, dass diese physiologischen Veränderungen einen bestimmten Sinn erfüllen: *die Vorbereitung auf einen erhöhten Energieeinsatz des Körpers* (Cannon 1929).

Bei Betrachtung der Triade aus Kognition, Motivation und Emotion ist herauszustellen, dass Kognition und Motivation ausschließlich mit dem menschlichen Nervensystem in Verbindung zu bringen sind. Die Emotion wirkt sich hingegen auch auf das Immun- und das Hormonsystem (endokrines System) des Menschen aus.

Für einen Wissenschaftler gestaltet sich die Beobachtung körperlicher Reaktionen auf Kognition und Motivation schwierig. Hierzu sind spezielle Instrumente (z. B. EEG, fMRT) notwendig, welche erst seit wenigen Jahrzehnten zur Verfügung stehen. Zu Lebzeiten von James waren Erkenntnisse auf dieser Ebene noch undenkbar gewesen. Emotionen boten sich hingegen schon damals als Forschungsgegenstand an, da sich einige Veränderungen nahezu augenscheinlich beobachten ließen.

Zu den augenscheinlichen physiologischen bzw. *körperlichen Reaktionen* zählt z. B. das Zittern der Stimme oder eine höhere Stimmlage. Hierzu ist ein bestimmter Teil des *autonomen Nervensystems* (auch als *viszerales* oder *vegetatives Nervensystem* bezeichnet) zuständig: das *sympathische System*. Zu den physiologischen Auswirkungen des sympathischen Systems, welche nicht alle ohne Instrumente zu erkennen sind, zählen:

Sympathisches System

(a) Anstieg des Blutdrucks und der Pulsfrequenz,
(b) Beschleunigung der Atmung,
(c) Erweiterung der Pupillen,
(d) Verstärkung der Transpiration und Verringerung der Sekretion von Speichel und Schleim,
(e) Anstieg des Blutzuckerspiegels,
(f) schnellere Gerinnung des Blutes,
(g) Umleitung des Blutes aus dem Magen und den Eingeweiden in das Gehirn und die Skelettmuskulatur,
(h) Piloerektion (Sträuben der Körperhaare und Gänsehaut).

Wenn die Emotion wieder abklingt, dominiert das energiesparende *parasympathische System*, welches ebenfalls zum autonomen Nervensystem zählt.

Untersuchungen konnten zeigen, dass das Feedback des autonomen Systems direkten Einfluss auf die Intensität der Emotion hat. Die meisten physiologischen Veränderungen finden bei einer Emotion, ebenso wie bei der Kognition und der Motivation, im neuralen Bereich statt. Da neuronalen Prozessen in den letzten Jahrzehnten eine verstärkte Aufmerksamkeit zukam, wollen wir kurz auf die wichtigsten physiologischen Veränderungen des Nervensystems eingehen, diese betreffen vornehmlich das limbische System.

Das limbische System

Emotionale Funktionen werden fast unmittelbar durch das limbische System repräsentiert. Innerhalb dieses Systems, welches das ganze Gehirn durchzieht, findet sich der *basolateral-limbische Schaltkreis* (auch als *lateraler* oder *amygdaloider Schaltkreis* bezeichnet). Es wird davon ausgegangen, dass dieser Schaltkreis mit der Verarbeitung emotionaler Reize, also der emotionalen Bewertung und dem Enkodieren von emotionalen Erfahrungen, assoziiert ist (Sarter & Markowitsch 1985). Zu diesem Schaltkreis gehören die drei wesentlichen Komponenten Amygdala, der medio-dorsale Thalamuskern und mediale Anteile des Stirnhirns (Areal subcallosa). Das limbische System wird aufgrund seiner Funktion auch als „Verhaltensbewertungssystem" (Roth 1997, 197) verstanden.

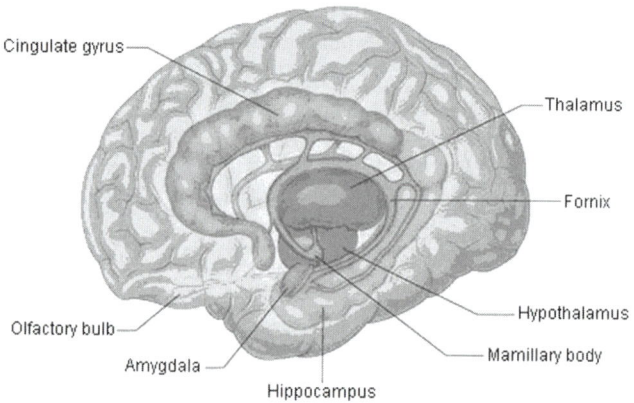

Abb. 3.12
Die wichtigsten neuronalen Strukturen

Kritik

Kritisch hinterfragt wird an den physiologisch orientierten Theorien, ob nicht die körperlichen Veränderungen zu langsam seien, um allein durch physiologische Muster jeweils eine unterschiedliche Qualität der Emotion zu erzeugen. Zudem konnte nicht bestätigt werden, dass künstlich induzierte Erregungen echte Emotionen hervorrufen (Cannon 1927; Schachter 1971). Es wird daher schon lange angenommen, dass die Kognition einen großen Einfluss auf die Unterscheidung der Emotionen hat.

Die Betrachtungsebene der kognitiven Psychologie wollen wir im Folgenden einnehmen.

Kognitive Bewertung

Der vorherigen Theorie steht eine Gruppe von *kognitiven Emotionsansätzen* gegenüber. Wird ein Ereignis oder eine Handlung wahrgenommen, so geht man nach diesen Theorien davon aus, dass das Individuum die Reize je nach seinen persönlichen Zielen, Werten und Befindlichkeiten interpretiert. Es kommt also zunächst zu einer Bedeutungszuschreibung.

kognitive Emotionsansätze

Der experimentell forschende Sozialpsychologe Schachter und sein Mitarbeiter Singer erweiterten bereits in den Sechzigerjahren des letzten Jahrhunderts die James-Lange-Theorie zu einer *kognitiven Theorie der Emotionen*. Die *kognitive Bewertung* rückt bei der sogenannten *Schachter-Singer-Theorie* in den Mittelpunkt. Weil diese Bewertungsfunktion zur physiologischen Erregung hinzukommt, wird auch von der *Zwei-Faktoren-Theorie der Emotion* gesprochen.

Schachter-Singer-Theorie

Schachter geht im Gegensatz zur James-Lange-Theorie davon aus, dass die körperliche Erregung *emotionsunspezifisch* ist und erst über die Kognition auf Grundlage vergangener Erfahrungen interpretiert bzw. etikettiert wird. Es ist zu berücksichtigen, dass diese Vorgänge nicht unbedingt willentlich oder bewusst sein müssen. Die *Bewertungstheorie* geht davon aus, dass es einen kontinuierlichen Bewertungsprozess gibt, in dem wiederholte Neubewertungen einen ersten Eindruck modifizieren und korrigieren können und resultierende Emotionen so verändert werden können.

Lazarus (1968, 1991) spricht von der *primären* und der *sekundären Bewertung (appraisal)* einer Emotion. In einer ersten Bewertung wird eine Situation daraufhin beurteilt, ob sie mit den Zielen der Person übereinstimmt. Erst in einer genaueren, zweiten Bewertung überprüft die Person ihre Fähigkeiten und Ressourcen daraufhin, ob diese ausreichen, die Situation zielführend zu bewältigen. Nach dieser Theorie beeinflussen sich die Art des Ereignisses und die Bedürfnisse, Ziele und Ressourcen der Person wechselseitig, es findet eine *Transaktion* statt. Folge dieser Transaktion ist eine *Neubewertung des Ereignisses*, in die die Fähigkeit der eigenen Bewältigung mit eingeht. Man geht davon aus, dass die Neubewertung die Art und Intensität einer Emotion maßgeblich beeinflusst (Arnold 1960; Lazarus 1991).

primäre und sekundäre Bewertung

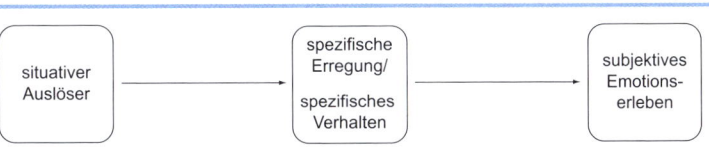

Abb. 3.13

Ablauf einer Emotionsepisode nach Schachter und Singer

Beispiel

Nehmen wir als Beispiel die Prüfungsangst. Eine Person befindet sich in einer Prüfung, die nach der primären Beurteilung (bzgl. der Ziele der Person) als sehr wichtig eingeschätzt wird. Wird die erfolgreiche Bewältigung der Prüfung in der sekundären Bewertung als fraglich eingeschätzt, so wird die Prüfungsangst – durch diese Neubewertung – zunehmen.

Emotionsepisode und Stimmung

Um das Konstrukt der Emotion näher zu bestimmen, können wir bis hierher festhalten, dass es für das Auslösen einer Emotion *Antezedensbedingungen* gibt, also eine emotional relevante Situation mit internen und externen Stimuli, und dass diese Reize zu einem bestimmten *Ausdrucksverhalten* und *emotionalen Erleben* führen.

Um einem solchen Prozesscharakter gerecht zu werden, wird häufig anstelle von Emotionen auch von „Emotionssequenzen" oder „Emotionsepisoden" gesprochen. Sie lassen sich über einen bestimmbaren Anfangs- und Endpunkt eingrenzen und sind meistens von relativ kurzer Dauer.

Zum Konstrukt der *Stimmung*, welches oftmals mit dem der Emotion gleichgesetzt wird, besteht ein eher fließender Übergang. Die Faktoren Dauer und Intensität spielen hierbei beide eine bedeutende Rolle. Emotionen sind differenzierter, intensiver und dynamischer als Stimmungen.

Differenzierung — Stimmungen werden üblicherweise nur grob in gute und schlechte unterteilt. Die Emotionen differenziert man in ungefähr acht bis zehn Grundtypen und eine große Anzahl an „Zwischentönen".

Dauer und Intensität — Stimmungen werden weniger intensiv empfunden und spielen sich daher eher im Hintergrund ab. Emotionen treten hingegen rasch in den Vordergrund, um relativ schnell wieder zu verschwinden, während eine Stimmung über Stunden oder über einen Tag hinweg bestehen bleiben kann.

Motivation — Befindet sich der Mensch nicht in einer Emotionsepisode, was der Normalfall ist, so laufen überlicherweise *Verhaltenspläne* ab. Diese Verhaltenspläne folgen einer bestimmten Richtung: Es sollen positive Emotionen erreicht und negative Emotionen vermieden werden. Hieraus resultiert eine Tendenz hin oder weg von einer bestimmten Handlungsweise. Eine Emotion enthält also immer eine *motivationale Komponente*.

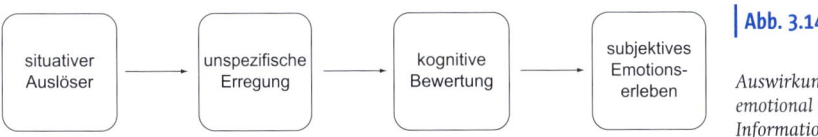

Abb. 3.14

Auswirkungen der emotional relevanten Information

Betrachten wir nun die Antezedensbedingungen einer Emotionssequenz. Als *primäre Quelle* der Erregung gilt bei allen Emotionen ein unerwartetes Ereignis, welches die Unterbrechung laufender Pläne hervorruft. Eine *sekundäre Quelle* der Erregung ist die Erinnerung an bestimmte Inhalte.

Bereits Darwin hat die Vorstellung vertreten, dass Emotionen an erster Stelle dem Überleben des Organismus dienen. So wird davon ausgegangen, dass es für negative Emotionen *angeborene Auslöser*, z. B. laute Geräusche oder Gewebeschäden, geben kann.

Antezedensbedingungen

> **Beispiel**
>
> Der erwähnte Bär von James entspräche mit seiner Größe und seiner voluminösen Stimme genau dem Konzept eines angeborenen Auslösers. Das unerwartete Erscheinen eines Grizzlybären auf einem Campground würde zur Unterbrechung der üblichen Verhaltensprogramme (Skripte zum Campingurlaub) führen und die wahrnehmenden Personen würden die Flucht ergreifen, das Verhalten bewegt sich weg von der Wahrnehmung des Bären.

Das *Ausdrucksverhalten* ist für einen Beobachter gut zugänglich. Eindeutige Rückschlüsse auf die zugrunde liegende Emotion sind allerdings nicht möglich.

Ausdrucksverhalten

> **Beispiel**
>
> Ein Beobachter sieht eine Person aus einem Raum heraustreten, ihre Augen erscheinen etwas gerötet und über ihr Gesicht laufen Tränen. Der Beobachter kann aus dem Ausdrucksverhalten allerdings noch nicht auf die Emotion der Person schließen. Menschen weinen schließlich aus Freude, Trauer, Wut, Ärger oder Mitgefühl.

Menschen zeigen emotionales Ausdrucksverhalten und versuchen dieses zu interpretieren. Dabei erwies sich in Untersuchungen, dass unabhängig von der Kultur einzelne Gesichtsausdrücke identisch interpretiert werden (Ekman 1972) und weltweit einheitliche Muster, z. B. das Heben der Augenbraue als Ausdruck der Begrüßung gezeigt und verstanden werden (Eibl-Eibesfeldt 1995).

Primäremotionen Kulturvergleichende Untersuchungen führten dazu, dass man heutzutage von wenigstens sechs Emotionen ausgeht, die anhand ihres Ausdrucks weltweit in gleicher Weise erkannt werden. Diese Emotionen sind zum Teil auch im Tierreich zu finden. Solche angeborenen Emotionen werden als *Primäremotionen* bezeichnet (Plutchik 1980). Hierzu zählen: Schmerz und Traurigkeit, Furcht, Wut und Ärger, Freude, Vertrauen, Ekel und Abscheu, Erwartung und Überraschung. Noch gibt es keine Einigkeit über die Anzahl möglicher Grundtypen (Markowitsch et al. 2003).

Stellen wir uns die Frage, ob Menschen gezwungenermaßen zu Emotionen ein Ausdrucksverhalten zeigen, so wird uns bewusst, dass dies nicht der Fall ist. Menschen erwerben im Laufe ihres Lebens die Fähigkeit, bestimmte Reaktionen zu unterdrücken und andere gewollt zu produzieren. Schauspieler zeigen uns das in höchster Perfektion. Dennoch deutet vieles darauf hin, dass es zunächst genetische Grundlagen des Ausdrucksverhaltens gibt.

spontanes und soziales Lächeln Auch Studien an Säuglingen und Kleinkindern stützen diese These: In den ersten acht Wochen seines Lebens lächelt ein Säugling völlig unabhängig von äußeren Reizen, dieses *spontane Lächeln* tritt auch im Schlaf auf (Wolff 1963). Wenn alle benötigten Nervenbahnen ihre Myelinschicht erhalten haben, tritt anschließend ein Lächeln auf, welches als *soziales Lächeln* bezeichnet wird.

Trennungs- und Fremdenangst Ebenso universell verhält es sich mit dem Ausdruck von *Trennungs- und Fremdenangst*, sie sind ab dem achten Monat zu beobachten. Dieses Phänomen korreliert hoch mit der Entwicklung neuraler Bahnen im limbischen System.

Die Tatsache, dass die Natur das Phänomen des Emotionsausdrucks hervorgebracht und im Laufe der Evolution weiterentwickelt hat, schreibt ihnen eine scheinbare Lebensnotwendigkeit zu. So ist bereits Darwin davon ausgegangen, dass sich der Gesichtsausdruck von Emotionen aus vormals „zweckdienlichen Gewohnheiten" im Laufe der Evolution entwickelt hat.

Bislang haben wir uns damit auseinandergesetzt, dass Emotionen durch bestimmte Reize ausgelöst werden und ein bestimmtes Ausdrucksverhalten erzeugen können. Diese Phänomene sind nicht spezifisch anthropogen, sondern auch im Tierreich beobachtbar. Wir wollen uns nun der letzten Komponente zuwenden: dem Erleben von Emotionen.

Emotionales Erleben

Emotionales Erleben ist uns bereits sowohl in der James-Lange-Theorie als auch in den kognitiven Emotionsansätzen als subjektives Erleben der Emotion begegnet. Dieses subjektive Erleben speist sich aus verschiedenen Aspekten, wobei die *Gefühle*, der *affektive Zustand*, am deutlichsten und häufigsten wahrgenommen werden. Erlebt ein Mensch Emotionen, so nimmt er aber nicht nur seine Gefühle wahr, sondern auch eine *Veränderung seiner bewussten Gedanken*.

Beispiel

Eine Aufgabe, die individuell als sehr schwer empfunden wird, kann unter Leistungsdruck (Prüfungssituation) negative Emotionen hervorrufen. Dies kann dazu führen, dass der Zugang zum Wissen blockiert und ein Abruf des Gelernten in dieser Situation nicht mehr möglich ist (Schreibblockade, Black-out).

Die Fähigkeit, sich selbst zum Gegenstand der Betrachtung machen zu können, ist eine menschliche Eigenschaft. Diese Reflexionsleistung ist vor allem bei Lernprozessen notwendig, um diese auch der emotionalen Situation entsprechend zu steuern. Diese Kompetenz wird als *motivational-emotionale Regulation* bezeichnet und beschreibt die bewusste Reflexion und Regulierung, z. B. der Leistungsmotivation, Ausdauer oder Konzentration während des Lernens.

motivational-emotionale Regulation

Schon die Philosophen der Antike haben sich mit Gefühlen auseinandergesetzt und arbeiteten unterschiedliche Gefühlsdimensionen heraus. Die Gegensatzpaare Freude und Schmerz bzw. angenehm und unangenehm erwiesen sich aus einer Fülle von Emotionsbeschreibungen als besonders zentral. Heutzutage spricht man eher eindimensional von *positiver* oder *negativer Valenz*, da Gefühle äußerst subjektiv sind. Die Subjektivität von Gefühlen betrifft sowohl die Ebene der Individuen als auch die Ebene der Kulturen (Hofmann & Pekrun 1999) und ist sehr durch Denkprozesse geprägt.

Gefühle

Die vorgestellten Komponenten einer Emotion bzw. Emotionsepisode verdeutlichen die hohe Komplexität dieses Konstruktes. Wir wollen nun die Relation von Emotionen zu anderen Konstrukten betrachten und hierbei den Schwerpunkt auf das Lernen legen.

3.3.2 Emotion und Lernen

Die indogermanische Wurzel des Wortes Lernen „lais" bedeutet „Spur". Emotionen hinterlassen ihre „Spuren" im Gedächtnis und sind unmittelbar an Lernprozesse geknüpft. Wenden wir uns dem Verhältnis von Lernen und Emotionen zu, so begegnet uns diese Relation als wechselseitig: Lernen hat Einfluss auf Emotionen und umgekehrt. Zunächst wollen wir daher den Zusammenhang von Emotionen und Gedächtnisstrukturen und -prozessen betrachten.

Emotion und Gedächtnis

Emotionen können sich auf Vergangenes (*retrospektiv*), auf die Gegenwart (*prozessbezogen*) oder auf die Zukunft (*prospektiv*) richten. Sie interagieren daher unmittelbar mit den Komponenten des Gedächtnissystems. Emotionen werden dabei mit Informationen aus der sensorischen Gegenwart, mit zusätzlichen Informationen aus der Vergangenheit oder mit konstruierten Informationen einer möglichen Zukunft verknüpft.

Beispiel

Ein Kind baut in seinen ersten Lebensjahren ein Hundeschema auf. Noch findet es kleine Hunde interessant, bei großen Hunden zeigt es ein leicht ängstliches Verhalten. Leider wird es während eines Besuchs von dem kleinen Hund seiner Tante gebissen. Immer wenn die Mutter nun den Besuch der Tante ankündigt, bekommt das Kind schon im Vorfeld Angst vor dem Hund. Es stellt sich sogar vor, dass der Hund noch fester beißen wird und die Angst wird daher größer. Im Erwachsenenalter reflektiert die Person ihr Verhalten gegenüber Hunden, sie hat in ihrem bisherigen Leben kleine Hunde gemieden, große Hunde hingegen nicht.

angeborene Auslöser   Wir haben bereits *angeborene Auslöser* von Angst thematisiert, in unserem Beispiel fungiert ein großer Hund als solcher. Obwohl das Kind bislang keine Erfahrungen mit großen Hunden gesammelt hat, zeigt es bei der Wahrnehmung von großen Hunden leichte Angst. Hierzu reicht die Information aus dem sensorischen Register (SR) aus und es sind keine zusätzlichen Informationen aus der Vergangenheit notwendig. Auch Emotionen wie Freude oder Hoffnung können ohne zusätzliche Informationen entstehen.

Emotion und Langzeitgedächtnis   Bestimmte Reize werden durch Erfahrungen mit bestimmten emotionalen Reaktionen assoziiert, man spricht von *postkognitiven Emotionen*.

Über diesen Prozess entwickeln sich im Langzeitgedächtnis *emotionale Schemata*. Als Grundprinzip des alltäglichen Lebens gilt, dass dem Erleben positiver Emotionen und dem Vermeiden negativer Emotionen eine hohe Valenz zukommt. Über eine Fülle an Alltagserfahrungen lernt der Mensch, welche Personen, Situationen, Objekte und sogar Gedanken ihm zu positiven Emotionen verhelfen.

Emotionale Schemata erlauben es der Person auf kongruente neue Situationen mit dem gleichen Gefühlszustand zu reagieren (*prozessbezogene Emotion*). Liegen noch keine oder nicht genügend Assoziationen vor, so bekommen aktuelle interne und externe Ereignisse mit Hilfe vorhandener emotionaler Schemata eine Bedeutung verliehen und werden über diese bewertet (*präkognitive Emotionen*).

Ein Erleben von Emotionen durch Erinnerungen, also ein rein retrospektiver Vorgang, ist möglich, aber nicht immer einfach.

Erinnert man sich z. B. nachträglich an einen schönen Augenblick, reicht der Abruf aus dem Langzeitgedächtnis, die sekundäre Quelle, oftmals nicht aus, um die entsprechende emotionale Episode in ihrer ursprünglichen Intensität hervorzurufen. Es ist kaum möglich, emotionales Erleben einzig durch Erinnerungen zu erzeugen.

Ein weiterer Aspekt der Emotionen im Zusammenhang mit dem Langzeitgedächtnis ist, dass zu bestimmten Emotionen unbedingt Zusatzinformationen über Vergangenes hinzukommen müssen, um erlebbar zu werden. Hier findet also eine Koppelung von prozessbezogenen und retrospektiven Informationen statt. Zu solchen Emotionen zählen Stolz oder Scham, die als selbstbewertende Emotionen rein retrospektiv funktionieren. Ihre Antezedensbedingungen sind folglich komplexer als die der Freude oder Trauer. Ein Schüler empfindet Stolz erst, wenn er seine eigene Leistung reflektiert und in das Gefühl der Freude über eine gute Note integriert.

In Kapitel 2.3.3 haben wir die begrenzten Kapazitäten des Arbeitsgedächtnisses kennengelernt. Es kann davon ausgegangen werden, dass bei einer hohen Emotionsintensität Ressourcen zur Emotionsregulation verwendet werden müssen. Es entstehen irrelevante Gedanken, die die Aufmerksamkeit an sich binden und sich dadurch negativ auf die Aufgabenbearbeitung auswirken. Dieser Effekt ist sowohl bei negativen als auch bei positiven Emotionen zu beobachten (Ellis & Ashbrook 1988; Meinhardt 1998).

Emotion und Arbeitsgedächtnis

Auf den amerikanischen Psychologen Gordon Bower (1981) geht das Konzept der Emotionsknoten zurück. Bower erweiterte die Netzwerkmodelle (→ Kap. 2.4.3) um das Konzept der Emotionsknoten. Diese sind mit den Wissensknoten im Netz verbunden und können sich gegenseitig aktivieren. Mit diesem Konzept lässt sich *emotionsabhängiges Denken*

Emotionsknoten und Denkstilhypothese

(→ Kap. 3.3.1) erklären. Erlebt ein Mensch Begeisterung, so breitet sich vom „Begeisterungsknoten" zu allen direkt und indirekt assoziierten Knoten eine Aktivation aus. Viele Knoten sind nun voraktiviert und diese stimmungskongruenten Informationen sind für weitere Prozesse, etwa für das Denken, leichter verfügbar.

Da sich Emotionen sowohl auf die Speicherung als auch auf den Abruf von Informationen auswirken, spricht man auch vom *zustandsabhängigen Lernen*.

Definition

Zustandsabhängiges Lernen bedeutet, dass Personen ihre besten Erinnerungsleistungen an Lerninhalte in einer Situation zeigen, die der Lernsituation emotional am ähnlichsten ist. So hat die Stimmung Einfluss auf das Lernen, aber auch auf die Erinnerung des Gelernten. Lernt eine Person unter fröhlicher Stimmung, so kann sie auch unter fröhlicher Stimmung am besten das Gelernte abrufen.

Das Modell von Bower bietet die Möglichkeit, zu erklären, wie die Stimmung auf die Informationsverarbeitung wirkt. Es bestehen große Ähnlichkeiten zur schon besprochenen *Enkodierungsspezifität* (→ Kap. 2.4.2).

Eine These, die das „Wie" und nicht das „Was" der Informationsverarbeitung unter der Berücksichtigung von Emotionen betrachtet, ist die sogenannte *Denkstilhypothese*. Es konnte belegt werden, dass bei negativer Stimmung eher analytische, sequentielle und detailorientierte Informationsverarbeitungsstile, bei positiver Stimmung hingegen holistische, intuitive und kreative Strategien bevorzugt werden (Isen 1987; Kuhl 1983a; Schwarz & Bless 1991).

Beispiel

Schülerin A, Klasse 11, ist frisch verliebt und euphorisch. In der Schule steht eine einwöchige Projektarbeit an und sie hat viele kreative Ideen für ein Thema ihrer Projektgruppe, wobei sie auch schon genau weiß, wie man bei jedem einzelnen Thema im Großen und Ganzen an die Umsetzung gehen könnte.

Schüler B geht in die gleiche Klasse wie Schülerin A. Seine Lehrerin weiß, dass er genauso kreativ ist wie Schülerin A. Er trauert gerade über den Verlust seiner Lieblingsoma. Ihm fallen keine Projektideen ein. Er ist froh, dass ihm in seiner Gruppe die Aufgabe zuteil wird, für jeden einzelnen Projektmeilenstein die einzelnen Arbeitsschritte zu analysieren und in einen zeitlichen Rahmen zu stellen. So kann er an genauen Zielvorgaben festhalten und detailliert planen, was ihn auch gut von der Trauer um seine Oma ablenkt.

Nachdem wir den engen Zusammenhang zwischen der Emotion und den Gedächtnisstrukturen und -prozessen beleuchtet haben, gehen wir nun auf weitere lernbezogene Aspekte von Emotionen ein.

Emotion und Problemlösen

Eine populäre Auffassung ist, dass Gefühle dem rationalen Denken, Entscheiden und Problemlösen abträglich seien. Im Folgenden wollen wir kurz die Auswirkungen von Emotionen auf bestimmte Aspekte des problemlösenden Denkens (→ Kap. 2.5) beleuchten.

Wir haben bereits das *heuristische Vorgehen* in Problemlöseszenarien kennengelernt. Diesen Aspekt eines eher erfahrungsabhängigen und „unsystematischen" Vorgehens beim Überwinden von Barrieren möchten wir im Zusammenhang mit Emotionen noch einmal aufgreifen. Bei Urteilen und Entscheidungen handeln Menschen meistens nicht rein rational. Häufig werden einfache Faustregeln genutzt, sogenannte *Heuristiken*.

Heuristik und Emotionen

Auf Norbert Schwarz geht es zurück (1987) von einer „*Was-empfinde-ich-dabei?"-Heuristik* zu sprechen. Nach Schwarz wird die eigene Gefühls- und Stimmungslage als weitere Informationsquelle in den Verarbeitungsprozess eingebunden. Ihre zentrale Aufgabe, Emotion und Verhalten zu regulieren, wird in diesem Zusammenhang besonders deutlich. Einem Individuum wird über die Emotion als zusätzliche Informationsquelle ein schnelleres Reagieren auf Situationen ermöglicht, da diese nicht erst alle objektiven Informationen genau analysieren muss. In diesem Zusammenhang ist die Rolle der *bewussten Informationsverarbeitung* interessant.

Studie

Schwarz führte Telefoninterviews durch, bei denen die Versuchspersonen an Tagen mit gutem bzw. schlechtem Wetter nach ihrer allgemeinen Lebenszufriedenheit gefragt wurden.

Erwartungsgemäß kam es zu signifikanten Korrelationen zwischen der jeweiligen Wetter- und Stimmungslage und den Angaben zum allgemeinen Befinden, sodass der Einfluss der „Was-empfinde-ich-dabei?"-Heuristik vermutet wurde.

Bei einer vorherigen Lenkung der Aufmerksamkeit auf das Wetter durch die Frage: „Sagen Sie, wie ist das Wetter bei Ihnen?", nahm die Korrelation hingegen deutlich ab. Schwarz vermutete, dass sich die Probanden nun des Zusammenhangs zwischen der eigenen Stimmung und dem Wetter bewusst wurden und diesen auch berücksichtigten. Also in diesem Fall aus der Summe der Informationen zur allgemeinen Lebenszufriedenheit „herausrechneten".

Zahlreiche Autoren konnten belegen, dass sich Emotionen auf die Auswahl der Problemlösestrategie auswirken. Generell lässt sich sagen, dass das Denken in hochemotionalen Situationen sehr einfachen Heuristiken folgt (Mangold 2007).

Fixationen und Stimmung

Am Beispiel des *Seilproblems* (→ Kap. 2.5) haben wir bereits das Phänomen der Fixierung kennengelernt. Auch Duncker (1945) führte ein klassisches Experiment zur Fixation durch, welches als *Streichholzproblem* bezeichnet wird. Ziel ist es, eine Kerze an einer Tür zu befestigen. Auf einem Tisch liegen eine Schachtel mit Reißnägeln, einige Streichhölzer und eine Kerze. Das Problem besteht darin, die Schachtel nicht lediglich als Behälter, sondern auch als Podest für die Kerze zu betrachten. Ist die Schachtel mit den Reißnägeln gefüllt, wird ihre Funktion als Behälter, die *funktionale Fixation*, noch weiter verstärkt. Zur Problemlösung ist also eine *kreative Umstrukturierung* dringend notwendig.

Die amerikanische Emotionsforscherin Alice Isen (1987) nutzte dieses Untersuchungsparadigma, um den Zusammenhang zwischen Emotion und problemlösendem Denken zu untersuchen. Isen ging davon aus, dass zur Lösung des Problems eher intuitiv-holistisches Denken als sequentiell-analytisches Denken notwendig ist. Daher zeigte sie der Hälfte ihrer Probanden im Vorfeld einen lustigen Film, um eine positive Stimmung zu erzeugen. Diese Gruppe löste insgesamt wesentlich häufiger (75 %) und schneller das zu bearbeitende Problem. Es wird davon ausgegangen, dass die positive Stimmung zu einer schnelleren Abstraktion von den primären Funktionen der Gegenstände führte und eine Umfunktionierung erleichterte. Es folgten weitere empirische Studien, die ähnliche Effekte, auch für den Zusammenhang von sequentiell-analytischem Denken und negativen Emotionen, aufzeigen konnten.

Notfallreaktion des kognitiven Systems

Die *Notfallreaktion* des kognitiven Systems ist eine Art Unterbrechungsmechanismus von aktuellen, zielabarbeitenden Handlungsprogrammen durch intensive Gefühle. Dörner prägte den Begriff, nachdem in seiner Studie „Lohhausen" (Dörner et al. 1983; vgl. Kap. 6.2.2) einige Probanden ein bestimmtes Verhalten zeigten.

Studie

Die Pbn sorgten im Rahmen eines Computermodells für 120 Monate als Bürgermeister von Lohhausen für das Wohlergehen der Stadt und seiner Bürger. Nachdem die Informationsflut in der Simulation nicht mehr bewältigt werden konnte, zeigte sich eine von Dörner als *Externalisierung* bezeichnete Vorgehensweise der Pbn. Ihre Reaktionen richteten sich nun stärker an den Vorgängen in der aktuellen Umgebung bzw. Situation aus. Die Denktätigkeiten reduzierten sich, was bis zu einem „Abschalten des Denkapparats", einem Black-out, führen konnte. Die Informationsflut führte quasi zu einem Kontrollverlust und erhöhte die Bereitschaft zu sogenannten Terminierungsreaktionen: *Angriffsreaktionen*, *Rückzugsreaktionen* und schließlich die *Resignation* als hilfloses Verharren.

Die *Notfallreaktion* ist trotzdem im Allgemeinen nicht als eine negative, sondern vielmehr als eine wichtige Funktion zu betrachten (Simon 1967). Werden intensive Gefühle während einer Handlung subjektiv als störend empfunden, so treten sie doch nur auf, wenn unvorhergesehene Ereignisse das plangeleitete Handeln unterbrechen. Hänze (1998) empfiehlt, sie nicht zu ignorieren, sondern vielmehr als *Gefühlszeichen* zu beachten und das Handeln nach ihnen auszurichten.

Dieses Beispiel führt uns vor Augen, wie eng Wahrnehmen, Denken und Fühlen miteinander verwoben sind. Wir greifen an dieser Stelle wieder das RIW-Modell auf, in das nun zwei Subkomponenten eingebettet werden. Die erste Subkomponente ist nach Hussy (1998) die *evaluative Struktur (EVS)*, welche das Bewertungswissen enthält. Das wiederum setzt sich zusammen aus den sog. *Evaluatoren* im LZG. Betrachten wir aus dieser Perspektive noch einmal das Problemlösen. So ist nicht nur die kognitive Analyse des Abstands zwischen Ist- und Soll-Zustand wichtig, sondern auch die bewertende Funktion der evaluativen Struktur (EVS). Es kommt dadurch zur Auswahl und zum Wechsel von Teil- und Zwischenzielen während eines Problemlöseprozesses.

Als weitere Subkomponente führen wir ein *somatosensorisches Register* (SOMR) ein, das ähnlich wie das *sensorische Register* (SR) „arbeitet" und dem Individuum Informationen zuführt. Diese kommen hier allerdings nicht aus der Umwelt, sondern werden aus dem Zustand des Individuums selbst, aus seinem Körper (soma), generiert.

Emotionen im RIW

Abb. 3.15

Im RIW ist für die Emotion nun die Komponente des somatosensorischen Registers (SOMR) von großer Bedeutung. (SO = Sinnesorgane; SR = sensorisches Register; OV = offenes Verhalten)

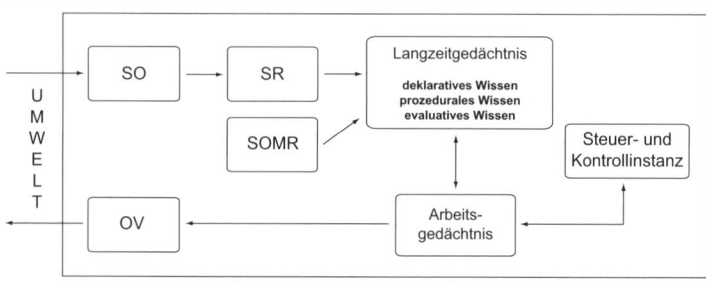

Emotion und Leistungsmotivation

In Kapitel 3.2.2 ist bereits deutlich geworden, wie eng der Zusammenhang zwischen Leistungsmotivation und Emotionen ist. Leistungsbezogenes Verhalten wird immer von der Hoffnung auf Erfolg bzw. der Furcht vor Misserfolg begleitet.

aktivierend vs. desaktivierend

Im Hinblick auf die Lernmotivation ist eine weitere Dimension von Emotionen wichtig: Emotionen können sowohl *aktivierend* als auch *desaktivierend* wirken. Bei positiven Emotionen wird davon ausgegangen, dass sie generell eine aktivierende Wirkung aufweisen. Sie erzeugen daher Lernmotivation. Negative Emotionen hingegen können sowohl aktivierend als auch desaktivierend wirken. Zu den *desaktivierenden negativen Emotionen* gehören etwa Hoffnungslosigkeit oder Langeweile. Eine *aktivierende negative Emotion* könnte Angst oder Ärger sein (Pekrun 1992).

Lernfreude vs. Prüfungsangst

Im Schüler werden schon während des Lernens in Abhängigkeit von der Situations- und Kompetenzerwartung positive oder negative prospektive Emotionen (Lernfreude oder Prüfungsangst) ausgelöst, die wiederum auf den aktuellen Lernprozess rückwirken. Angst vor Misserfolg kann bei nicht zu großer Intensität eine Zunahme der *extrinsischen Motivation* bewirken. Nimmt die Intensität allerdings zu, so kann diese Angst dazu führen, dass die angstbesetzte Lernhandlung möglichst lange aufgeschoben wird.

intrinsische Motivation

Bei *intrinsischer Lernmotivation* hingegen liegen die Gründe für die Handlungsausführung in der Handlung selbst, dieses Lernen ist unabhängig vom Lernzweck, das Lernen erfolgt um seiner selbst willen. Dies mag daran liegen, dass die Lernhandlung oder der Lerngegenstand für die Person besonders interessant ist. Bei einer solchen intrinsischen Motivlage wird davon ausgegangen, dass das Lernen von positiven prozessbezogenen Emotionen, z. B. der Lernfreude, begleitet wird (Krapp & Prenzel 1992).

Geht eine Person in ihrer Tätigkeit völlig auf, spricht man von einem *Flow-Erlebnis* (Csikszentmihalyi & Schiefele 1993). Ist ein Schüler intrinsisch motiviert, so kann davon ausgegangen werden, dass sich der Lernprozess durch Rückkopplung selbstständig aufrechterhält.

Positive Lernemotionen wirken sich also günstig auf das Lernen aus. Es ist zu erkennen, dass ein feines Wechselgefüge zwischen intrinsischer und extrinsischer Motivation und der Intensität der Emotionen vor, während und nach einer Lernhandlung besteht (Hofmann & Pekrun 1999). Die folgende Tabelle gibt noch einmal eine Klassifikation leistungsbezogener Emotionen wieder (nach Pekrun 1992).

Die Klassifikation leistungsbezogener Emotionen | Tab. 3.2

Zeitliche Ausrichtung	Valenz	
	negativ	positiv
retrospektiv	Traurigkeit, Enttäuschung, Beschämung, Ärger	Ergebnisfreude, Erleichterung, Stolz
prozessbezogen	Langeweile	Lernfreude, Spaß
prospektiv	Angst, Hoffnungslosigkeit	Hoffnung, Vorfreude

Soziale Emotionen und Lernen

Zu den leistungsbezogenen Emotionen kommt der emotionale Ausdruck des Lehrers als verstärkende Komponente hinzu.

Wie reagieren Schüler auf emotionale Reaktionen ihrer Lehrer? Die Art, wie ein Schüler mit Misserfolg umgeht, wird durch den Emotionsausdruck des Lehrers beeinflusst.

die Rolle des Lehrers

Ein Lehrer kann auf den Misserfolg eines Schülers mit Ärger oder Mitgefühl reagieren. Hier ist es entscheidend, auf welche Faktoren (Fähigkeit oder Anstrengung) ein Misserfolg vom Lehrer zurückgeführt wird.

Ärger vs. Mitgefühl

Im ersten Beispiel reagiert der Nachhilfelehrer *verärgert* auf seinen Schüler, da er den Misserfolg auf mangelnde Anstrengung zurückführt. Er schreibt also den Misserfolg einem Faktor zu, über den der Schüler die *Kontrolle* bewahrt. Allerdings sollte der Nachhilfelehrer diesen Ärger ruhig herauslassen und im Schüler somit Schuldgefühle wecken. Nach Gage & Berliner (1996) wirken sich Schuldgefühle für gewöhnlich positiv-motivierend auf Schüler aus.

Im zweiten Beispiel möchte der Nachhilfelehrer neutral bleiben. Würde er hingegen mit *Mitgefühl* reagieren, so kann dies zu einem Gefühl der *Beschämung* führen, welches nicht motivierend wirkt. Es könnte

Neutralität vs. Mitgefühl

sogar passieren, dass sich ein Schüler anschließend selbst nicht mehr die Fähigkeit zuschreibt, Leistungen zu erbringen, und sich sein Gefühl der *Kontrolle* darüber *reduziert* (Graham et al. 1984; Graham 1986).

Begeisterung

Eine weitere Emotion auf Lehrerseite ist der *Enthusiasmus*, hierunter wird eine Begeisterung verstanden, wie sie in unserem Beispiel zu Beginn des Kapitels von der Latein-Studentin gezeigt wird. Schüler empfinden es als positiv, wenn fachliche Inhalte mit Begeisterung vermittelt werden und sie beurteilen ihre Lehrer danach positiver. Noch wichtiger ist, dass sich dieser Effekt auch in einer gesteigerten Lernleistung zeigt.

Machtgefühle

Es konnte allerdings auch nachgewiesen werden, dass Lehrer nicht nur über den Enthusiasmus einen großen Einfluss auf das Empfinden ihrer Schüler haben. Zwischen Lehrer und Schülern besteht eine Asymmetrie im *Machtgefühl*. Schüler stimmen ihr Verhalten daher in hohem Maße auf die Erwartungen ihrer Lehrer ab. Der Lehrer sollte sich dessen bewusst sein.

pädagogische Wärme

Daher sei an letzter Stelle eine soziale Emotion genannt, die man als *pädagogische Wärme* bezeichnet (Knauf 1998). Nach dem humanistischen Menschenbild von Carl Rogers ist der Lehrer dazu aufgefordert, ein *sozial-emotionales Wohlbefinden* in seinen Schülern zu erzeugen. Zentrale emotionsnahe Konzepte sind hierbei:

- Echtheit (Kongruenz),
- einfühlendes Verstehen (Empathie) und
- soziale Wärme.

die Rolle der Mitschüler

Ein wichtiger Aspekt zwischen Individuum und Gruppe wird als *Gruppenkohäsion* bezeichnet. Hierunter ist ein Gefühl von Attraktivität zu verstehen, welches durch eine bestimmte Gruppenzugehörigkeit erzeugt wird. Gruppenkohäsion zeigt Auswirkungen auf die Bewertung der eigenen Leistungen (Schmuck 1978). Eine *Außenseiterrolle* führt dazu, dass keine Gruppenkohäsion wahrgenommen wird. Soziale Anerkennung wirkt sich genau gegenteilig aus, also selbstverstärkend positiv.

3.3.3 Anwendungsaspekte

Emotionen im Unterricht zu beachten, ist keine neue pädagogische Thematik. Schon Reformpädagogen wie Pestalozzi, Freinet und Montessori forderten ein Lernen mit „Kopf, Herz und Hand". Ein Lernen, das Kognition, Motivation und Emotion in Einklang bringt. Der folgende Abschnitt betrachtet diese Triade aus einer unterrichtspraktischen Perspektive.

Selbstwahrnehmung

Seit nunmehr dreißig Jahren gibt es in den Vereinigten Staaten von Amerika ein Unterrichtsfach mit dem Namen „Self Science". Dieses Fach schult unter anderem die emotionale Selbstwahrnehmung der Schülerinnen und Schüler (Goleman 1995). Eine bemerkenswerte Technik dieses Faches ist es, dass die Anwesenden vor dem Unterricht ihre Stimmung in Form von Ziffern auf einer Skala von eins (bedrückt) bis zehn (volle Energie) angeben. Dadurch können jeder Schüler selbst, seine Mitschüler und der Lehrer die Kooperationen und Arbeitsweisen der jeweiligen Gefühlslage anpassen.

Wir haben bei Bower (1981; Kap. 9.2.1) die Verknüpfungen zwischen Emotion und Kognition betrachtet (→ Kap. 3.3.2). Damit schulisch erworbenes Wissen dem Schüler zur Anwendung bei späteren Problemstellungen zur Verfügung steht, wird gefordert, Lerninhalte emotional anzubinden. Dazu reicht es oft aus, mit den Schülern gemeinsam Beispiele aus dem eigenen Alltag zu suchen und damit eine Einbettung der Inhalte vorzunehmen.   *Lernen mit Emotionen*

Die Auswirkungen der Stimmung auf den Denkstil sollten im Unterricht berücksichtigt werden. Wir haben thematisiert, dass kreative Prozesse durch eine *positive Stimmung* verstärkt werden.   *Stimmung*

Bei *negativer Stimmung* sollten eher Routineaufgaben bearbeitet werden. Im lehrerzentrierten Unterricht kann der Lehrer die Arbeitsform dem Stimmungsklima in der Klasse schneller anpassen. Im schülerzentrierten Unterricht hingegen können die Schüler selber die optimale Balance zwischen Stimmung und Denkstil herstellen (Hänze 1998).

Die Lehrperson steht einem komplexen Wirkgefüge gegenüber, in dem sie auch stark emotional belastet wird. Vermag es die Lehrperson, produktiv mit den eigenen Emotionen umzugehen, schützt sie sich vor den Gefahren des „Ausbrennens" (*Burn-out-Syndrom*). Sie sollte sich daher ein Gespür für die eigenen Gefühle und die eigene Stimmung aneignen. Zudem kann eine Lehrperson dadurch besser die Auswirkungen ihres subjektiven „Beeinflusstseins" durch Sympathie und Antipathie einzelnen Schülern gegenüber reflektieren. Bereits weiter oben ist deutlich geworden, dass die aktuelle Gefühls- und Stimmungslage einen großen Einfluss auf das Urteilen hat. In schlechter Stimmung entdeckt die Lehrperson eher negative als positive Qualitäten. Das Bewusstsein über dieses Phänomen verhilft zu einem gerechteren Umgang im pädagogischen Kontext.   *Emotionen der Lehrperson*

Zusammenfassung

Das *Konstrukt der Emotion* setzt sich aus verschiedenen Komponenten zusammen, hierzu zählen:

- physiologische Reaktionen,
- die kognitive Bewertung,
- Antezedensbedingungen,
- das Ausdrucksverhalten und
- das emotionale Erleben.

Physiologische Reaktionen sind bei der Emotion in Form von beschleunigter Atmung oder erweiterten Pupillen beobachtbar.

Hingegen sind die wesentlichen Prozesse der Informationsverarbeitung nicht direkt wahrzunehmen. Gerade die *kognitive Bewertung* spielt beim emotionalen Erleben eine große Rolle. Emotionen sind sehr subjektiv. Sie grenzen sich über ihre kurze Dauer und Intensität von der Stimmung ab. Die Umwelt hat auf Emotionen einen bedeutsamen Einfluss, aber kulturvergleichende Untersuchungen zum Ausdrucksverhalten konnten auch zeigen, dass es angeborene Emotionen gibt.

Emotionales Erleben erstreckt sich über das Fühlen auch auf das Denken und ruft bestimmte Handlungstendenzen in einer Person hervor.

Emotionen sind unmittelbar mit Lernprozessen verwoben, da sie zum Teil selber durch Lernprozesse erworben und beeinflusst werden, aber insbesondere auch auf Lernprozesse einwirken.

Emotionsabhängiges Denken und zustandsabhängiges Lernen lässt sich mit dem *Konzept der Emotionsknoten* erklären. Dieses Konzept geht von einem eigenen Repräsentationsformat (Emotionsknoten) von Emotionen innerhalb eines Wissensnetzwerkes aus. Hieraus wird auch deutlich, dass sich Emotionen auf problemlösendes Denken auswirken. *Intuitiv-holistisches Denken* steht hier einem eher *sequentiell-analytischen Denken* gegenüber.

Emotionen können auf Probleme aufmerksam machen und daher auch als „Notfallreaktion" des kognitiven Systems aufgefasst werden.

In Bezug auf die *Leistungsmotivation* lassen sich Emotionen anhand ihrer zeitlichen Ausrichtung (*retrospektiv*, *prozessbezogen* oder *prospektiv*) und ihrer *Valenz* (Bewertung) klassifizieren.

In der *sozialen Dimension* spielen Emotionen nicht nur zwischen Lehrer und Schüler eine bedeutende Rolle, auch der Klassenverband wirkt sich auf die Lernfunktionen aus. Ein Lehrer sollte daher fähig sein, die eigenen Gefühle und Stimmungen angemessen zu reflektieren und anzupassen, und nicht nur die emotionale Wirkung von Unterrichtsinhalten im Blick haben. *Pädagogische Wärme* hat somit nicht nur positive Effekte auf das Lernen der Schüler, sondern kann auch die Lehrperson vor einem Burn-out-Syndrom bewahren.

Literatur

Hänze, M. (1998). *Denken und Gefühl: Wechselwirkung von Emotion und Kognition im Unterricht.* Neuwied: Luchterhand.

Damasio, A. R. (2007). *Descartes' Irrtum. Fühlen, Denken und das menschliche Gehirn.* Berlin: Ullstein.

Übungsaufgaben

1 Welche angeborenen Auslöser können zum Erleben einer Emotion führen?
2 Was ist unter einer Antezedensbedingung zu verstehen?
3 Welche Aufgabe übernehmen Emotionsknoten?
4 Woraus besteht eine Emotionsepisode?
5 Welche Primäremotionen kennen Sie?
6 Erläutern Sie kurz, wie sozialer Konstruktivismus untersucht werden kann!
7 Welche Funktion haben emotionale Schemata?
8 Was verbirgt sich hinter „Self Science"?
9 Ordnen Sie leistungsbezogene Emotionen mit Hilfe relevanter Dimensionen!

4 | Lerntheorien und pädagogisches Handeln

von David Tobinski und Annemarie Fritz

Lernziele

- Das Konstrukt Lernen definieren können
- Lernen aus der Perspektive unterschiedlicher Lerntheorien vergleichen können
- Lernprinzipien des Behaviorismus erklären können
- Perspektiven des Konstruktivismus reflektieren können
- Modellernen aus unterschiedlichen Lernparadigmen heraus analysieren können
- Wissenserwerb in seinen verschiedenen Formen darstellen können

4.1	Definition Lernen
4.2	Lernen aus der Perspektive der Behavioristen
4.3	Lernen aus der Perspektive des Konstruktivismus
4.4	Lernen in Bildungskontexten
4.5	Lernen im Kanon der Paradigmen

4.1 | Definition Lernen

Lernen Kann als zentraler Gegenstand der Pädagogischen Psychologie das Konstrukt „Lernen" benannt werden, so wurden zwar bislang Strukturen und Prozesse des Lernens aus der Perspektive kognitiver, motivationaler und emotionaler Prozesse betrachtet, der Begriff *Lernen* selbst aber nicht definiert.

lebenslanger Prozess Gemäß der neueren entwicklungspsychologischen Orientierung an der Lebensspanne wird Lernen als lebenslanger Prozess betrachtet. Die Fähigkeit zu Lernen gilt als das entscheidende Potential des Menschen, kulturelle Errungenschaften zu reproduzieren und Neues zu schaffen. Von Geburt an beginnt das Kind, sich an die Umwelt anzupassen und sich die Umwelt zu eigen zu machen: gezielt Greifen, Laufen, Sprechen lernen sind erste große Etappen der individuellen Lerngeschichte. Bei der Aneignung von Kulturtechniken oder dem Erwerb beruflicher Expertise liegen ganz spezielle Lernziele vor. Hier stellt sich die unmittelbare Verwandtschaft zwischen Lernen und Wissenserwerb besonders heraus. Gelernt werden motorische Fertigkeiten und kognitive Kompetenzen, Emotionen, Motive, Meinungen und Einstellungen. Menschliches Lernen vollzieht sich aber nicht nur in Richtung auf eine Verbesserung von Kompetenzen und Fertigkeiten, es kann auch etwas Falsches gelernt werden, etwa negative Emotionen oder falsche Strategien.

Lernen ist nicht zeitlich limitiert, die tägliche Aufnahme und Verarbeitung von Informationen zu neuen Kenntnissen, der Austausch mit anderen Menschen zur Bildung neuer Meinungen und Einstellungen sind Lernprozesse, die unabhängig vom Lebensalter alltäglich stattfinden. Nur ein Bruchteil menschlichen Verhaltens ist angeboren, daher stehen Individuen immer wieder erneut vor der Herausforderung, sich Wissen und Fertigkeiten anzueignen. Abhängig von den individuellen Bedingungen stellt das Lernen einen mehr oder weniger komplexen Prozess dar. Auch Lernen muss gelernt sein. Vor allem bei komplexen Inhalten ist es von hoher Bedeutung, wie gelehrt und gelernt wird.

Wann kann man davon sprechen, dass ein Lernprozess stattgefunden hat? Der eigentliche Lernprozess ist nicht direkt beobachtbar, sichtbar ist nur das Resultat der Lernprozesse in Form von Verhaltensänderungen, vorausgesetzt, diese werden gezeigt. Denn nicht alle gelernten Verhaltensweisen schlagen sich unmittelbar in sichtbarem Verhalten nieder, so z. B. nicht, wenn kein Anlass oder keine Gelegenheit bestehen, das gelernte Verhalten zu zeigen. Letztlich lässt sich nur schlussfolgern, dass Lernen stattgefunden hat, wenn eine *Änderung des Verhaltens* aufgrund von Erfahrungen eingetreten ist. Abzugrenzen sind Prozesse des Lernens von biologischen und mechanischen Vorgängen wie z. B. Wachstum, Ermüdung, Reifung, Altern oder Einwirkung von Pharmaka, die zwar ebenfalls Verhaltensänderungen bewirken, nicht aber auf Erfahrung beruhen.

Verhaltensänderung

Definition

Folgende Komponenten des Lernens lassen sich herausstellen:

▶ Lernprozesse führen zu Veränderungen von Verhaltensweisen oder des Verhaltenspotentials.

▶ Damit eine Veränderung als lernbedingt angesehen werden kann, muss die Verbesserung oder der Neuerwerb des Verhaltens aufgrund von Erfahrungen erfolgen.
▶ Lernen ist ein Systemprozess, der durch kognitive, motivationale und emotionale Prozesse gesteuert wird.
▶ Die Verhaltensänderung muss relativ überdauernd, das heißt über eine längere Zeit verfügbar (stabil) sein.
▶ Der Lernprozess selbst ist nicht direkt beobachtbar. Ob Lernen stattgefunden hat, lässt sich nur aufgrund der (beobachtbaren) Verhaltensänderungen erschließen.
▶ Lernen findet lebenslang statt.

Spätestens mit den Untersuchungen zu den Behaltens- und Vergessensprozessen des Kurzzeitgedächtnisses von Ebbinghaus (1885) wurde in der Psychologie die systematische Erforschung von Lernprozessen betrieben (→ Kapitel 2.4.4). Zusammengefasst wurden die Erkenntnisse in Lerntheorien, deren Ziel es ist, gestützt auf empirische Untersuchungen, Voraussetzungen, Bedingungen und Prozesse des Lernens zu erklären. Ganz allgemein formuliert, ist eine Theorie ein zusammenhängendes System von Annahmen über einen **Ausschnitt** der Realität (→ Kapitel 1.1.3). Mit der Theorie soll dieser Ausschnitt beschrieben und erklärt werden. Das bedeutet, jede Lerntheorie steht jeweils nur für einen begrenzten Anwendungsbereich, nämlich den Bereich, für den empirische Evidenz erbracht wurde.

Lerntheorien

Nachfolgend sollen die drei bekanntesten psychologischen Lerntheorien mit ihren jeweiligen Paradigmen und Lernprinzipien gegeneinander abgegrenzt und die jeweiligen Prinzipien des Lehrens gekennzeichnet werden: Behaviorismus, Kognitivismus, Konstruktivismus. Grundsätzlich unterscheiden sich die Theorien in ihrem zugrunde liegenden Menschenbild und in ihren Annahmen über die Wechselwirkungen zwischen Individuum und Umweltbedingungen. Hervorzuheben ist, dass sich die Entwicklungen des Menschenbildes und damit der Lerntheorien nicht immer trennscharf differenzieren lassen. Dies wird sich an einigen Stellen etwas genauer herausstellen.

4.2 | Lernen aus der Perspektive des Behaviorismus

Reiz-Reaktions-Theorien

Zu Beginn des letzten Jahrhunderts entstand in der Psychologie eine Forschungsrichtung, die die Forschung des Faches über einen langen Zeitraum hinweg dominierte. Kennzeichnend für diese Forschungsrichtung ist die Auffassung von Psychologie als Naturwissenschaft des Verhaltens. Alle unter dieser Sichtweise erarbeiteten Theorien lassen sich als „Reiz-Reaktions-Theorien" oder „behavioristische Theorien" bezeichnen, da nur untersucht wurde, was auch beobachtbar ist: die Umwelt und das Verhalten. Lernen ist aus solch einer Sicht nicht an inneren Prozessen beobachtbar, diese bleiben dem Wissenschaftler hinter einer „black box" verschlossen.

Als einer der Pioniere behavioristischer Lerntheorien gilt Edward L. Thorndike (1874–1949), der als erster die mit dem Verhalten verbundenen Konsequenzen für das Lernen beachtete.

Studie

Ein typisches Experiment von Thorndike sah z. B. folgendermaßen aus: eine hungrige Katze wurde in einen sog. „Problemkäfig" eingesperrt, vor dem sich Futter befand. Sie konnte sich aus dem Käfig befreien, wenn sie einen versteckten Mechanismus betätigte, der die Tür öffnete. Der Lernprozess fand nach Thorndike als Versuch-und-Irrtum-Prozess statt. Die Versuchstiere zeigten gewöhnlich sehr unterschiedliche Verhaltensweisen, bis eine davon zum Erfolg führte und die Käfigtür öffnete. In nachfolgenden Versuchsdurchgängen gelang es den Tieren dann immer schneller, die Käfigtür zu öffnen.

Was bedeutet dieser Befund? Bislang war Thorndike davon ausgegangen, dass Grundlage des Lernens Assoziationen zwischen Sinneseindrücken und Handlungsimpulsen sind, die durch häufige Wiederholung (Übung) gefestigt werden. Das Experiment mit dem Problemkäfig machte aber deutlich, dass nicht nur Wiederholungen zur Festigung von Assoziationen beitragen, sondern dass im Lernprozess auch eine gezielte Auswahl richtiger und eine Ausmerzung falscher Reaktionen stattfindet. Durch die Konsequenzen, die auf das Verhalten folgen (Thorndike spricht von lust- bzw. unlustbetonten Zuständen), werden Assoziationen gestärkt oder geschwächt. Im „law of effect" („Lernen am Erfolg") fasste Thorndike diesen Lernprozess zusammen, wonach Reaktionen auf Stimuli, die zu einem befriedigenden oder angenehmen Zustand führen, mit großer Wahrscheinlichkeit in einer ähnlichen Situation wieder auftreten. Reaktionen hingegen, die bestraft werden oder zu Misserfolg führen, werden geschwächt.

Es kann von einer ganzen Schule des Behaviorismus (1930) gesprochen werden, als deren Begründer John B. Watson (1878–1958) gilt.

klassisches Konditionieren

Watson übertrug Erkenntnisse physiologischer und tierphysiologischer Forschung (z. B. Iwan P. Pawlows Erkenntnisse aus der Forschung mit Hunden) auf die Psychologie des Menschen. Beim sogenannten **klassischen Konditionieren** vollzieht sich eine Verbindung zwischen einer natürlichen Veranlagung des Menschen (unwillkürliche, angeborene Reaktion) über einen Lernprozess mit einem zuvor neutralen Reiz.

Beispiel

Ein Schüler fährt mit seinen Eltern in den Sommerurlaub. Während der Autofahrt wird dem Schüler immer wieder schlecht (unbedingte Reaktion), die Bewegung des Autos löst ohne vorangegangenes Lernen eine Reaktion aus und wird daher als unbedingter Reiz bezeichnet. Während der Reise konsumieren die Eltern Kaffee (neutraler Reiz), so dass der Kaffeegeruch und das Gefühl der Übelkeit oft zusammen auftreten (neutraler Reiz und unwillkürliche Reaktion werden miteinander verbunden). Nach den Ferien sitzt der Schüler in der Klasse und der Lehrer kommt mit einem frischen Kaffee (nun bedingter Reiz) in das Klassenzimmer, dem Schüler wird unmittelbar schlecht (bedingte Reaktion).

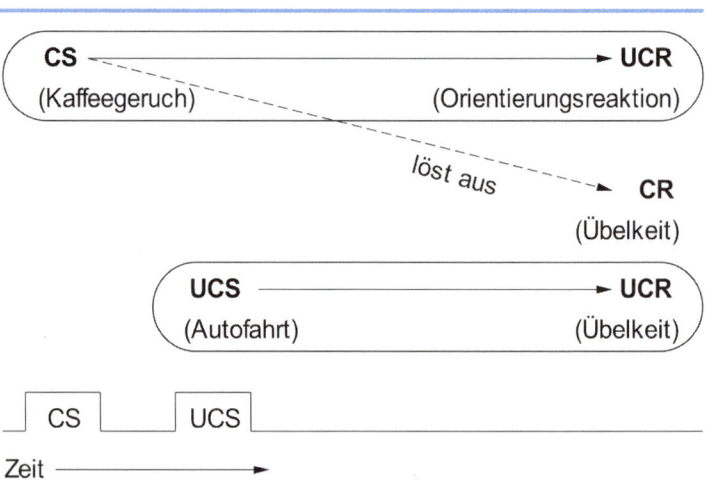

Abb. 4.0

Paradigma der klassischen Konditionierung (nach Zimbardo, 1992)

operantes Konditionieren

Wohl der bekannteste Behaviorist ist B. F. Skinner (1904–1990). Seine Theorie der **„operanten Konditionierung"** setzt an einem bestimmten Gesetz, dem „law of effect" von Thorndike, an und differenziert Prinzipien von Verstärkung (reinforcement) aus. Ähnlich wie Thorndike ging es Skinner vor allem um die Frage, wie die Konsequenzen, die auf ein Verhalten erfolgen, das nachfolgende Verhalten beeinflussen (anders als Watson, der Lernen durch die Verbindung von Reizen mit Reaktionen betrachtete). Ob ein Verhalten wiederholt gezeigt wird und wie intensiv oder stark dieses Verhalten ist, hängt nach Skinner von der Art der zuvor erfahrenen Konsequenzen ab. Bezogen auf das Experimentalparadigma von Skinner bedeutet das: Es ist gleichgültig, ob eine Ratte einen Hebel, der eine Futterpille freigibt, mit der linken oder rechten Pfote, der Schnauze oder dem Hinterteil drückt, dasjenige Verhalten, mit dem es gelingt, den Hebel zu drücken, wird verstärkt. Es ist wichtig anzumerken, dass neben dem Tatverhalten, auch Ausdruckverhalten (z. B. Kundgabe durch Mimik) und Verbalverhalten für den Behaviorismus beobachtbar sind.

Skinner unterschied die Konsequenzen, die auf ein Verhalten folgen danach, ob sie die Auftretenswahrscheinlichkeit dieses Verhaltens erhöhen (Verstärkung) oder vermindern (Bestrafung). Die im Folgenden definierten Begriffe Verstärkung, Bestrafung und Löschung werden auch als *Lernprinzipien* bezeichnet.

Konsequenzen und Auftretenswahrscheinlichkeit

Definition

Als **Verstärker** gelten alle diejenigen Reize, in deren Folge die Auftretenswahrscheinlichkeit eines Verhaltens erhöht wird. Dies kann auf zwei unterschiedlichen Wegen erfolgen:

Positive Verstärkung (Belohnung) bedeutet, dass der Situation als Konsequenz auf das gezeigte Verhalten ein angenehmer Reiz hinzugefügt wird (die Ratte erhält eine Futterpille; der Schüler darf zur Belohnung für eine gute Arbeit ins Kino).

Negative Verstärkung: Die Auftretenswahrscheinlichkeit des Verhaltens wird dadurch erhöht, dass ein unangenehmer Reiz aus der Situation entfernt wird (z. B. grelles Licht oder Lärm im Käfig; die Aufhebung einer Strafarbeit in der Schule).

Was im Einzelnen ein Verstärker ist, wird nur formal anhand seines Effekts, nicht inhaltlich definiert; jeder Reiz, der individuell zu einer Erhöhung des Verhaltens geführt hat, war, so kann man schlussfolgern, ein Verstärker. Auch wenn der Behaviorismus innere Vorgänge nicht betrachtet, so erkennt er dennoch „innere" Reize oder Antriebe, wie etwa den Hunger einer Ratte oder den Freiheitsdrang einer Katze, an. Thorndike sprach hierbei speziell vom Gesetz der Bereitschaft („law of readiness").

Reiz und Verstärker

Definition

Bestrafung kann auf zweierlei Art erfolgen:

Bestrafung Typ I: Ein unangenehmer Reiz wird der Situation hinzugefügt (Vergeben einer Strafarbeit).
Bestrafung Typ II: Ein angenehmer Reiz wird aus der Situation entfernt (z. B. Wegnahme des MP-3-Players oder game-boys).

Die Anwendung von Bestrafungen wird in der Wissenschaft sehr kontrovers diskutiert, da die mit der Bestrafung einhergehenden emotionalen Auswirkungen nicht abschätzbar sind. Außerdem lernt der „Bestrafte" zwar, dass das gezeigte Verhalten unerwünscht ist, alternatives Verhalten kennt er aber möglicherweise nicht.

Definition

Ein weiteres Prinzip beeinflusst das Verhalten, die **Löschung**. Die Auftretenswahrscheinlichkeit eines Verhaltens kann auch dadurch verringert oder „gelöscht" werden, dass dieses Verhalten keine weiteren Konsequenzen (Beachtung) erfährt.

Damit der Einzelne tatsächlich eine Verbindung zwischen dem Verhalten und den darauf folgenden Konsequenzen herstellt, sollten zwei Bedingungen erfüllt sein:

▶ Verhalten und Konsequenz sollten in zeitlicher und räumlicher Nähe zueinander erfolgen (**Prinzip der Kontiguität**).
▶ Verhalten und darauf folgende Konsequenzen sollten als Ursache-Wirkungszusammenhang verstanden werden (wenn ich eine Zwei in Mathe habe, dann bekomme ich eine Belohnung) (**Prinzip der Kontingenz**).

Kommen Lernfortschritte nur zustande, wenn jedes Verhalten unmittelbar und konsequent verstärkt wird? Wäre dies der Fall, könnte ein Unterricht mit einer ganzen Klasse, in dessen Verlauf jeder Schüler höchstens ein- bis zweimal eine direkte Rückmeldung durch den Lehrer bzw. die Lehrerin erfährt, kaum wirkungsvoll sein. Skinner fand in seinen Experimenten, dass Tiere, die nicht kontinuierlich, sondern nur intermittierend (d. h. gelegentlich oder teilweise) verstärkt wurden, zwar eine langsamere Lernkurve aufwiesen, das Verhalten aber sogar länger bestehen blieb, wenn keine Verstärkung mehr erfolgte. Oftmals wurden solche Ergebnisse von Behavioristen auf menschliches Verhalten übertragen.

Lernen von Verhalten stellten sich die Behavioristen als Aufbau von Gewohnheiten vor, die durch Assoziationen zwischen Sinneseindrücken und Handlungsimpulsen zustande kommen. Gefestigt werden die Assoziationen bzw. Verbindungen durch

▶ die zeitliche Nähe ihres Auftretens: z. B. lernen Kinder sehr früh durch Beobachtung, dass auf einen Blitz meistens ein Donner folgt
▶ die räumliche Nähe ihres Auftretens (Kontiguität): z. B. lernen Schüler, dass Kreide immer in der Nähe der Tafel liegt, so dass sie sich schnell in fremden Klassenzimmern zurechtfinden
▶ Wiederholungen: z. B. Vokabellernen durch wiederholtes Aufsagen

Werden Assoziationen nicht mehr abgerufen, führt dies zu einer Schwächung der Gewohnheiten, mit anderen Worten, zum Vergessen.

Wiederholung als einzigen Mechanismus anzunehmen, durch den Verbindungen gestärkt werden, schien aber bereits Thorndike zu kurz zu greifen: „Die praktische Folge wäre eine Bevorzugung von unproduktiven und äußerst unökonomischen Formen des Einpaukens als Lehrmethode." (1913b, 22, zit. n. Hilgard & Bower 1973, 32). Mit den Experimenten zum Problemkäfig konnte er die Theorie der Verbindungen um die motivationalen Aspekte der Lernsituation erweitern. In einem Problemkäfig kann sich eine eingesperrte Katze durch das Betätigen eines bestimmten Hebels befreien. Erfolg und Misserfolg beeinflussen den Aufbau von Verbindungen, insbesondere Erfolge (positive Verstärkungen) stärken diese. Unter Erfolg wird die Herstellung eines angenehmen Zustandes oder die Vermeidung eines unangenehmen Zustandes verstanden.

_{motivationale Aspekte}

Ähnliches gilt für das Problemlösen. Wird als Problemlösestrategie ein Versuch- und Irrtum-Vorgehen (trial and error) angenommen, so führen erfolgreiche Lösungen zu einem schnellen Aufbau von Verbindungen. Kann sich eine Katze mit der Wahl des richtigen Hebels aus einem Problemkäfig befreien, so wird sie in den folgenden Durchgängen nicht sofort oder beständig den richtigen Hebel betätigen. Anstatt allerdings eine unökonomische, aber erfolgreiche Methode beizubehalten, z. B. alle Hebel auszuprobieren, „strebt" (wir unterstellen ihr allerdings kein bewusstes Suchen) die Katze nach der schnellsten Kombination der Lösungsschritte. Es zeigt sich, dass sie von Durchgang zu Durchgang schneller wird, was als Gesetz der Übung („law of exercise") bezeichnet wird. In moderneren Worten lässt sich hier ein Weg beschreiben, der von einem effektiven Verhalten ausgeht und zu Effizienz führt. Lernen

Problemlösen

erfolgt hier als ein Moment der Verbesserung oder Neuanpassung. Da Lernen für den Behavioristen selber nicht beobachtbar ist, schließt er durch die Geschwindigkeitszunahme auf einen solchen Prozess. Er würde „Lernen" als hypothetisches Konstrukt oder intervenierende Variable bezeichnen.

Theoretisch lässt assoziatives Lernen alle Formen der Komplexität zu; den Behavioristen zufolge können die komplexesten Reize mit dem komplexesten Verhalten gekoppelt werden. Die Frage, ob der Lernende auch durch Einsicht lernt, stellt sich der Behaviorismus nicht. Hierzu bedarf es eines Paradigmenwechsels.

Tab. 4.1 | Eine Gegenüberstellung zwischen Behaviorismus und Kognitivismus zeigt die gemeinsame Perspektive des Objektivismus auf die Umwelt.

	Behaviorismus	Kognitivismus	Bezug im RIW
Umwelt	objektiv vorhanden	objektiv vorhanden (statischer Begriff des Seins)	Kapitel 3.3.2
Wissen	„black box"	einheitliche Wissensstrukturen sind möglich (Abbildung der Umwelt im Individuum)	Kapitel 2.2.4
nicht bewusstseinspflichtiges Lernen	Klassische Konditionierung; Operante Konditionierung	Konstruktion	Kapitel 2.1.1
Wiedererkennen	Assoziation	Rekonstruktion	Kapitel 2.2.3
Abrufen	Assoziation	Rekonstruktion	Kapitel 2.4.4
Lernen als Problemlösen	Trial-and-Error	Neukonstruktion	Kapitel 2.5.1

4.3 | Lernen aus der Perspektive des Konstruktivismus

Konstruktivismus   Die vorherigen Kapitel dieses Lehrbuches haben uns einen Einblick in die „Black-Box" gewährt und wir konnten uns mit Hilfe des RIW-Modells eine mögliche Vorstellung von internen Strukturen und Prozessen erarbeiten. Dieser Ansatz folgte dem Paradigma des Kognitivismus, welcher mit dem noch zu besprechenden Konstruktivismus sehr verwandt ist.

Während die frühe kognitive Lernforschung nach allgemeinen Gesetzmäßigkeiten des Lernens (Ebbinghaus 1885), nach allgemeinen Gedächtnismodellen sowie Strukturen und Prozessen des Wissenserwerbs und Denkens suchte und dabei die Person des Lerners weniger in den Blick nahm, fokussierten die Ansätze, die heute als Wurzeln konstruktivistischer Lerntheorien benannt werden, von Anfang an auf der individuellen Konstruktion des Wissens (z. B. Piaget 1944; Bruner 1961).

Grundsätzlich gehen kognitivistische wie konstruktivistische Lerntheorien von einem zielgerichtet handelnden Lerner aus, der sich aktiv mit seiner Umwelt auseinandersetzt. Während der kognitive Konstruktivismus diese Umwelt als gegeben anerkennt, gibt es eine radikale Form des Konstruktivismus (von Glasersfeld 1997), die den Menschen als informativ und operativ geschlossenes System betrachtet. Aus dieser Perspektive gibt es keine objektive Umwelt, so dass jegliche Information erst im Menschen entsteht. Während sich Behaviorismus und Kognitivismus die objektive Perspektive zur Umwelt teilen, ist dies der Hauptunterschied zum Konstruktivismus in seiner reinsten Form.

Rolle der Umwelt

Im Unterschied zum Behaviorismus teilen sich hingegen Kognitivismus und Konstruktivismus die Perspektive auf Formen des Wissens, welche wir später noch thematisieren werden.

Im eher gemäßigten kognitiven Konstruktivismus – dessen Perspektive wir hier einnehmen – wird davon ausgegangen, dass sich Lerner und soziale wie gegenständliche Umweltbedingungen insofern wechselseitig beeinflussen, als der Mensch nach seinen Interessen, Vorlieben und Motiven diejenigen Ausschnitte der Umwelt auswählt, mit denen er sich auseinandersetzen will (Selbstregulierung). Erfahrungen werden allerdings nur durch eine bewusste und zielgerichtete Auseinandersetzung mit der Umwelt erworben. Im Fokus konstruktivistischer Untersuchungen steht damit der Wissenserwerb, der als aktiv, konstruktiv und selbstreguliert betrachtet wird. Der Lerner geht gezielt auf seine Umwelt zu, er nimmt nur diejenigen Aspekte wahr und wählt nur diejenigen Aspekte aus, die er mit seinem Vorwissen erfassen kann und die ihm helfen, zu neuen Erkenntnissen zu gelangen.

Nachfolgend sollen einige zentrale Prinzipien konstruktivistischer Lerntheorien anhand der Theorie Piagets, der heute als Vorläufer konstruktionspsychologischer Lerntheorien gilt, dargestellt werden. Jean Piaget (1896–1980) erarbeitete seine epistemologische Theorie (Wissenschaft vom Aufbau der Erkenntnis) zur Hoch-Zeit des Behaviorismus und setzte sich dezidiert von diesem ab.

Von Beginn seiner Forschungen an faszinierte Piaget die Frage nach dem „Wie" des Wissenserwerbs, daher galt sein besonderes Interesse dem Funktionieren des Verstandes. Beobachtungen an Kindern machten

kognitive Strukturen

Piaget schnell deutlich, dass sich die kognitiven Strukturen der Kinder in ihrer Entwicklung, die er als zunehmende Anpassung an die Anforderungen der Umwelt beschrieb, ständig verändern und offensichtlich neu organisiert werden müssen. Seinen Beobachtungen zufolge erwerben Kinder im Verlauf ihrer Entwicklung nicht einfach ein Mehr an Wissen, sondern ihr Wissen verändert sich auch qualitativ hin zu einem abstrakteren, flexibleren Denken, das die Lösung komplexerer Anforderungen gestattet.

Studie

Diese qualitativen Veränderungen des Denkens machte er am Beispiel der „Denkfehler" von Kindern deutlich: Nehmen wir eines der bekanntesten Experimente von Piaget, den sogenannten „Umschüttversuch": Vor dem Kind stehen zwei breite, niedrige Gläser mit einem gleich hohen Flüssigkeitsstand und ein leeres hohes, schmales Glas. Gießt man nun Flüssigkeit aus dem einen breiten Glas in das schmale hohe Glas und fragt Kinder, ob die beiden nun mit Flüssigkeit gefüllten Gläser gleich viel Flüssigkeit enthalten, verneinen Kinder im Alter von 5 und 6 Jahren dies, obwohl sie das Umfüllen der Flüssigkeit beobachtet haben. Ungefähr ab einem Alter von 7 Jahren wissen sie hingegen sicher, dass sich in beiden Gläsern gleich viel Flüssigkeit befindet.

Es lassen sich somit Veränderungen in den kognitiven Strukturen feststellen, denen offensichtlich ein beständiger Umbau dieser Strukturen unterliegt. Wie kommt es nun zum Umbau dieser Strukturen, und mehr noch, wie kommt es, dass auf dem Weg zum „erwachsenen Denken" eine Vielzahl von Fehlvorstellungen erworben werden, die auf den nächst höheren Stufen der Denkentwicklung erst wieder überwunden werden müssen?

In der tätigen Auseinandersetzung mit der Umwelt stößt das Individuum fortwährend auf Fragen und Probleme, die es lösen und beantworten möchte. Dazu steht ihm die jeweils vorhandene individuelle Wissensstruktur zur Verfügung. Nur auf dieser Grundlage kann die Umweltauseinandersetzung stattfinden und können neue Erfahrungen erworben werden. Diese werden nach Möglichkeit so interpretiert, dass sie in die bereits vorhandenen Schemata passen, welche individuell sind, da sie von jedem Organismus einzigartig konstruiert werden. Auch wenn die meisten Menschen ein Hunde-Schema besitzen, würde man nie zwei Menschen treffen, die über das komplett gleiche Hunde-Schema verfügen.

Die Einordnung neuer Erfahrungen in vorhandene Schemata bezeichnet Piaget als Prozess der *Assimilation*. Dieser Prozess erfordert keinen Umbau vorhandener Strukturen, erweitert aber das Wissen auch nicht. Über den Prozess der Assimilation findet demnach Wiedererkennen statt (→ Kap. 2.1.5), zudem ermöglicht die Assimilation dem Individuum die Ausführung von zielgerichtetem Verhalten. Verlaufen diese Prozesse reibungslos, so verhält sich das Individuum permanent zielorientiert, jedes erreichte Ziel wird ebenfalls assimiliert und der Organismus befindet sich im Gleichgewicht (*Äquilibrium*). Reichen allerdings die vorhandenen Schemata nicht aus, Erfahrungen zu interpretieren oder zielgerichtet zu handeln, entsteht ein kognitiver Konflikt, ein *Disäquilibrium*.

Assimilation

Um aus diesem Zustand wieder in den Zustand des Äquilibriums zu gelangen, müssen Schemata erweitert werden. Ungeeignete oder nicht mehr ausreichende Schemata müssen umgeformt werden, um sie den neuen Erfahrungen zu öffnen und damit eine bessere Anpassung an die Umwelt zu ermöglichen. Dieser Prozess wird als *Akkommodation* bezeichnet. Das Gleichgewicht ist wieder hergestellt, sobald die Schemata so verändert sind, dass die neuen Erfahrungen integriert werden können. Wissenserwerb ist demnach ein dynamischer Konstruktionsprozess, der mit einer permanenten Strukturbildung einhergeht.

Akkommodation

Ein solcher Lernprozess ist als *sinnhaftes Lernen* zu bezeichnen und unterscheidet sich grundsätzlich vom assoziativen Lernen des Behaviorismus, auch wenn ein Konstruktivist ein solches Lernen nicht ausschließen muss. Lernen im Sinne des Konstruktivismus ist immer darauf ausgelegt, inneres Gleichgewicht zu erhalten bzw. zu erreichen und damit Wissen zu erweitern.

sinnhaftes Lernen

In diesem Sinne wird z. B. die Beobachtung der Umschüttversuche von Kindern unterschiedlichen Alters, und das heißt mit unterschiedlichen Wissensstrukturen, anders erfahren und interpretiert. Das bedeutet, Erkenntnisse sind nicht in den Objekten der Umwelt enthalten und müssen nur herausgefunden werden. Sie sind auch nicht durch andere Personen direkt vermittelbar. Erst in der eigenen Auseinandersetzung mit der Umwelt und der Beschäftigung mit den Dingen erwirbt das Individuum – im Rahmen seiner vorhandenen Wissensstrukturen – Einsicht und Erkenntnisse.

Der Erwerb von Erkenntnissen durch die aktive Auseinandersetzung mit der Umwelt ist damit ein zutiefst subjektiver Prozess, der zur Konstruktion neuer Wissensstrukturen führt. Erst durch eine Kollision mit Umwelthindernissen wird ein solcher Prozess angeregt. Wissenserwerb und damit sinnhaftes Lernen erfolgt aus dieser Perspektive somit hauptsächlich durch Problemlösen. Auch neue Wissensstrukturen werden be-

Auseinandersetzung mit der Umwelt

ständig durch neue Erfahrungen und Erkenntnisse verändert, was wiederum den Erwerb anderer, neuer Erfahrungen ermöglicht. „Wissen in diesem Sinne ist kein Produkt, sondern ein Prozeß." (Bruner 1974, 74)

Tab. 4.1 | Konstruktivismus und Kognitivismus lassen sich bei einigen Vertretern oftmals nur schwer trennen. Besonders die Vertreter des kognitiven Konstruktivismus verdeutlichen die hohen Verwandtschaftsgrade. Eine ausführliche Differenzierung einzelner Autoren findet sich bei Varela (1990).

	Konstruktivismus	Kognitivismus	Bezug im RIW
Umwelt	subjektiv konstruiert (dynamischer Begriff des Seins)	objektiv vorhanden (statischer Begriff des Seins)	Kapitel 3.3.2
Wissen	hoch individuell konstruiert; Wissen als Tätigkeit	einheitliche Wissensstrukturen sind möglich (Abbildung der Umwelt im Individuum)	Kapitel 2.4.4
nicht bewusstseinspflichtiges Lernen	undifferenzierte Verknüpfung	Konstruktion	Kapitel 2.1.1
Wiedererkennen	aktives und adaptives Einpassen; Assimilation	Rekonstruktion	Kapitel 2.2.3
Abrufen	Re-Präsentation	Rekonstruktion	Kapitel 2.4.4
Lernen als Problemlösen	Konstruktion; Akkomodation	Neukonstruktion	Kapitel 2.5.1

4.4 | Lernen in Bildungskontexten

Bislang haben wir uns sehr ausführlich mit der Ebene des individuellen Lerners beschäftigt. Doch Lernen ist immer in bestimmte Kontexte eingebunden. Damit Lernen stattfinden kann, müssen unterschiedliche Voraussetzungen bestehen: Zum einen sind familiäre und peerbezogene Voraussetzungen des Lernenden bedeutsam (Helmke 2003). Zum anderen ergibt sich ein Bildungsangebot aus kulturellen, ökonomischen und schulischen Bedingungen. Neben der Ebene des Individuums ist also besonders die Ebene der jeweiligen Kultur von höchster Bedeutung.

Tomasello, Kruger und Ratner (1993) unterscheiden drei Grundtypen des menschlichen kulturellen Lernens: Imitationslernen, Lernen durch Unterricht und Lernen durch Zusammenarbeit.

kulturelles Lernen

Imitationslernen

Die Nachahmung von Verhalten ist ein nahezu alltäglicher Prozess: Kinder spielen im Sandkasten „Mutter, Vater, Kind"; Sportarten, wie etwa das französische „Parcours", verbreiten sich weltweit über das Videoportal youtube innerhalb weniger Tage; Lateinschüler kopieren Sätze ihrer Sitznachbarn, ohne vielleicht auch nur ein einziges lateinisches Wort zu verstehen. Imitationslernen findet schon sehr früh, etwa mit neun Monaten statt, indem das Kleinkind anfängt, die intentionalen Handlungen der Erwachsenen gegenüber Gegenständen zu reproduzieren. Das Kind beobachtet den Erwachsenen, erkennt das Ziel der Handlung und unterscheidet verschiedene Mittel zur Zielerreichung. Dieses Verhalten eröffnet dem Kind die Möglichkeit, sich die umgebende kulturelle Welt zu erschließen.

Der Grundgedanke des Beobachtungslernens ist es, dass die Wahrnehmung eines Modells, dieses kann real anwesend oder über ein Medium (Film, Buchtext) vermittelt sein, einen Beobachter beeinflussen kann. Diese Fähigkeit, Handlungen anderer Menschen nachzumachen, ohne dass ihnen etwas sprachlich erklärt wird, ist bis heute noch nicht in seiner Gänze erklärbar. Es gibt kein vollständiges Modell, welches den Prozess der Umsetzung einer visuellen Wahrnehmung einer Handlung in ein entsprechendes motorisches Muster erklärt. Wir wollen uns im Folgenden einige Beispiele anschauen und dieses Phänomen mit Hilfe der zuvor besprochenen Lernparadigmen genauer betrachten.

Modell

Beispiel

Ein kleiner Junge beobachtet, wie der Vater den Esstisch abräumt und dabei einen Teller und eine Tasse in die Küche bringt. Das Kind nimmt eine Tasse und bringt diese ebenfalls in die Küche. Der Vater lobt den Sohn dafür und der Sohn bringt nun alle Tassen einzeln in die Küche.

Als der Junge nun mit einem einzelnen Buttermesser in die Küche läuft, schimpft der Vater mit seinem Sohn. Er erklärt allerdings nicht dabei, was die Grenzen der Beobachtung verdeutlicht. Die Gedanken des Vaters, dass im Falle eines Sturzes der Transport des Buttermessers wesentlich gefährlicher ist, bleiben dem Sohn verborgen. Obwohl noch weitere Buttermesser auf dem Tisch liegen, holt sie der Junge nun nicht mehr. Die jüngere Schwester beobachtet den gesamten Vorgang. Am nächsten Tag befinden sich wieder Tassen und Buttermesser auf dem Esstisch. Das Mädchen greift gezielt nach einer Tasse und bringt diese in die Küche.

Betrachten wir die Beispiele zunächst behavioristisch, so können wir feststellen, dass der Vater in der Rolle eines Modells das Verhalten des Sohnes anregt. Die Konsequenz, die der kleine Junge nach der Nachahmung des Verhaltens erfährt, entscheidet, ob er das Verhalten weiter ausführt (direkte Verstärkung). Der gesamte Vorgang kann als instrumentelles Lernen bezeichnet werden. Betrachten wir das Mädchen, so wechselt nun die Perspektive. Nicht mehr der Vater, sondern der Junge wird zum Modell. Dieser wurde vom Vater für sein Verhalten verstärkt; das Mädchen führt nun dieses Verhalten ebenfalls aus, ohne selbst dafür verstärkt worden zu sein (stellvertretende Verstärkung).

Definition

Eignet sich ein Individuum als Folge der Beobachtung des Verhaltens anderer sowie der darauffolgenden Konsequenzen neue Verhaltensweisen an oder verändert bestehende Verhaltensmuster aufgrund dessen, so kann von **Modell-Lernen** gesprochen werden.

sozial-kognitive Lerntheorie

Ein bedeutender Wissenschaftler auf diesem Gebiet ist Albert Bandura (1976), der das Modell-Lernen sehr genau untersuchte. Aus einer zunächst behavioristisch orientierten Perspektive wechselte er schnell in eine kognitive Sicht, die er selber als sozial-kognitive Lerntheorie bezeichnete. Bandura unterschied zunächst drei Effekte:

1. **Modellierender Effekt:** Das bisherige Verhaltensrepertoire des Beobachters erweitert sich durch eine neue Verhaltensweise.
2. **Auslösender Effekt:** Eine bereits gelernte Verhaltensweise wird unmittelbar nach dem Auftreten eines Modells gezeigt.
3. **Enthemmender oder hemmender Effekt:** Eine bereits gelernte Verhaltensweise tritt zukünftig leichter auf (das Modell wurde belohnt) oder wird unterdrückt (das Modell wurde bestraft).

Akquisition

Nachdem sich Bandura stärker der kognitiven Sichtweise zuwendete, wurde für ihn das Lernen durch Informationsverarbeitung maßgeblich (→ Kapitel 2.3). Aus seiner Sicht mussten zentrale Integrationsprozesse auftreten, damit ein Mensch lernt. Diese Integrationsprozesse sind für ihn zwischen der Anregung eines Verhaltens durch ein Modell und der Ausführung des Verhaltens durch den Beobachter zu verorten. Daher geht er von zwei Phasen aus, die sich jeweils noch einmal aufteilen. Das eigentliche Lernen findet in der Aneignungsphase statt, der Akquisition. Diese Phase ergibt sich aus Aufmerksamkeits- und Gedächtnisprozessen. Damit der Beobachter dem Modell genügend Aufmerksamkeit entgegenbringt, müssen beide bestimmte Charakteristika erfüllen (erfolgreiches Modell, positive Beziehung, emotionale Erregung etc.). Das Beobachten ist für Bandura ein hoch aktiver Prozess, in dem die beobachtende Person die „Modellierungsreize" in gut zugängliche Schemata umformen, klassifizieren und organisieren muss. Bandura folgte den Ansichten von Paivio (→ Kapitel 2.2) und ging ebenfalls von zwei Repräsentationssystemen aus, so dass sowohl eine visuelle als auch eine sprachliche Verarbeitung der Modell-Informationen stattfindet.

Banduras Vorstellung zum Modell-Lernen lässt neben der visuellen Beobachtung auch ein Modell-Lernen in symbolischer Form (z. B. durch Romanfiguren) zu. Hier ist dann von verbaler Modellierung und nicht mehr von Verhaltensmodellierung zu sprechen.

Verbale Modellierung

In der zweiten Phase, der Ausführungsphase bzw. Performanz, werden die motorischen Reproduktionsprozesse durch die innere Repräsentation des Modellverhaltens gesteuert. Abschließend finden Verstärkungsprozesse statt. In unserem Beispiel ist uns dies als direkter Verstärker zwischen Vater und Sohn, ebenso als stellvertretende Verstärkung in der Beobachtung der Tochter begegnet. Über die bisher bekannte Verstärkung führte Bandura auch das Prinzip der Selbstverstärkung ein, d.h. eine Person belohnt sich bei Erreichen oder Übertreffen eines zuvor bestimmten Zielverhaltens selber, es kann auch als Selbstbekräftigung oder Selbst-Ansporn bezeichnet werden. So kann Nachahmungsverhalten auch über sehr lange Zeiträume ohne externe Verstärkung aufrechterhalten werden.

Performanz

Wichtig ist die Abgrenzung zum planvollen Handeln (→ Kapitel 2.5), da beim Modell-Lernen kaum Flexibilität im Handlungskonzept, also Handlungsspielraum, entsteht. Neue erlernte Verhaltensweisen können sozusagen gezeigt werden oder auch nicht (Edelmann 2000). Das ist auch der Grund dafür, dass im Zusammenhang von Modell-Lernen von Verhalten und nicht von Handlung gesprochen wird.

Lernen durch Unterricht

Bereits im ersten Kapitel des Buches haben wir uns mit Unterricht auseinandergesetzt. Tomasello formuliert sehr anschaulich:

Abb. 4.1

Da Modell-Lernen nicht unbedingt Lernen mit Verständnis bedeutet, kann es unterschiedlich sein, welcher Aspekt eines Modellverhaltens durch den Beobachter imitiert wird. Die direkte Vermittlung von Verstehen, lässt sich oft nur über die Sprache herstellen (Lefrancois 1976, 312)

„Wenn Kinder keinen Unterricht von Erwachsenen in Form von Sprache, Bildern und anderen symbolischen Medien erhalten würden, würden sie genauso viel über Dinosaurier wissen wie Platon und Aristoteles, nämlich überhaupt nichts." (Tomasello 2006, 209)

Er geht davon aus, dass die Menge von Wissen, die ein einzelner Organismus erwerben und systematisiert abspeichern kann, indem er die Welt alleine beobachtet, sehr begrenzt ist. Die symbolischen Medien stellen allerdings nicht das einzige Unterrichtskriterium dar, auch in schriftlosen Kulturräumen findet Unterricht statt. Als kleinster gemeinsamer Nenner von Unterricht kann die gezielte Weitergabe, das Lehren von bedeutenden Wissensgebieten angesehen werden. Auf wichtige Lernformen dieses Typus werden wir im nächsten Kapitel im Zusammenspiel von „Lernen und Wissenserwerb" eingehen.

Lernen durch Zusammenarbeit

Wird von Lernen durch Zusammenarbeit gesprochen, so meint dies im pädagogischen Kontext oft kooperatives oder kollaboratives Lernen. Neben der Erweiterung bedeutender Wissensgebiete spielen bei dieser Lernform soziale Fertigkeiten eine wichtige Rolle.

Diskurs Eine konstruktivistische Form der Zusammenarbeit stellt Ernst von Glasersfeld (1997) vor. Werden Schüler in Zweier- oder Dreiergruppen aufgeteilt und beauftragt der Lehrer, den aus seiner Sicht schwächsten Schüler, die Ergebnisse der Arbeit abschließend zu berichten, so müssen die Schüler zunächst alle Gedanken untereinander kommunizieren. Hierbei wird eine ständige Reflektion der eigenen und der Gedanken der anderen verlangt. Die eigene Sichtweise muss erklärt und die Sichtweisen des Gegenübers kongruent eingeordnet werden, es entsteht ein *Diskurs*. Diese Methode soll sich daher besonders auf das begriffliche Verstehen auswirken, da während des Austausches ständig logische Schlussfolgerungen verlangt werden. Stimmen die mentalen Modelle (ein völlig anderer Modellbegriff als bei Bandura) nicht überein, so führt dies nahezu zwingend zu einer Akkomodation (→ Kapitel 4.3) der unstimmigen Schemata. Hierbei sprechen sozial orientierte Konstruktivisten von einem „Aushandeln von Bedeutung und Wissen". Es kann in einer solchen Situation davon ausgegangen werden, dass die stärkeren Schüler den schwächeren Schülern gegenüber aufgeschlossener sind, da diese abschließend das Ergebnis präsentieren werden. Eine solche Form des Wissenserwerbs stellt allerdings nicht den Alltag dar.

Lernen und Wissenserwerb

Bereits in → Kapitel 2.4 haben wir uns ausführlich mit dem Konstrukt „Wissen" beschäftigt, welches eine so zentrale Rolle in unserer Gesellschaft übernommen hat, dass mittlerweile der Begriff der „Wissensgesellschaft" eine Abgrenzung zur Agrar- und Industriegesellschaft der letzten Jahrhunderte darstellt.

Noch immer ist die Schule der Ort, an dem Kinder und Jugendliche sich in relativ kurzer Zeit einen beachtlichen Teil unseres kulturellen Wissens aneignen. Im Folgenden möchten wir – unter Beachtung der Lerntheorien – auf die wesentlichen Formen des Wissenserwerbs in der Schule eingehen. Lernen durch Unterricht impliziert immer einen Zusammenhang von Lernen und Lehren. Spannen wir dieses Verhältnis an einer Achse auf, so finden wir am Anfang den vom Lehrenden gesteuerten Unterricht und ein entsprechend rezeptives Lernen (Klauer & Leutner 2007). Am anderen Ende liegt die komplette Verantwortung des Lernenden für seine Lernaktivität, der Lernende wird zum „Autodidakten", das Lernen ist selbstreguliert. Beide Varianten sind in ihrer Extremform in der Realität kaum anzutreffen, es ergeben sich meistens Mischformen dieser Konzepte.

Rezeptives Lernen

Sitzen Schüler in der Schule vor einem Text, liest ein Lehrling eine Internetseite oder besucht ein Student eine klassische Vorlesung, so werden einem Lernenden alle wichtigen Informationen schriftlich oder mündlich präsentiert. Auch wenn generell gilt, dass alles Lernen die Eigenaktivität des Lernenden erfordert, bezieht es sich hier lediglich auf die aktive Repräsentation und Verarbeitung der ankommenden Informationen. Die Vorlesung schreitet in einem vorgegebenen Tempo voran und der Student muss die Informationen aktiv in seinem Arbeitsgedächtnis verarbeiten (→ Kapitel 2.3). Notfalls erzeugt er eine Mitschrift, um später in seinem Arbeitszimmer den Text im eigenen Tempo zu wiederholen (oberflächliche Verarbeitung), zentrale Themen herauszuarbeiten (Organisation) oder sogar die Inhalte mit eigenen Vorstellungsbildern anzureichern (Elaboration). Hierbei spielt jeweils das Vorwissen eine sehr große Rolle, sowohl die Anbindung der Inhalte an das fachspezifische Vorwissen (→ Kapitel 2.4) als auch das spezielle Vorwissen über die zu wählenden Lernstrategien können sehr unterschiedlich sein. Es wird schnell deutlich, dass Unterricht kaum gänzlich vom Lehrer gesteuert wird, dies würde ein Lehren ohne Rückkoppelung bedeuten. Aber auch der Autor eines Lehrtextes (z.B. Schulbuch) hat einen imaginären Lernenden vor Augen und versucht, seinen Text auf einen solchen abzustimmen. Ebenso antizipiert der Professor bei der Vorbereitung der Vorlesung das Verhalten der Studierenden und greift dabei auf vorangegangene Erfahrungen zurück, in denen er Rückmeldung von den Studierenden erhalten hat (z.B. inhaltliche Nachfragen während oder nach der Vorlesung oder Rückmeldungen zur Geschwindigkeit der Folienabfolge). Auch ein darstellendes Lehren möchte sinnvolles Lernen dadurch ermöglichen, dass die Lehre an vorhandene kognitive Strukturen anknüpft. Auch wenn rezeptives Lernen und darbietendes Lehren eher einer behavioristischen Perspektive nahekommen, würde ein Konstruktivist ein solches Lernen in seiner Bedeutung nicht abwerten.

Exploratives Lernen

Betrachten wir noch einmal das Zitat von Michael Tomasello (S. 238), so schreibt er dem Unterricht die wesentliche Funktion des Wissenserwerbs zu. Exploratives Lernen, auch erkundendes oder entdeckendes Lernen (Bruner 1961) genannt, bedeutet in seiner reinsten Form ein Lernen ohne Unterricht, denn die Informationen sind gänzlich vom Lernenden zu generieren. Im Unterschied zu einem Wissenschaftler, der hypothesengesteuert einer – selbst gestellten – Forschungsfrage nachgeht, würde einem Kind ein methodisches Verfahren zur systematischen Erzeugung von Wissen zunächst fehlen. Dort, wo kein Wissen, also keine Episteme vorliegen, muss auf Heuristiken zurückgegriffen werden (→ Kapitel 2.5). Sollen Kinder nun durch exploratives bzw. entdeckendes Lernen neues Wissen generieren, so muss ihnen zumindest die entsprechende Heuristik an die Hand gegeben werden. Es zeigt sich, dass Lernende im Unterschied zu Wissenschaftlern entweder kaum Hypothesen aufstellen oder diese anschließend nicht systematisch überprüfen. Wir betrachten hierzu ein Unterrichtsbeispiel.

Beispiel

Im Rahmen des Biologieunterrichts der 10. Klasse teilt die Lehrerin zu Beginn des Schulhalbjahres die Klasse in fünf gleichgroße Gruppen ein. Anschließend stellt die Lehrerin alle Gruppen vor ein Problem. In der Nähe der Schule liegt ein städtischer Park, in dem sich ein künstlich angelegter Stadtteich befindet. Der Stadtteich ist seit einigen Jahren „gekippt". Die Gruppen sollen zum Ende des Schulhalbjahres eine Präsentation vorführen, in der:

▶ Daten eigener Beobachtungen präsentiert werden;
▶ Erklärungsversuche für das Kippen des Teiches diskutiert werden;
▶ Lösungsvorschläge präsentiert werden, die den Stadtteich wieder in seinen natürlichen Gleichgewichtszustand bringen könnten.

Die Schülerinnen und Schüler sollen ihr gesamtes Vorgehen selbstständig planen. Die Lehrerin regt hierzu zunächst die Methode des Brainstormings an. Während dieser Phase steht sie den Gruppen moderierend zur Seite. Sie beobachtet das Verhalten der Gruppen sehr exakt. Zur Informationsbeschaffung regt sie ihre Schüler an, neben dem Internet, Fachzeitschriften und dem örtlichen Pressearchiv, auch Expertengruppen aufzusuchen.

Insgesamt planen die Schüler selbstständig, wann sie mit der Recherche beginnen, mit welchen Medien sie arbeiten, wie sie ihre Arbeit aufbauen und mit welchen Medien sie sie präsentieren wollen. Sie entwickeln Hypothesen und überprüfen diese. Sie entscheiden, wann die abgesprochene Fragestellung hinlänglich bearbeitet ist und das Wissen für die Präsentation zusammengetragen, systematisiert und in eine Darstellungsform gebracht werden kann. Die Lehrperson steht ihnen zur Verfügung, wenn Fragen oder Unsicherheiten auftauchen. Die erbrachten Leistungen der Präsentation werden bewertet und die Schüler erhalten jeweils ein Feedback über die präsentierten Inhalte und die Herangehensweise. Zudem werden die Schüler von der Lehrerin angeregt, sich innerhalb der Gruppen ein eigenes Feedback zu geben. Im Anschluss an die Präsentation reflektieren sie ihre Herangehensweise bei der Erarbeitung der Thematik, Stolpersteine und Höhen im Verlauf der Bearbeitung und ziehen ein Fazit, was sie zukünftig in der Vorbereitungs-, Erarbeitungsphase bzw. in der Präsentation an sich anders oder genauso machen werden. Ersichtlich wird, dass die Lehrerin bei einer solchen Vorgehensweise verschiedene Ebenen des Kompetenzerwerbs vor Augen hat. Denn zusätzlich zum Wissenszuwachs fachlicher Inhalte, die hier das Ökosystem Stadtteich betreffen, gibt es einen Kompetenzzuwachs im selbstständigen wissenschaftlichen Arbeiten der Schülerinnen und Schüler.

Beim Wissenserwerb durch Exploration steht der Lernende nicht vor einer Aufgabe, sondern vor einem Problem. Welche Strukturen beim Problemlösen aktiviert werden, haben wir bereits in Kapitel 2.5 kennen gelernt. In explorativen Unterrichtssituationen kann das Lernziel sowohl durch das Curriculum oder die Lehrperson vorgegeben, als auch durch die Lernenden (z. B. im Projektunterricht) ausgewählt werden. Es ist notwendig, dass die Lernenden sämtliches Vorwissen zum Problem aktivieren. Dies kann in vollständiger Selbstständigkeit erfolgen oder vom Lehrenden unterstützt werden. Zeigen sich Wissenslücken – in → Kapitel 2.5 wurden diese als Barrieren bezeichnet – ergibt sich hieraus der noch zu explorierende Bereich. Dieser wird durch Erstellung und Überprüfung von Hypothesen untersucht. Dabei wird individuell Wissen konstruiert. Nach Abschluss der explorierenden Phase wird das erarbeitete Wissen gemeinsam mit dem Lehrenden reflektiert. Ziel dieser Reflektion ist es, gemeinsames Wissen für alle Schüler der Klasse herzustellen und die Verfestigung fehlerhaften Wissens zu vermeiden. Betrachtet man diese Form des Vorgehens, so ist ersichtlich, dass das Vorgehen der Schüler selten gänzlich frei ist, vielmehr steht der Lehrer moderierend oder beratend zur Seite. Diese Art des erkundenden Lernens wird als „gelenkt" bezeichnet und ist im Schulalltag wesentlich öfter anzutreffen als die radikale Methode der vollkommenen Exploration.

Lernen durch Lösungsbeispiele

Wir haben bislang die Möglichkeiten betrachtet, dass ein Lehrer den Schülern die gesamte Information, z. B. einen fertigen Algorithmus (→ Kapitel 2.5.3), vorbereitet instruiert oder im anderen Extrem, dass sich Schüler neue Informationen selbstreguliert erschließen müssen.

„Worked-Example"-Effekt Erklärt ein Lehrer einen Algorithmus (z. B. Dreisatz), so kann er nicht davon ausgehen, dass dieser sofort verstanden wird und in weiteren Aufgaben selbstständig angewendet werden kann. Es wird daher empfohlen, dass der Lehrer eine bestimmte Menge an Beispielen vorgibt, bevor er seinen Schülern entsprechende Aufgaben stellt. Dass sich Lernen durch die gehäufte Beispielvorgabe verbessern kann, wird als „Worked-Example"-Effekt (Sweller 2006) bezeichnet.

Der Lehrer kann auch dazu übergehen, nicht mehr den Algorithmus vorzugeben, sondern die Schüler anhand der Beispiele einen solchen extrahieren zu lassen. Ein solches Lernen wird in der Forschung zur künstlichen Intelligenz als stochastisches Lernen bezeichnet. Beim menschlichen Lernen spricht man vom Lernen aus Beispielen oder Lernen durch Lösungsbeispiele. Ein häufiges Stellen von Aufgaben hingegen sollte nicht mehr als Lernen betrachtet werden, sondern als Übung (→ Kapitel 2.4.4), welche zu einer Stärkung oder Automatisierung des Algorithmus führt. Stellen Instruktion, Exploration und das Lernen durch Beispiele (oder Modelle) zunächst die Effektivität, also die Wirksamkeit, von etwas Gelerntem her (→ Kapitel 4.2), so führt die Aufgabenbearbeitung bzw. Übung zu einer Steigerung der Effizienz.

Lernen im Kanon der Paradigmen | 4.5

Benutzt eine Person die Worte „Know how", so meint sie meistens das Wissen von Spezialisten. Wir haben in diesem Lehrbuch allerdings erfahren, dass auch ein Kind, das gerade etwas gelernt hat, über „Know how" verfügt. Es hat nämlich prozedurales Wissen, also das „Wissen wie" etwas zu tun ist, erworben (→ Kapitel 2.4). In Abgrenzung zum prozeduralen Wissen haben wir deklaratives Wissen betrachtet, das „Wissen, dass". Diese Form des Wissens ermöglicht uns z. B. zu wissen, dass die Hauptstadt von Mali den Namen Bamako trägt. Für diejenigen Leser, die keinen wandelnden Atlas darstellen, ist die Ausrede hilfreich, dass ein solches Wissen schon als sehr domänenspezifisch zu betrachten ist (Geographen würden wahrscheinlich auf die Domäne der Kartographen verweisen). Als domänenübergreifendes, deklaratives Wissen könnte es allerdings betrachtet werden, dass komplexe Systeme (Staaten) oft steuernde Instanzen (eine Hauptstadt) besitzen. Eine Karte zu zeichnen würde ebenfalls ein domänenspezifisches Wissen darstellen, in diesem Fall aber prozedurales Wissen. Während sich die Schule über viele Jahrzehnte hinweg um die Vermittlung von deklarativem und prozeduralem Wissen, sowohl domänenspezifisch als auch domänenübergreifend, bemüht hat, steht sie im digitalen Zeitalter der Globalisierung vor einer weiteren Herausforderung, der Vermittlung des „Know where".

Der Gesellschaft eröffnen sich durch die „neuen Medien" unzählige Quellen des Wissens, seien es digitale Bücher, Zeitschriften, Foren oder der direkte Kontakt zu lebenden Experten auf anderen Kontinenten. Während uns in Kapitel 2.4 Netzwerkmodelle zur Wissensstruktur eines Individuums begegnet sind, entstehen nun Netzwerkmodelle über die Vernetzung der lernenden Personen mit anderen Personen und weiteren Quellen des Wissens. Eine solche Sichtweise geht auf den Kanadier Georg Siemens (2005) zurück und wird als *Konnektivismus* bezeichnet. Noch ist diese Perspektive sehr jung und nicht als eigenes Paradigma zu bezeichnen. Vielmehr steht sie aktuell für ein Modell, welches die großen Paradigmen zu integrieren versucht, um den Ansprüchen eines neuen Zeitalters des Lernens gerecht zu werden. Die Zugänge zum Wissen sind nahezu schrankenlos geworden und die Autorität der Lehrer wird nicht

Konnektivismus

mehr davon abhängen, „dass sie alle Antworten wissen" (von Glasersfeld 1997, 318). Hierin scheint vielmehr die Chance eines neuen Lehrens zu liegen, welches echte Wissbegierde zu erwecken vermag. Diese ließe sich nur durch die Kunst des Lernens stillen.

Zusammenfassung

Wir haben in Kapitel 4 das Konstrukt „Lernen" als einen Systemprozess kennen gelernt. Lernen kann zunächst als dauerhafte Veränderung von Verhaltensweisen oder Verhaltenspotential aufgrund von Erfahrung gekennzeichnet werden. Unter Berücksichtigung der drei großen Lernparadigmen Behaviorismus, Kognitivismus und Konstruktivismus konnten Unterschiede und Gemeinsamkeiten der Sichtweisen auf den Lernprozess verdeutlicht werden. Während der Behaviorismus von einer „Black-Box" ausgeht und sich auf die beobachtbaren Prozesse konzentriert, lassen Kognitivismus und Konstruktivismus Theorien über interne Prozesse und Strukturen zu. Im Behaviorismus sind die zwei Formen der Konditionierung, die klassische und die operante, von besonderer Bedeutung. Maßgeblich ist hierbei die Entstehung von Verknüpfungen zwischen Sinneseindrücken und Handlungsimpulsen, die verstärkend (positive und negative Verstärkung) oder hemmend (Bestrafung) wirken können. Problemlösendes Verhalten betrachtet die behavioristische Schule als „Trial-and-Error"-Verhalten. Die Frage nach einer Einsicht in ein Problem und dessen Lösung stellt sich allerdings erst aus einer konstruktivistischen Perspektive. Im Kognitivismus und Konstruktivismus wird das Individuum nicht mehr als passiv einer Umwelt ausgesetzt verstanden, sondern als aktiver Konstrukteur seiner Umwelt. Eine zentrale Rolle spielt die Entstehung von Wissensstrukturen durch Informationsverarbeitung. Als Vertreter eines gemäßigten (pädagogischen) Konstruktivismus spricht Jean Piaget hierbei von einer Schemaentwicklung durch Akkomodation. Werden Informationen aus der Umwelt hingegen mithilfe vorhandener Schemata interpretiert, so wird dies als Assimilation bezeichnet. Problemlösen ist aus dieser Sicht auch kein Versuch-Irrtum-Verhalten mehr, sondern beruht auf Einsicht und sinnhaftem Lernen. Erst aus der bewussten und zielgerichteten Auseinandersetzung mit einem Problem entsteht aus dieser Perspektive Wissen, welches als sinnhaft zu bezeichnen ist.

Aus solch einer subjektbezogenen Perspektive auf das Lernen können nun die Kontexte einbezogen werden, in denen sich Lernen als Prozess vollzieht. Diese Bildungskontexte sind sehr stark kulturell gefärbt und vermitteln dem Individuum sämtliche Formen von Kulturtechniken

(z. B. den Sprachgebrauch). Besonders das Lernen am Modell spielt beim kulturellen Lernen eine wichtige Rolle, dessen wichtigster Vertreter Albert Bandura von einer sozial-kognitiven Perspektive auf das Lernen spricht. Auch wenn der Lernende in dieser Perspektive die Stellung eines Beobachters einnimmt, so werden die dabei auftretenden Prozesse des Lernens als hoch aktiv verstanden. Das Verhalten eines Modells kann nicht einfach passiv übernommen werden, in einer Aneignungsphase (Akquisition) finden wesentliche Aufmerksamkeits- und Gedächtnisprozesse des Lernens statt. Die Ausführungsphase, Performanz, wird durch die interne Repräsentation des Modells bestimmt. Verhalten kann nach Bandura nicht nur durch direkte Verstärkung, sondern durch die Verstärkung eines Modells als stellvertretende Verstärkung beeinflusst werden.

Lernen durch Unterricht ist ebenfalls stark kulturell gefärbt, wobei die gezielte Weitergabe von Wissen als wesentliches Merkmal herauszustellen ist. Unterrichtssituationen können zum einen rezeptives Lernen anregen, wobei sich die maßgebliche Steuerung der Situation durch eine Lehrperson vollzieht. Der Lernende hat die ankommenden Informationen nur noch aktiv zu verarbeiten, wirkt aber kaum auf deren Inhalt ein. Dieser Form ist das explorative, bzw. erkundende oder entdeckende Lernen gegenüberzustellen. Hierbei hat der Lernende die wesentlichen Informationen selbstständig zu generieren, ein Lehrender wirkt in solchen Situationen meist nur noch moderierend. Die Lernenden stehen in explorativen Situationen vor einem Problem. Beim „Lernen durch Lösungsbeispiele" hingegen werden bereits gelöste Probleme vorgegeben, die wesentlichen Aspekte sind vom Lernenden zu extrahieren. Lernen sollte in allen Form zu einer Effektivität von Verhalten führen, durch Übungsphasen kann anschließend die Effizienz eines solchen Verhaltens gesteigert werden.

Die bislang jüngste Perspektive auf das Lernen, der Konnektivismus, versucht eine Integration der großen Paradigmen zu leisten, um ein „lebenslanges Lernen" im Zeitalter der Globalisierung und der dadurch entstehenden weltweiten Wissensnetzwerke verstärkt in den Blick zu nehmen.

Literatur

Glasersfeld, Ernst v. (1997). *Radikaler Konstruktivismus*. Frankfurt a. M.: Suhrkamp.

Lefrancois, G. H. (2003). *Psychologie des Lernens*. Heidelberg: Springer.

Übungsaufgaben

1 Benennen Sie Verhaltensveränderungen, die nicht auf Lernprozessen beruhen.
2 Stellen Sie mindestens drei wesentliche Komponenten eines Lernprozesses heraus.
3 Erläutern Sie den Prozess der negativen Verstärkung anhand eines Beispiels aus der Alltagswelt.
4 Welche wesentlichen Prinzipien (bzw. Gesetze) hat Thorndike formuliert?
5 Stellen Sie ein Beispiel her, in dem sowohl Akkomodation als auch Assimilation stattfinden.
6 Benennen Sie die unterschiedlichen Formen kulturellen Lernens und erläutern Sie anschließend die wesentlichen Effekte des Modell-Lernens nach Bandura.
7 Erläutern Sie ein Unterrichtskonzept in einem spezifischen Fach, welches einer konstruktivistischen Form der Zusammenarbeit folgt.

Literatur

Alloway, T. P., Gathercole, S. E., Willis, C., & Adams, A. M. (2005). Working memory and special educational needs. Educational and Child Psychology, 22, 56–67.

Arnold, M. B. (1960). Emotion and Personality (Vol. 1). New York: Colombia University Press.

Atkinson, J. W. (1957). Motivational determinants of risk taking behavior. Psychological Review, 64, 359–372.

Atkinson, R. C. & Shiffrin, R. M. (1968). Human memory: A proposed system and its control processes. In K. W. Spence & J. T. Spence (Hrsg.), The psychology of learning and motivation (Vol. 8). London: Academic Press.

Baddeley, A. D. (1986): Working Memory. Oxford: University Press.

Baddeley, A. D. (2000). The episodic buffer: a new component of working memory? Trends in Cognitive Sciences, 4 (11), 417–423.

Baddeley, A. D. & Hitch, G. J. (1974). Working memory. In G. H. Bower (Ed.), The psychology of learning and motivation (Vol. 8, pp. 47–89). New York: Academic Press.

Bandura, A. (1995). Self-efficacy in changing societies. Cambridge: Cambridge University Press.

Bartlett, F. C. (1932). Remembering: A study of experimental and social psychology. Cambridge: Cambridge University Press.

Bartlett, F. C. (1958). Thinking. New York: Basic Books.

Bauer, W. (1995). Multimedia in der Schule? In L. J. Issing & P. Klimsa (Hrsg.), Information und Lernen mit Multimedia (S. 377–400). Weinheim: Beltz.

Baumert, J., Klieme, E., Neubrand, M., Prenzel, M., Schiefele, U., Schneider, W., Stanat, P., Tillmann, K.-J. & Weiß, M. (Hrsg.). (2001). PISA 2000. Basiskompetenzen von Schülerinnen und Schülern im internationalen Vergleich. Opladen: Leske + Budrich.

Bayen, U. J., Erdfelder, E., Bearden, J. N. & Lozito, J. P. (2006). The Interplay of Memory and Judgment Processes in Effects of Aging on Hindsight Bias. Journal of Experimental Psychology: Learning, Memory, and Cognition, 32, 1003–1018.

Bekerian, D. A. & Bowers, J. M. (1983). Eyewitness testimony. Were we misled? Journal of Experimental Psychology: Learning, Memory, and Cognition, 9, 139–145.

Binet, A. (1916). New methods for the diagnosis of the intellectual level of subnormals. In E. S. Kite (Trans.), The development of intelligence in children. Vineland, NJ: Publications of the Training School at Vineland.

Binet, A. & Simon, T. (1916). The development of intelligence in children. Baltimore: Williams & Wilkins. (Reprinted 1973, New York: Arno Press)

Birch, H. G. & Rabinowitch, H. S. (1951). The negative effect of previous experience on productive thinking. Journal of Experimental Psychology, 41, 121–125.

Bloom, K. C. & Shuell, T. J. (1981). Effects of massed and distributed practice on the learning and retention of second-language vocabulary. Journal of Educational Research, 74, 245–248.

Bower, G. (1981). Mood and memory. American Psychologist, 36, 129–148.

Broadbent, D. (1958). Perception and Communication. London: Pergamon Press.

Brown, A. L. (1984). Metakognition, Handlungskontrolle, Selbststeuerung und andere, noch geheimnisvollere Mechanismen. In F. E. Weinert & R. H. Kluwe (Hrsg.), Metakognition, Motivation und Lernen (S. 60–109). Stuttgart: Kohlhammer.

Brown, A. L. & DeLoache, J. S. (1978). Skills, plans, and self-regulation. In R. S. Siegler (Ed.), Children's thinking: What develops? (pp. 3–35). Hillsdale, NJ: Erlbaum.

Bruner, J. S. (1961). The act of discovery. Harvard Educational Review, 31, 21–32.

Bruner, J. S. (1974). Entwurf einer Unterrichtstheorie. Berlin: Berlin-Verlag.

Bruner, J., Goodnow, J., & Austin, A. (1956). A Study of Thinking. New York: Wiley.

Cannon, W. B. (1927). The James Lange theory of emotion: A critical examination and an alternative theory. American Journal of Psychology, 39, 106–124.

Cannon, W. B. (1929). Bodily changes in pain, hunger, fear and rage (2. Aufl.). New York: Appleton.

Carraher, T. N. (1985). The decimal system: Understanding and notation. In L. Streefland (Ed.), Proceedings of the Ninth International Conference for the Psychology of Mathematics Education (Vol. 1, pp. 288–303). Utrecht,

The Netherlands: University of Utrecht, Research Group on Mathematics Education and Educational Computer Centre.
Cattell, R. B. (1957). Personality and motivation: Structure and measurement. New York: World Book.
Cattell, R. B. (1973). Die empirische Erforschung der Persönlichkeit. Weinheim: PVU.
Chase, W. G. & Ericsson, K. A. (1982). Skill and working memory. In G. H. Bower (Ed.), The psychology of learning and motivation (Vol. 16, pp. 1–58). New York: Academic Press.
Clark, H. H. & Chase, W. G. (1972). On the process of comparing sentences against pictures. Cognitive Psychology, 3, 472–517.
Collet, C. & Bruder, R. (2008). Lernen durch Selbstbeobachtung im problemlösenden Mathematikunterricht. Praxis Schule 5–10, 3, 34–39.
Collins, A. M. & Quillian, M. R. (1972). How to make a language user. In E. Tulving & W. Donaldson (Eds.), Organisation of memory (pp. 309–351). New York: Academic Press.
Craik, F. I. M. & Lockhart, R. S. (1972). Levels of processing: a framework for memory research. Journal of Verbal Learning and Verbal Behavior, 11, 268–294.
Csikszentmihalyi, M., Schiefele, U. (1993). Die Qualität des Erlebens und der Prozeß des Lernens. Zeitschrift für Pädagogik, 2, 207–221.
Deci, E. L. & Ryan, R. M. (1985). Intrinsic motivation and self-determination in human behavior. New York: Plenum.
Deutsch, J. & Deutsch, D. (1963). Attention: Some theoretical considerations. Psychological Review, 70, 80–90.
Döpfner, M. (2006). Prävention. In F. Mattejat (Hrsg.), Lehrbuch der Psychotherapie, Band 4: Verhaltenstherapie mit Kindern und Jugendlichen. München: CIP-Medien
Dörner, D. (1989). Die Logik des Mißlingens: Strategisches Denken in komplexen Situationen. Reinbek: Rowohlt.
Dörner, D., Kreuzig, H. W., Reither, F.& Stäudel, T. (Hrsg.). (1983). Lohhausen: Vom Umgang mit Unbestimmtheit und Komplexität. Bern: Huber.
Duncker, K. (1945). On problem solving. Psychological Monographs, 58 (270).
Dweck, C. S. & Legett, E. L. (1988). A social-cognitive approach to motivation and personality. Psychological Review, 95, 256–273.
Ebbinghaus, H. (1885). Über das Gedächtnis. Untersuchungen zur experimentellen Psychologie. Leipzig: Duncker & Humboldt.

Edelmann, W. (1994). Lernpsychologie. Weinheim: PVU.
Eibl-Eibesfeldt, I. (1995). Die Biologie des menschlichen Verhaltens: Grundriß der Humanethologie (3. Aufl.). München: Piper.
Eich, E. (1984). Memory for unattended events: remembering with and without awareneu. Memory and Cognition 12, pp. 105–111.
Ekman, P. (1972). Universals and cultural differences in facial expression of emotion. In J. R. Cole (Eds.), Nebraska symposium on motivation (pp. 207–283). Lincoln: University of Nebraska Press.
Ellis, H. C. & Ashbrook, P. W. (1988). Resource allocation model of the effects of depressed mood states on memory. In K. Fiedeler & J. P. Forgas (Eds.), Affect, cognition and social behavior (pp. 25–43). Toronto: Hogrefe.
Flavell, J. H. (1970). Developmental studies in mediated memory. In H. W. Reese & L. P. Lipsitt (Eds.), Advances in child development and behavior (Vol. 5, pp. 181–211). New York: Academic Press.
Flavell, J. H. (1971). First discussant's comments: What is memory development the development of? Human Development, 14, 272–278.
Flavell, J. H. (1976). Metacognitive aspects of problem solving. In L. B. Resnick (Ed.), The nature of intelligence (pp. 231–235). Hillsdale, NJ: Erlbaum.
Flavell, J. H. (1984). Annahmen zum Begriff Metakognition sowie zur Entwicklung von Metakognition. In F. E. Weinert & R. H. Kluwe (Hrsg.), Metakognition, Motivation und Lernen (S. 23–31). Stuttgart: Kohlhammer.
Fleischer, L. (1995). Rain Man (21. Aufl.). München: Heyne.
Fritz, A. & Rosch, S. (im Druck). Selbststeuerung des Lernens. In W. Jantzen & B. Siebert (Hrsg.), Behinderung, Bildung, Partizipation – Enzyklopädisches Handbuch der Behindertenpädagogik. Stuttgart: Kohlhammer.
Funke, J. (2003). Problemlösendes Denken. Stuttgart: Kohlhammer.
Gage, N. L. & Berliner, D. C. (1996). Pädagogische Psychologie (5. vollst. überarb. Aufl.). Weinheim: Psychologie Verlags Union.
Godden, D. R. & Baddeley, A. D. (1975). Context-dependent memory in two natural environments: on land and under water. British Journal of Psychology, 66, 325–331.
Goleman, D. (1995). Emotionale Intelligenz. München: Hanser.
Graham, S. (1986). Teacher feelings and student thoughts: an attributional approach to affect

in the classroom. The Elementary School Journal, 85, 91–104.
Graham, S., Doubleday, C. & Guarino, P. (1984). The development of relations between perceived controllability and the emotions of pity, anger, and guilt. Child Development, 55, 561–565.
Hänze, M. (1998). Denken und Gefühl: Wechselwirkung von Emotion und Kognition im Unterricht. Neuwied: Luchterhand.
Hartline, H. K. & Ratliff, F. (1957). Inhibitory interaction of receptor units in the eye of limulus. Journal of General Physiology, 40, 357–376.
Heckhausen, H. (1965). Leistungsmotivation. In H. Thomae (Hrsg.), Handbuch der Psychologie (Vol. 2, S. 602–702). Göttingen: Hogrefe.
Heckhausen, H. (1975). Fear of failure as a self-reinforcing motive-system. In I. G. Sarason & C. Spielberger (Eds.), Stress and anxiety (Vol. 2, pp. 117–128). Washington, D. C.: Hemisphere.
Heckhausen, H. (1978). Selbstbewertung nach erwartungswidrigem Leistungsverlauf: Einfluß von Motiv, Kausalattribution und Zielsetzung. Zeitschrift für Entwicklungspsychologie und Pädagogische Psychologie, 10, 191–216.
Heckhausen, H. (1989). Motivation und Handeln (2. Aufl.). Heidelberg: Springer.
Heckhausen, H. & Kuhl, J. (1985). From wishes to action: The dead ends and short cuts on the long way to action. In M. Frese & J. Sabini (Eds.), Goal-directes behavior. The concept of action in psychology. Hillsdale, N. J.: Erlbaum.
Helmke, A. (1992). Selbstvertrauen und schulische Leistungen. Göttingen: Hogrefe.
Helmke, A. (1997). Individuelle Bedingungsfaktoren der Schulleistungen: Ergebnisse aus dem SCHOLASTIK-Projekt. In F. E. Weinert & A. Helmke (Hrsg.), Entwicklung im Grundschulalter (S. 203–216). Weinheim: Beltz / PVU.
Helmke, A. (1998). Vom Optimisten zum Realisten? Zur Entwicklung des Fähigkeitsselbstkonzepts vom Kindergarten bis zur sechsten Klassenstufe. In F. E. Weinert & A. Helmke (Hrsg.), Entwicklung im Kindesalter (S. 115–132). Weinheim: PVU.
Helmke, A. (2003). Unterrichtsqualität – erfassen, bewerten, verbessern. Seelze: Kallmeyer.
Helmke, A. & Weinert, F. E. (1997). Bedingungsfaktoren schulischer Leistungen. In F. E. Weinert (Hrsg.), Psychologie des Unterrichts und der Schule. Enzyklopädie der Psychologie (Themenbereich D, Serie 1, Bd. 3). Göttingen: Hogrefe.

Hoffman, D. (2003). Visuelle Intelligenz. Wie die Welt im Kopf entsteht. DTV: München.
Hofmann, H. & Pekrun, R. (1999). Entwicklung diskreter Emotionen: lern- und leistungsthematische Emotionen. In W. Friedlmeier & M. Holodynski (Hrsg.), Emotionale Entwicklung (S. 114–134). Heidelberg: Spektrum.
Hubel, D. & Wiesel, T. (1962). Receptive fields, binocular interaction and functional architecture in the cat's visual cortex. Journal of Physiology of London, 160, 106–154.
Hussy, W. (1998). Denken und Problemlösen (2. Aufl.). Stuttgart: Kohlhammer.
Isen, A. (1987). Positive affect, cognitive processes, and social behavior. Advances in Experimental Social Psychology, 20, 203–253.
Jäger, A. O., Süß, H.-M. & Beauducel, A. (1997). Berliner Intelligenzstruktur-Test. Göttingen: Hogrefe.
James, W. (1884a). The physical basis of emotion. Psychological Review, 1, 516–529.
James, W. (1884b). What is an Emotion? Mind, 9, 188–205.
Jensen, A. R. (1998). The g-factor. The science of mental ability. Westport: Praeger.
Jerusalem, M. & Schwarzer, R. (1989). Anxiety and self-concept as antecedents of stress and coping. A longitudinal study with german and turkish adolescents. Personality and Individual Differences, 10, 785–792.
Jopt, W.-U. (1978). Selbstkonzept und Ursachenerklärung in der Schule. Zur Attribuierung von Schulleistungen. Bochum: Kamp.
Jülisch, B. & Krause, W. (1976). Semantischer Kontext und Problemlöseprozesse. In F. Klix (Hrsg.), Psychologische Beiträge zur Analyse kognitiver Prozesse (S. 274–301). Berlin: Deutscher Verlag der Wissenschaften.
Kanizsa, G. (1955). Margini quasi-percettivi in campi con stimolazione omogenea. Rivista di Psicologia, 49, 7–30.
Kanning, U. P. (2000). Selbstwertmanagement. Die Psychologie des selbstwertdienlichen Verhaltens. Göttingen: Hogrefe.
Katona, G. (1962). Die Macht des Verbrauchers. Düsseldorf: Econ.
Katz, D. (1969). Gestaltpsychologie. Basel: Schwabe.
Kebeck, G. (1994). Wahrnehmung. Theorien, Methoden und Forschungsergebnisse der Wahrnehmungspsychologie. Weinheim: Juventa.
Keppel, G. (1964). Verbal learning in children. Psychological Bulletin 61, pp. 428–435.
Kirschner, P. A., Sweller, J. & Clark, R. E. (2006). Why minimal guidance during instruction

does not work: An analysis of the failure of constructivist, discovery, problem-based, experiential, and inquiry based teaching. Educational Psychologist, 41, 75–86.
Klix, F. (1971). Information und Verhalten. Bern: Huber.
Klix, F. & Rautenstrauch-Goede, K. (1967). Struktur- und Komponentenanalyse von Problemlöseprozessen. Zeitschrift für Psychologie, 174, 167–193.
Kluwe, R. H. & Schiebler, K. (1984). Entwicklung exekutiver Prozesse und kognitive Leistungen. In F. E. Weinert & R. H. Kluwe (Hrsg.), Metakognition, Motivation und Lernen (S. 31–60). Stuttgart: Kohlhammer.
Knauf, T. (1998). Wir erziehen Kinder nicht, wir assistieren. Die Rolle der Erzieherin in der Reggio-Pädagogik. Welt des Kindes, 4, 13–19.
Köller, O. (1998). Zielorientierungen und schulisches Lernen. Münster: Waxmann.
Köller, O. (2004). Konsequenzen von Leistungsgruppierungen. Münster: Waxmann.
Köller, O. & Baumert, J. (2001). Leistungsgruppierungen in der Sekundarstufe I und ihre Konsequenzen für die Mathematikleistung und das mathematische Selbstkonzept der Begabung. Zeitschrift für Pädagogische Psychologie, 15, 99–110.
Krapp, A. (2001). Interesse. In D. Rost (Hrsg.), Handwörterbuch pädagogische Psychologie (S. 286–294). Weinheim: PVU.
Krapp, A. & Prenzel, M. (Hrsg.). (1992). Interesse, Lernen, Leistung. Neuere Ansätze einer pädagogisch-psychologischen Interessenforschung. Münster: Aschendorff.
Kratzmeier, H. (1980). Raven-Matrizen-Test. Weinheim: Beltz.
Kuhl, J. (1983a). Emotion. Kognition und Motivation: II. Die funktionale Bedeutung der Emotionen für das problemlösende Denken und für das konkrete Handeln. Sprache & Kognition, 4, 228–253.
Kuhl, J. (1983b). Motivation, Konflikt und Handlungskontrolle. Berlin: Springer.
Lange, C. (1885). Om Sinsbevaegelser: Et psykofysiologiske Studie. Kopenhagen: Rasmussen.
Lauth, G. (1993). Konzeption und Evaluation eines Trainings metakognitiver Kompetenzen bei kognitiver Retardierung. In K. J. Klauer (Hrsg.), Kognitives Training (S. 67–94). Göttingen: Hogrefe.
Lazarus, R. S. (1993). From psychological stress to the emotions: a history of changing outlooks. Annual Review of Psychology, 44, 1–21.

Lefrancois, G. H. (1976). Psychologie des Lernens. Heidelberg: Springer.
Loftus, E. F. (2005). Planting misinformation in the human mind: A 30-year investigation into the malleability of memory. Learning & Memory, 12, 361–366.
Loftus, E. F. & Palmer, J. C. (1974). Reconstruction of automobile destruction: An example of the interaction between language and memory'. Journal of Verbal Learning and Verbal Behavior, 13, 585–589, 4, 19–31.
Logie, R. H. (1995). Visuo-spatial working memory. Hove, UK: Lawrence Eribaum Associates.
Luchins, A. S. & Luchins, E. H. (1950). New experimental attempts at preventing mechanization in problem solving. Journal of General Psychology, 42, 279–297.
Luhmann, N. (1990). Die Wissenschaft der Gesellschaft. Frankfurt a.M.: Suhrkamp.
McCulloch, W. (1965). Embodiments of Mind. Cambridge: The MIT Press.
Mach, E. (1865). Über die Wirkung der räumlichen Vertheilung des Lichtreizes auf die Netzhaut. Sitzungsberichte der mathematisch-naturwissenschaftlichen Classe der kaiserlichen Akademie der Wissenschaften, 52, 303–322.
Mähler, C. & Hasselhorn, M. (2001). Lern- und Gedächtnistraining bei Kindern. In K. J. Klauer (Hrsg.), Handbuch Kognitives Training (S. 407–429). Göttingen: Hogrefe.
Mangold, R. (2007). Informationspsychologie. Heidelberg: Spektrum Akademischer Verlag.
Markowitsch, H. J., Pritzel, M. & Brand, M. (2003). Gehirn und Verhalten. Heidelberg: Spektrum.
Marsh, H. W. (1987). The big-fish-little-pond effect on academic self-concept. Journal of Educational Psychology, 79, 280–295.
Marsh, H. W., Trautwein, U., Lüdtke, O., Köller, O. & Baumert, J. (2005). Academic self-concept, interest, grades and standardized test scores: Reciprocal effects models of causal ordering. Child Development, 76, 397–416.
McGrew, K. S. (2005). The Cattell-Horn-Carroll theory of cognitive abilities: Past, present, and future. In D. P. Flanagan & P. L. Harrison (Eds.), Contemporary intellectual assessment: Theories, tests, and issues (2nd ed., pp. 136–182). New York: Guilford.
Meinhardt, J. (1998). Emotionen und kognitive Verarbeitungskapazität. Untersuchungen mit ereigniskorrelierten EEG-Potentialen. Aachen: Shaker Verlag.
Meyer, W. U. (1976). Leistungsorientiertes Verhalten als Funktion wahrgenommener

eigener Begabung und wahrgenommener Aufgabenschwierigkeit. In H. D. Schmalt & W.-U. Meyer (Hrsg.), Leistungsmotivation und Verhalten (S. 101–135). Stuttgart: Klett.

Mischo, C. & Rheinberg, F. (1995). Erziehungsziele von Lehrern und individuelle Bezugsnormen der Leistungsbewertung. Zeitschrift für Pädagogische Psychologie, 9, 139–152.

Möller, J. & Köller, O. (1995). Kausalattributionen von Schulleistungen: reaktive und nicht-reaktive Befragung. Zeitschrift für Entwicklungspsychologie und Pädagogische Psychologie, 27, 286–287.

Morris, R., Stuebing, K., Fletcher, J., Shaywitz, S., Lyon, R., Shankweiler, D., Katz, L., Francis, D. and Shaywitz, B. (1998). Subtypes of reading disability: A phonological core. Journal of Educational Psychology 90, pp. 347–373.

Murray, H. A. (1938). Explorations in Personality. New York: Oxford University Press.

Neisser, U. (1976). Cognition and reality: Principles and implications of cognitive psychology. San Francisco: Freeman.

Nolting, H.-P. & Paulus, P. (1990). Psychologie lernen: eine Einführung und Anleitung. München: Psychologie-Verl.-Union.

Norman, D. (1968). Toward a theory of memory and attention. Psychological Review, 75, 522–536.

Oerter, R. & Montada, L. (1982). Entwicklungspsychologie. München, Urban.

Paivio, A. (1971). Imagery and verbal processes. New York: Holt, Rinehart & Winston.

Paris, S. G., Lipson, M. Y. & Wixson, K. (1983). Becoming a strategic reader. Contemporary Educational Psychology, 8, 293–316.

Passolunghi, M. C. (2006). Working memory and arithmetic learning disability. In T. P. Alloway & S. E. Gathercole (Eds.), Working memory and neurodevelopmental disorders (pp. 113–138). Hove, UK: Psychology Press.

Pekrun, R. (1992). Kognition und Emotion in studienbezogenen Lern- und Leistungssituationen: Explorative Analysen. Unterrichtswissenschaft, 20, 308–324.

Pickering, S. J., Gathercole, S. E. (2004). Distinctive working memory profiles in children with special educational needs. Educational Psychology. Vol 24(3), Jun 2004, 393–408.

Pintrich, P. R. (2000). The role of Goal-Orientation in Self-Regulated Learning. In M. Boekaerts, P. Pintrich & M. Zeidner (Eds.), Handbook of self-regulates learning (pp. 451–502). San Diego: Academic Press.

Pintrich, P. R., Smith, D. A. F., Garcia, T. & McKeachie, W. J. (1993). Reliability and predictive validity of the Motivated Strategies for learning questionaire (MSLQ). Educational and Psychological Measurement, 53, 801–803.

Plutchik, P. (1980). Emotion: A psychobioevolutionary synthesis. New York: Harper & Row.

Pohl, R. F. (2004). Hindsight bias. In R. F. Pohl (Hrsg.), Cognitive illusions: A handbook on fallacies and biases in thinking, judgement and memory (pp. 363–378). Hove, UK: Psychology Press.

Prinz, W. (1990). Unwillkürliche Aufmerksamkeit. In C. Meinicke & L. Kehrer (Hrsg.), Bielefelder Beiträge zur Kognitionspsychologie (S. 49–76). Göttingen: Hogrefe.

Raven, J. C. (1938). Progressive Matrices. London: Lewis.

Reinmann-Rothmeier, G. & Mandl, H. (1999).

Rheinberg, F. (1996). Von der Lernmotivation zur Lernleistung: Was liegt dazwischen? In J. Möller & O. Köller (Hrsg.), Emotionen, Kognitionen und Schulleistung (S. 23–50). Weinheim: Psychologie Verlags Union.

Rheinberg, F. (2002). Motivation. Stuttgart: Kohlhammer.

Ricken, G., Fritz, A., Schuck, K. D. & Preuß, U. (2007). Hannover-Wechsler-Intelligenztest für das Vorschulalter. Göttingen: Hogrefe.

Roth, G. (1997). Das Gehirn und seine Wirklichkeit. Frankfurt am Main: Suhrkamp.

Roth, G. (2003). Fühlen, Denken, Handeln: Wie das Gehirn unser Verhalten steuert. Frankfurt am Main: Suhrkamp.

Rowling, J. K. (2005). Harry Potter and the Half-Blood Prince. London: Bloomsbury.

Rumelhart, D. E. (1977). An introduction to human information processing. New York: Wiley.

Sarter, M. & Markowitsch, H. J. (1985). Involvement of the amygdala in learning and memory: a critical review, with emphasis on anatomic relations. Behavioral Neuroscience, 99, 342–380.

Schachter, S. (1971). Emotion, obesity and crime. New York: Academic Press.

Schiefele, U. (1996). Motivation und Lernen mit Texten. Göttingen: Hogrefe.

Schmuck, R. A. (1978). Applications of social psychology to class life. In D. Bar-Tal & L. Saxe (Eds.), Social psychology of education (pp. 231–255). New York: Hemisphere.

Schneider, W. & Pressley, M. (1989). Memory Development between 2 and 20. New York: Springer.

Schröder, U. (2005). Lernbehindertenpädagogik. Grundlagen und Perspektiven sonderpäd-

agogischer Lernhilfe (2. Aufl.). Stuttgart: Kohlhammer.
Schuchardt, K., Roick, T., Mähler, C. & Hasselhorn, M. (2008). Unterscheidet sich die Struktur des Arbeitsgedächtnisses bei Schulkindern mit und ohne Lernstörung? Zeitschrift für Pädagogische Psychologie und Entwicklungspsychologie, 40, 147–151.
Schuster, M. & Dumpert, H. D. (2007). Besser Lernen. Heidelberg: Springer.
Schwarz, N. (1987). Stimmung als Information: Untersuchungen zum Einfluß von Stimmungen auf die Bewertung des eigenen Lebens. Berlin: Springer.
Schwarz, N. & Bless, H. (1991). Happy and mindless, but sad and smart? The impact of affective states on analytic reasoning. In J. P. Forgas (Ed.), Emotion and social judgments (pp. 55–75). Oxford: Pergamon.
Siemens, G. (2005). Connectivism. A Learning Theory for the Digital Age. In: International Journal of Instructional Technology and Distance Learning, 2, 1
Simon, H. E. (1967). Motivational and emotional controls of cognition. Psychological Review, 74, 29–34.
Skinner, B. F. (1968). The technology of teaching. New York: Appleton-Century-Crofts.
Spearman, C. (1904). General intelligence, objectively determined and measured. American Journal of Psychology, 15, 201–293.
Spelke, E., Hirst, W. & Neisser, U. 1976. Skills of divided attention. Cognition 4, 215–230.
Sperling, G. (1960). The information available in brief visual presentations. Psychological Monographs: General and Applied, 74 (11), 1–30.
Stein, M. (2013). Allgemeine Pädagogik. München: Ernst Reinhardt Verlag.
Stern, W. (1912). Die psychologischen Methoden der Intelligenzprüfung und deren Anwendung an Schulkindern. 5. Kongreß der experimentellen Psychologie. Berlin.
Stiensmeier-Pelster, J. & Schlangen, B. (1996). Erlernte Hilflosigkeit und Leistung. In J. Möller & O. Köller (Hrsg.), Emotionen, Kognitionen und Schulleistung (S. 69–90). Weinheim: PVU.
Swanson, H. L. & Jerman, O. (2006). Math Disabilities: A selective meta-analysis of the literature. Review of Educational Research, 76, 249–274.
Sweller, J. (2006). The worked example effect and human cognition. Learning and Instruction, 16(2), pp 165–169
Sydow, H. (1990). Zur Entwicklung der Planungsfähigkeit im Kindesalter. Zeitschrift für Psychologie, 198, 431–441.

Tomasello, M. (2006). Die kulturelle Entwicklung des menschlichen Denkens. Frankfurt a. M.: Suhrkamp.
Tomasello, M., Kruger, A. C. & Ratner, H. H. (1993). Cultural learning. Behavioral and Brain Sciences, 16, 495–552.
Tulving, E. (1972). Episodic and semantic memory. In E. Tulving & W. Donaldson (Hrsg.), Organisation of memory (pp. 381–403). New York: Academic Press.
Varela, F. J. (1990). Kognitionswissenschaft-Kognitionstechnik. Frankfurt a. M.: Suhrkamp.
Von Glasersfeld, Ernst (1997). Radikaler Konstruktivismus. Frankfurt a. M.: Suhrkamp.
Watson, J. B. (1930). Behaviorism. New York: W. W. Norton.
Wechsler, D. (1964). Die Messung der Intelligenz Erwachsener. Bern: Hans Huber.
Weiner, B. (1974). Achievement motivation and attribution theory. Morristown, NJ: General Learning Press.
Weinert, F. E. (1999). Begabung und Lernen: Zur Entwicklung geistiger Leistungsunterschiede. Max-Planck-Gesellschaft (Hrsg.), Jahrbuch 1999 (S. 35–48). Göttingen: Vandenhoeck & Ruprecht.
Weinert, F. E., & Helmke, A. (1997). Entwicklung im Grundschulalter. Weinheim: Psychologie Verlags Union.
Weinert, F. E., & Stefanek, J. (1997). Entwicklung vor, während und nach der Grundschulzeit. Ergebnisse aus dem SCHOLASTIK-Projekt. In F. E. Weinert & A. Helmke (Hrsg.), Entwicklung im Grundschulalter (S. 423–451). Weinheim: PVU.
Wellman, H. M. (1985). The origins of metacognition. In D. L. Forrest-Pressley, G. E. MacKinnon & T. G. Waller (Eds.), Metacognition, cognition and human performance (pp. 1–31). Orlando, FL: Academic Press.
Wolff, P. (1963). Observations on the early development of smiling. In B. Foss (Hrsg.), Determinants of infant behavior (pp. 113–234). London: Methuen.
Zimbardo, P. G. (1995). Psychologie (6. Aufl.). Berlin: Springer.
Zimmer, K., Burba, D. & Rost, J. (2004). Kompetenzen von Jungen und Mädchen. In M. Prenzel, J. Baumert, W. Blum, R. Lehmann, D. Leutner, M. Neubrand, E. Pekrun, H.-G. Rolff, J. Rost & U. Schiefele (Hrsg.), Der Bildungsstand der Jugendlichen in Deutschland – Ergebnisse des zweiten internationalen Vergleichs (S. 211–223). Münster: Waxmann.

Sachregister

Abrufsituation 104, 212
affektiver Zustand 209
Aha-Erlebnis 140
Akkommodation 233
Akquisition 237
Aktivationsschwelle 65, **69f**, 78f, 100f
Aktivationssummation **68f**, 100
Aktivitätsmuster 202
Allgemeine Leistungsfähigkeit . . . 158
Amygdala 204
Anagramm-Problem 130
Aneignungsphase s. Akquisition
angeborene Auslöser 207
Angst 210, 216
–, Prüfungsangst 216
Anspruchsniveau 182
Anstrengung 187
Antezedensbedingungen . . . 206f, 211
Antizipation 194
Äquilibrium 233
Äquivalenz 121
–, statistische Äquivalenz 33
Arbeitsgedächtnis 40f, 64f, 80f, **84f**, 103f, 133, 149, 164, 211, 240
artikulatorischer Kontrollprozess . . 85
Assimilation 233
Assoziation 103, 229
Attribution 184f
–, externale 185
–, internale 185
–, stabile 185
–, variabel 185
Aufgabe 74, 126, **131**, 242
Aufmerksamkeit 72, 86, 94, 100, 148, 157, 195, 211, 237
–, anschauungsgebundene 74
–, Aufmerksamkeitsselektion 68
–, intentionale Aufmerksamkeit . . . 72f
–, unwillkürliche Aufmerksamkeit . 68
Ausdrucksverhalten 206f
Ausführungsphase siehe Performanz
Auswendiglernen s. oberflächliches Memorieren
autistische Savants s. Inselbegabung
Autodidakt 239

Automatisierung **93**, 243
Autorität 243

Barriere **130f**, 213, 242
Bearbeitungsgeschwindigkeit . . . 163f
Behaviorismus 224
Belohnung 227
Beobachtung **19f**, 36, 105, 203, 235f
Beschreiben 18
Bestrafung 227f
Bewertungsmaßstäbe 133
Bewertungsprozesse, appraisal . . 202
Bewertungstheorie 205
Bezugsnorm 192
–, individuelle 193
–, kriteriale 193
–, sachliche 193
–, soziale 192
Big-fish-little-pond-Effekt 193
Black box 225
Black-Out 209
blinder Fleck s. Retina
Burn-Out-Syndrom 219

CHC-Modell 164
Chunking **92**, 125
Cocktailparty-Phänomen 65
cross-curricular-competencies s. fächerübergreifende Kompetenz

Definieren **18f**, 32
Dekodieren **91f**, 101f
Denken 42, **132**, 148, 158, 163f, 211f, 232
–, Denkfehler 232
–, Denkstilhypothese 212
–, sprachgebundenes 163
–, zahlengebundenes 163
Deskription 18
dichotisches Hören 66
Disäquilibrium 233
Diskurs 239
Duale Kodierung 109

Ebbinghauskurve s. Vergessenskurve
EEG 203
Effektivität 242
Effizienz 229
Einfallsreichtum 163f
Einsicht 230
Einstellung 133, 223
Elaboration 115f, **120f**
–, Elaborationshypothese 123
Emotion 13, 108, 173, 179, 191, 201, 215
–, aktivierende Emotion 216
–, desaktivierende Emotion 217
–, Emotionsepisode 206
–, Emotionssequenz 206
–, emotionale Schemata 211
–, prozessbezogene Emotion 211f
–, retrospektive Emotion 210f
Empathie 218
empirische Wissenschaft 14
endokrines System 203
Enkodieren 91, 103, 120
–, Enkodierungsspezifität . . . 104, 212
enthemmender Effekt 236
Enthusiasmus 218
Episoden s. episodisches Gedächtnis
–, episodischer Buffer 87
–, episodisches Gedächtnis 111
Erfahrung 108f, 224
Erfolg 181f
–, Erfolgsanreiz 182f
–, Erfolgswahrscheinlichkeit 182
Erinnern s. Dekodieren
Erkenntnis 233
Erklären 22
Erleben 12f
–, emotionales 206
Erziehungswissenschaften 15
evaluative Struktur 215
Evaluatoren 133, 215
exekutive Komponente 147
Expertenwissen 161, 169
Externalisierung 215

Sachregister

fächerübergreifende Kompetenz . 129
Fehlereffekte 166
Figur 45, 49
–, amodale 51
–, figurale Synthese 57
–, Figur-Grund-Unterscheidung ... 45
–, Kippfiguren 50
Filter 64
–, Filtertheorie 65
–, selektiver 64
Fixationen 133, 214
–, funktionale Fixation 214
–, Merkmalsfixierung 134
–, Verknüpfungsfixierung ... 135–137
Flow-Erlebnis 216
fMRT 203
Förderung 170
Formen 49
–, Formwahrnehmung 49
Forschungsfrage s. Hypothese

Gedächtnis 43, **57f**
–, episodisches Gedächtnis 98
–, Gedächtniskarte s. Mind Map
–, Gedächtnisspanne 91f
–, Gedächtnisstrategie 85
–, Gedächtnistest 67
–, Metagedächtnis 147
–, semantisches Gedächtnis 111f
Gefühl 209
–, Gefühlszeichen 215
–, Mitgefühl 217
genetische Grundausstattung ... 168
genetisches Potential 168
Gesetz der Bereitschaft 227
Gesetz der Übung 229
Gesichtsausdruck 208
Gestalt 51f
–, Gestaltgesetze 52–55
g-Faktor 159f
Gruppenkohäsion 218
Gütemaßstab 178
–, Individuum bezogener 181
–, sachbezogener 181
–, sozial bezogener 181

Handeln 12
Handlung 87, 140
–, Handlungsausführung 148, 216
–, Handlungsschritte 140, 148
–, intentionale Handlung 235
Hemmung 47f
–, hemmender Effekt 236
–, laterale Hemmung 46
–, proaktive Hemmung 119

–, retroaktive Hemmung 119
Herbartianismus 14
Heuristik 213
Hormonsystem 203
Hyperaktivität 74
Hypnose 98, 102
Hypothese 14, 31f, **36f**

Ikon 44, **56–59**
Information 43, 83f, 92, 100,
  108–110, 117
–, auditive 85
–, räumliche 86
–, verbale 85
–, visuelle 86
Informationsverarbeitung 56, 64,
  161–164, 174, 202, 212, 236
–, Geschwindigkeit von 156
–, Informationsverarbeitungsstrategie
  144
Inhalte 100
–, unterbewusste 100
–, vorbewusste 100
Inselbegabung 99, 119
Intelligenz 155f
–, allgemeine 159
–, fulide 160
–, Intelligenzalter 157
–, Intelligenzquotient 165
–, Intelligenzstrukturmodell 162
–, Intelligenztest 156
–, kristalline 160
–, künstliche 242
–, operative 162
Interaktion 20, 112
Interesse 195
Interferenz 84
–, Interferenztheorie 119

IQ siehe Intelligenzquotient
James-Lange-Theorie 202
Kategorisierung s. Organisieren
Kausalattribuierung s. Attribution
Kausalrelation 22
Klassifizieren 32
Know how 243
Know where 243
kognitive Bewertung 205
kognitive Fähigkeiten 156
kognitive Strukturen 232
kognitiver Konflikt siehe
  Disäquilibrium 233
Kognitivismus 224
Kohärenz 123

Komplexität 230
–, komplexe Probleme 145
–, komplexe Systeme 243
Konditionieren 226
–, klassisches Konditionieren ... 226
–, operantes Konditionieren 226
Konfidenzintervall 166
Konnektivismus 243
Konsequenzen 225
Konstruktion 19, **44**, 54, 103, 230, 233
Konstruktivismus 224
–, kognitiver 231
–, radikaler 231
Kontext 15f, 56–59, 126
–, Beschreibungskontext 32
–, Enkodierungskontext 104f
–, Kontexteffekte 137–139
Kontiguität 228
Kontingenz 228
Kontrasteffekt 47
Kontrolle 218
Kontrollinstanz . 72, 90–92, 132f, 145
Konzentration 74,209
Konzepte 57
Korrelation 27–31, 164, 167, 192
–, Korrelationskoeffizient 27
–, Korrelationsmatrix 31
–, Korrelationsrechnung 159
Kriterium 167
Kriteriumsvariablen 24
Kulturtechniken 223
Kurzzeitspeicher 81–83

Langzeitgedächtnis 40–42, 68,
  97–101,
  117, 131, 164, 210f
Law of effect siehe Lernen am Erfolg . .
  225
Law of readyness 227
Lehren 238
Lehrerkommentare 184
Leistung 24
–, Leistungsdruck 209
–, Leistungsmotivation 178
–, Leistungsmotivationskurve .. 183
–, leistungsmotiviertes Handeln .. 180
–, Leistungsziele 190
Lernen .. 16, 77, 104f, 148, 167f, 176,
  210–212, **222–224**
–, am Erfolg 225
–, assoziatives Lernen 233
–, aus Beispielen 242
–, Auswendiglernen 91, 120
–, durch Lösungsbeispiele 242

–, exploratives Lernen 240
–, gelenktes Lernen 242
–, Imitationslernen 235
–, kooperatives Lernen 238
–, kulturelles Lernen 235
–, Lernen durch Unterricht 237
–, Lernen durch Zusammenarbeit 238
–, Lernfreude 216
–, Lernkurve **116f**, 168, 229
–, Lernmotivation 216
–, Lernprinzipien 227
–, Lernprozess   16–18, 117f, 161, 167, 174–176, 209f, 216, 223f
–, Lernstrategien 122–126, 240
–, Lerntheorien 224, 236
–, Lernziele 190
–, Massiertes 122
–, Modell-Lernen 236
–, problemlösendes 151
–, rezeptives Lernen 239
–, sinnhaftes Lernen 170, 233
–, stochastisches Lernen 242
–, Verlernen 119
–, zustandsabhängiges Lernen . . . 212
limbisches System 203
Lohhausen 214
Löschung 227f

Machsche Bänder 47
Machtgefühl 218
Mehr-Faktoren-Modell 162
Mehrkomponentenmodell 84
Memorieren 85
–, elaboriertes Memorieren . . . 91, **116**
–, oberflächliches Memorieren 91, **116**
Mentale Modelle 239
Merkfähigkeit 163f
Messfehler 166
Metagedächtnis 147–149
Metakognition 145–150
Metaplan 144
Methoden 27–31
–, Sokratische Methode 71
Mind Map 124
Mittelwertsunterschied 34
Mnemotechnik 110, 120
Modell 235
–, modellierender Effekt 236
–, Modellierungsreize 237
–, Verhaltensmodellierung 237
–, verbale Modellierung 237
Motivation 176
–, Erfolgsmotiviert 188
–, extrinsische Motivation 216f
–, intrinsische Motivation 216f

–, Misserfolgsmotiviert 188
–, Motive 176
Multistabilität 50
Mustererkennung 44, **54**, 115
–, datengesteuert 56
–, konzeptgesteuert 57
Myelinschicht 208

Nervensystem 203
–, autonomes 203
–, sympathisches System 203
–, viszerales 203
–, vegetatives 203
Netzwerkmodelle **112**, 211, 243
–, hierarchische Netzwerkmodell . 112
Neubewertung 205
Neukonstruktion . 130–133, 140, 230, 234
Neuverknüpfungen 133
Normalverteilung 165
Notfallreaktion 214

Objektivismus 230
Operationalisieren 32
Operatoren **132f**, 140
Ordnungssystem 121
Organisation   41, 51, 112, , **121f**, 140, 240
–, Organisationsstrategien 124f

Pädagogik 14f
–, pädagogische Wärme 218
Psychologie 15f
–, Differentielle Psychologie 155
–, Pädagogische Psychologie 15
Performanz 237
Persönlichkeitseigenschaften 156
Personvariablen 147
Pertinenz 70
–, Impertinenz 71
–, Pertinenzfilter 71, 151
–, Pertinenzmechanismus 69, 100
Perzept 41, **57f**, 68f, 100, 115
Phonologische Schleife 85
physiologische Reaktionen 202
Piloerektion 203
Planen **140–142**, 213, 241
postkognitive Emotionen 210
Prädiktorvariablen 24
Prägnanzgesetz 51f
Prävention 25f
primäre Bewertung 205
Primäremotionen 208
Priming 66f, 77, 131
Problem **130f**, 134–137, 140f, 145, 162, 194, 214, 241f

–, komplexes 145
–, Problemkäfig 225
–, Problemraum **137–139**
–, Problemstruktur s. Problemraum
–, Problemvariablen 147
–, sequentielles 141
–, Streichholzproblem 214
Problemlösen . . . 13, 40, 77, **130–133**, 144, 162, 213f, 229f, 233f 242
–, effizientes Problemlösen 145
–, problemlösender Unterricht . . . 151
–, Problemlösestrategie 143, 214, 229
Produktionsdefizit 146
Prognose 23–25
–, Prognosemodell 24f
–, Prognosewert 175
Prozesse 75f
–, automatisierte Prozesse 75f, 93
–, kontrollierte Prozesse 75f

Randomisieren 33
Räumlich-visueller Notizblock 86
Reaktion 42
–, angeborene Reaktion 226
–, bedingte Reaktion 226
–, Reaktionsauswahlmodell 65
–, Reaktionszeit 84, 156
–, unbedingte Reaktion 226
Reduktion 123
Registerstruktur 81
Rehabilitation 26
Rehearsal 82, 85f
reinforcement siehe Verstärkung
Reiz 54–56
–, emotionaler Reiz 204
–, Erfolgsanreiz 182f
–, Lichtreiz 48
–, neutraler Reiz / bedingter Reiz . 226
–, Reiz-Reaktion-Theorie 224f
–, Reizselektion 64
–, Reizselektionsmodell 65
–, Rezüberflutung 99
–, situativer 202
–, Störreiz 74
–, Umweltreiz 43
Rekodierung 85f
Rekonstruktion . . **102–107**, 131, 230, 234
–, Rekonstruktionsprozess 107
Replikation 37
Repräsentation 91, 137, 237
–, bildhafte Repräsentation 109f
–, deklarative Repräsentation 110
–, episodische Repräsentation . . 109f

–, interne Repräsentation   44, 64, 108
–, prozedurale Repräsentation ... 110
–, sprachliche Repräsentation 109
–, Wissensrepräsentation 107f
Resignation 215
Retina 44, **46**, 62
rezeptive Felder 48f
Rezeptoren 43
Risiko-Wahl-Modell 182
RIW .. 9, 40f, 63, 72, 81, 87, 131, 146, 215, 230, 234
Rückschaufehler 105–107
Rückwärtsanalyse 143f

Schachter-Singer-Theorie 205
Schema ... 113–115, 121, 210f, 232f, 239
Scholastik-Studie 169
Schwierigkeitsmaßstab 181
Sehrinde s. visueller Cortex
sekundäre Bewertung 205
Selbst 70
–, Selbstbekräftigung 237
–, Selbstbewertungsmodell 187
–, Selbstintentionalität 195
–, Selbstkonzept 189f
–, Selbstregulierung 231
–, Selbstverstärkung 237
–, Selbstwirksamkeit 194
–, Self Science 218
–, Self-enhancement-Ansatz 191
Selektion 64
–, intentionale Selektion 73
sensorisches Register **60**, 81f
Shadowing-Paradigma 65f
Signifikanz 70
–, Signifikanzfilter 71
Sinnesorganen s. Rezeptoren
Sinneswahrnehmung 51
Situationsmodell 71f
Skill-development-Ansatz 191
Skript 207
somatosensorisches Register 215
soziale Wärme 218
soziales Lächeln 208
Speichern 83, **90f**, 103, 114
–, Speicherformat **100**, 112
–, Speicherkapazität 87, 89
Standardisierung 157
Stanford-Binet-Test 157
Stimmung 206
Stirnhirn 204
Störvariablen 32f
Strategie .. 89, 93, 144, 146–148, 196, 212, 223
–, algorithmische 144

–, heuristische 144
–, Informationsverarbeitungs-
   strategie 144
–, Lernstrategien 122–126, 240
–, Problemlösestrategie 143, 168, 229
–, Strategievariablen 147
Strukturbildung 233
Subkomponenten 84f

Terminierungsreaktion 215
Thalamuskern 204
Theorie 14
–, epistemologische Theorie 231
–, technologische Theorie 16
Tiefeneindruck 50
Transaktion v205
Transfer 69, 83, 100, **126**, 151
Turm-von-Hanoi 141–143

Übung ... 19, 93f, 102, 116, **122**, 225, 229, 242
–, Übungsphasen 122
Umschüttversuch 232
Umstrukturierungsvorgang 140
Unterricht 238
–, lehrerzentrierter 219
–, Projektunterricht 242
Untersuchungsplan 30

Valenz 195, 209
–, gefühlsbezogene 195
–, wertbezogene 195
Variable **22–24**, 145, 147, 167
–, abhängige 32, 134
–, intervenierende 230
–, motivationale 176
–, Störvariable 33
–, unabhängige 32
–, intervenierende Variable 230
Varianz 175
–, konfundierte Varianz 175
Verarbeitungskapazität 40, **72–74**, 89, 94, 133, 163f
Verarbeitungstiefe **120f**, 126
Vergessen 82, 102, 115, 119, 229
–, Vergessenskurve 117f
–, Vergessensrate 195
Vergleichbarkeit s. Äquivalenz
Verhalten **12f**, 41f, 65, 147, 194, 202, 216, 223–225, 233, 235f
–, Ausdrucksverhalten 206f, 227
–, Verbalverhalten 227
–, Explorationsverhalten 115
–, Tatverhalten 227
–, Verhaltensänderung 224
–, Verhaltensbewertungssystem . 204

–, Verhaltensmodellierung 237
–, Verhaltensplan 206
–, Verhaltensprogramme 207
–, Verhaltenstendenzen 184
Verstand 231
Verstärkung 34, 128, 226
–, intermittierende Verstärkung .. 228
–, negative Verstärkung 227
–, positive Verstärkung 227
–, stellvertretende Verstärkung .. 236
Verstehen 17, 218
–, begriffliches Verstehen 239
Versuchsplan 34f
Versuch-und-Irrtum-Prozess 225
visueller Cortex 49
visueller Speicher 86
visuelles System 44
Voraktivation **59**, 65, 69
Vorwissen . **120f**, 169f, 176, 191, 231, 240

Wahrnehmung .. 19f, 40f, 43–46, 54, 84, 108, 207, 210, 235
–, Gestaltwahrnehmung 50–52
–, Selbstwahrnehmung 218f
Wiederholung 225
Wissbegierde 244
Wissen ... 40, 83, 87, **107–112**, 120, 130f, 145, 161, 186, 191, 209, 230, 234, 243
–, Bewertunswissen 215
–, deklaratives 110, 243
–, domänenspezifisches .. 150, 243
–, domänenübergreifendes 243
–, Expertenwissen 92, 161, 169
–, Faktenwissen 89, **110**, 131, 139
–, metakognitives 145f
–, prozedurales .. 111, 131–133, 146f, 243
–, Veränderungswissen 131–133
–, Wissenserwerb ... 115f, 167f, 223, 231, 239
–, Wissensgesellschaft 239
–, Wissensknoten 211
–, Wissensrest 112
–, Wissensvermittlung 150f
Wissenschaft 12, 14, 17f
Worked-Example-Effekt 242

Zentrale Exekutive 86f, 164
Zeugenaussagen 105f
Zielorientierung 190
Zusammenhangsstudie 27, 30f
Zwischenziele 139, 141–144, 215